节日研究

Festival Studies

第二十一辑

主编 王加华
主办 山东大学

山东大学出版社
SHANDONG UNIVERSITY PRESS
·济南·

图书在版编目(CIP)数据

节日研究.第二十一辑 / 王加华主编.—济南：山东大学出版社，2023.10

ISBN 978-7-5607-7980-5

Ⅰ.①节… Ⅱ.①王… Ⅲ.①节日－研究－世界 Ⅳ.①K891.1

中国国家版本馆CIP数据核字(2023)第202630号

责任编辑 刘森文

封面设计 牛 钧 王秋忆

节日研究第二十一辑

JIERI YANJIU DI ERSHIYI JI

出版发行 山东大学出版社

社　　址 山东省济南市山大南路20号

邮政编码 250100

发行热线 (0531)88363008

经　　销 新华书店

印　　刷 济南华林彩印有限公司

规　　格 787毫米×1092毫米 1/16

16.5印张 252千字

版　　次 2023年10月第1版

印　　次 2023年10月第1次印刷

定　　价 86.00元

《节日研究》编委会

目录

节日历史

寒食节起源诸说之“禁火说”考辨

马荣良*

摘　要

在关于寒食节起源的诸多说法中，“禁火说”是较具代表性的一种。该说认为寒食节起源于周代的禁火之制，与介子推焚死之事毫不相干。对此说法，学术界也不乏质疑。诚如批评者所指摘的，“禁火说”存在严重的缺陷和不足，在学理上难以成立。但即便如此，也不意味着该说就毫无价值，将其置于寒食节发展史、诠释史中予以审视就不难发现，“禁火说”自有其价值和意义，它不仅开启了后世探讨寒食节起源的先河，而且在相当程度上推动了寒食节的发展与兴盛。

关键词

《周礼》；禁火；寒食节；发展史；诠释史

关于我国寒食节的起源，历来众说纷纭，莫衷一是。概而言之，主要有“介子推说”“禁火说”“改火说”“祈雨说”“山戎说”等说法。① 考诸上述说法不难发现，每个学者所提出来的看法经常和别人所提出的看法互相矛盾，甚至推翻了对方的学说，因此有必要检视并反驳以往学者所提出的关于寒食

* 马荣良，博士，山东青年政治学院马克思主义学院副教授。

① 参见张勃：《寒食节起源新论》，《西北民族研究》2004 年第 3 期；裘锡圭：《寒食与改火——介子推焚死传说研究》，《中国文化》1990 年第 1 期；庞朴：《寒食考》，《民俗研究》1990 年第 4 期；李道和：《寒食习俗源于求雨礼俗考》，段炳昌等主编：《东陆之光：人文学院 · 中文系卷》，云南大学出版社 2013 年版，第 380～407 页；陈泳超：《寒食节起因新探》，《晋阳学刊》1991 年第 5 期。

节的解释，以及他们尝试界定促使当时中国人愿意庆祝这个节日的动机的学说。[①] 此点已成为学界的共识，总结以往的研究成果，辩明众说的是非长短，在前人的基础上将这一问题的研究推向深入，避免陈陈相因的低层次重复，这是摆在我们面前的当务之急。[②] 对于上述说法的是非长短，学界已有一些研究和考辨。[③] 这些研究提供了不少有价值的思路和参考，但也存在不足之处，比如大都侧重于从学理上辨析各说的合理与否，忽略或无视了各说在寒食节发展史、诠释史上所起的作用和影响。限于篇幅，本文拟对"禁火说"作进一步探究，以期补充和丰富相关研究。

一、"禁火说"的由来与演变

在关于寒食节起源的诸多说法中，"禁火说"是较具代表性的一种，该说认为寒食节起源于周代的禁火之制，与介子推焚死之事原本无涉。

据文献记载可知，"禁火说"为隋代杜公瞻所首倡。

> 介子推三月五日为火所焚，国人哀之，每岁春暮，为不举火，谓之"禁烟"，犯之则雨雹伤田……旧俗以介推焚骸，有龙忌之禁，至其月，咸言神灵不乐举火。后汉周举为并州刺史，移书于介推庙，云："春中寒食一月，老小不堪。今则三日而已。"……《琴操》曰："晋文公与介子绥俱亡，子绥割股以啖文公。文公复国，子绥独无所得，子绥作《龙蛇之歌》而隐。文公求之，不肯出，乃燔左右木，子绥抱木而死。文公哀之，令人五月五日不得举火。"又周举移书及魏武《明罚令》、陆翙《邺中记》并云寒食断火，起于子推。《琴操》所云子绥即推也。又，云"五月五日"，与今有异，皆因流俗所传。据《左传》及《史记》，并无介子推被焚之事。[④]

在杜公瞻看来，介子推焚死之说史籍阙载，并非信史，乃流俗所传，因而不能

① ［法］侯思孟：《中世纪早期的寒食节》，杨玉君译，《民俗曲艺》（台湾）第100期，1996年。

② 参见杨琳：《中国传统节日文化》，宗教文化出版社2000年版，第179页。

③ 参见杨琳：《中国传统节日文化》，宗教文化出版社2000年版，第179～180页；张勃：《寒食节起源新论》，《西北民族研究》2004年第3期；李道和：《前人对寒食习俗的解说及其内在矛盾》，《民族艺术研究》2002年第5期；陈泳超：《寒食缘起：从地方性到普泛化》，《民俗研究》2008年第2期。

④ （梁）宗懔撰，宋金龙校注：《荆楚岁时记》，山西人民出版社1987年版，第34页。

成为寒食节的因由缘起。在否定传统的“介子推说”[①]的同时，杜公瞻将寒食节溯源至周代的禁火旧制。

> 《周礼·司烜氏》：“仲春以木铎修火禁于国中。”注曰：“为季春将出火也。”今寒食准节气是仲春之末，清明是三月之初，然则禁火盖周之旧制也。[②]

“禁火说”由此奠基，其后力主此说者皆承其绪余，唐代统治阶级即深受其影响。后赵石勒进一步“检旧典”[③]，援引儒家经典《周礼》《论语》，对寒食节的起源作了权威阐释，“禁火说”与“改火说”一起成为官方的主流观点，为寒食节的发展兴盛奠定了理论基础。[④]

唐代以降，主“禁火说”者可谓代不乏人。如宋代高承对该说就深表赞同：“《邺中记》曰：旧云寒食断火，起于介子推，《左氏》《史记》不见子推被焚之事。按《周礼·司烜》：仲春以木铎修火禁于国中。注谓季春将出火。今寒食推节气是仲春末，清明是三月初。然则亦周人出火之事也。”[⑤]史容、王洙等人亦持此论。[⑥]

明代学者中也有不少“禁火说”的拥护者，周祈即为其中的代表，其指出：“寒食，始于周禁火。”[⑦]

“《荆楚岁时记》以去冬至一百五日为寒食，是在仲春之末。太原旧俗，以介子推焚骸，至其亡月，每冬中辄一月寒食，是在仲冬。二说自异。今寒食在清明前，则是去冬至一百五日，非介子推亡月，而用子推事，误也。《岁

---

① 关于“介子推说”，参见马荣良：《虚构与真实：寒食节“介子推说”的历史真实性》，王加华主编：《节日研究》第19辑，山东大学出版社2022年版，第86～103页。

② （梁）宗懔撰，宋金龙校注：《荆楚岁时记》，山西人民出版社1987年版，第33～34页。按，“又云‘五月五日’，与今有异，皆因流俗所传”句，系据《荆楚岁时记》佚文补。

③ 后赵石勒曾下诏“尚书其促检旧典定议以闻”，试图为寒食节寻找经典依据。参见（唐）房玄龄等：《晋书》卷一百五，中华书局2000年版，第1836～1837页。

④ 参见马荣良：《初唐寒食节的发展演变及成因——兼论统治阶级在节日发展中的作用》，《青岛农业大学学报》（社会科学版）2021年第2期；马荣良：《“秋贵重阳冬贵腊，不如寒食在春前”——盛唐寒食节的兴盛及其成因》，《唐都学刊》2022年第1期。

⑤ （宋）高承撰，（明）李果订：《事物纪原》卷八，中华书局1989年版，第433页。

⑥ 参见（宋）黄庭坚撰，（宋）史容注：《山谷外集诗注》卷十四，《四部丛刊》景元刊本；（唐）杜甫撰，（宋）黄希原注，黄鹤补注：《补注杜诗》，《景印文渊阁四库全书》第1069册，台湾商务印书馆1986年版，第611页。

⑦ （明）周祈：《名义考》卷二，《景印文渊阁四库全书》第856册，台湾商务印书馆1986年版，第315页。

时记》以是日有疾风甚雨，风雨岂可必？亦是臆说。《周官·司烜氏》：仲春以木铎徇火禁于国中，禁火则寒食，钻燧乃出火也，此正谓龙忌之禁。盖龙星木位，春，木行；心大火，火盛故禁。周制则然，与介子推何与？仲春一月皆然，非独去冬至一百五日之日也。”①

此外，于慎行、王三聘等人亦主“禁火说”。② 尤值注意者，郑明续还援引《周礼·宫正》篇对“禁火说”作了进一步阐述：

> 旧说清明禁火为介子推焚死，故以是日禁火，好事之说也。《周礼·宫正》“春秋修火禁”，注云：火星以春出，以秋入，因天时而以戒。疏云：春谓季春，秋谓季秋，火星出入之时。三月施火宫中，特宜慎火，故修火禁，今谓清明正三月节也。③

清代王谦益、李熙龄、谢廷钧等人也都是“禁火说”的支持者。④ 阎镇珩亦持此论：

> 晋人为介子推禁火，见于《后汉书》《荆楚岁时记》及周斐《先贤传》、陆翙《邺中记》。然考《左传》《史记》，并无介子推被焚事。按，《周礼·司烜氏》“修火禁于国中”，注云：为季春将出火也。今寒食准节气在仲春末，清明当三月初。然则禁火盖沿周之旧制也，不因子推也。⑤

近现代学者中也不乏“禁火说”的响应者，如民国时期林志茂等人认为：“(寒食)乃周禁火旧制，非由介之推也。”⑥今人陈久金等人进一步引申，认为早在介子推之前，寒食禁火之俗就已存在。据《周官·司烜氏》可知，周代有春分时禁火之俗，其目的是三月出火。因此，寒食节的起源与介子推无关，

① (明)周祈：《名义考》卷二，《景印文渊阁四库全书》第856册，台湾商务印书馆1986年版，第312页。

② 于慎行指出：“寒食禁火，相传起于介子推自焚……《周礼·司烜氏》：仲春以木铎徇火禁于国中，注云：为季春将出火也。断火之制当起于此。”王三聘亦云：“旧云禁火起于晋介子推，《左传》《史记》并无子推被焚之事。按，《周礼·司烜氏》‘仲春以木铎修火禁于国中’，盖为季春将出火也。今准节气寒食是仲春之末，清明是季春之初，则禁火乃周制也。”参见(明)于慎行：《谷山笔麈》卷十四，明万历于纬刻本；(明)王三聘：《事物考》卷一，明嘉靖四十二年刻本。

③ (明)郑明续：《郑侯升集》卷三十八，明万历三十一年郑文震刻本。

④ 参见(清)王谦益等：乾隆《乐陵县志》卷三，清乾隆二十七年刊本；(清)李熙龄等：咸丰《武定府志》卷四，清咸丰九年刻本；(清)谢廷钧等修纂：光绪《射洪县志》卷四，清光绪十一年刻本。

⑤ (清)阎镇珩：《六典通考》卷一百六十四，清光绪刻本。

⑥ 林志茂等：民国《三台县志》卷二十五，民国二十年铅印本。

而与周代的禁火、出火风俗有关。①

至于周代为何在仲春禁火，古今学者意见不一，其中占主导地位的是"大火星崇拜说"。该说最早由唐代李贤提出，其注《后汉书·周举传》云："龙星，木之位也，春见东方。心为大火，惧火之盛，故为之禁火。"②龙星即二十八宿中的东方苍龙星象，在五行中居于木位。心星是其中的一宿，又称大火星，因其在龙星中最亮，古人常根据它在天体中的位置变化来判断时间。天上的大火星和人间的火，被古人想象为有着某种神秘联系和感应关系。出于星象信仰与感应巫术，古人认为仲春黄昏大火星从东方地平线上升起时，地上的火势会更盛，将会造成灾难，故而有禁火之制。与之相联系，一般认为寒食是禁火带来的必然后果，即因大火星崇拜引起禁火继而导致寒食。此说影响颇大，后世学者多有附和。如宋代葛立方即持此论："或云龙星，木之位也，春属东方，心为大火，惧火盛故禁火，是以寒食有龙忌之禁，则所谓禁烟，又未必为子推设也。"③元代白珽亦认为："季春大火星高，其时为之，亦防其火炽也。"④在明代学者中，除了上文提及的周祈、郑明续等人之外，张萱也服膺此说。⑤ 清代郑泰、高一麟等人亦从此说，如郑氏《月令精钞》"不禁火"条云："寒食之节尚于晋国，盖以节序适同其事也。且天下皆有寒食之节，而无熟食之禁，此以龙禁而非独以子推禁也，甚明。"又"龙禁"条引《丹阳记》云："世以禁烟为子推事。或云：龙，木星之位也。春属东方，心为大火，惧火太盛，故禁之。是以寒食为龙禁之忌，非为子推而禁也，似确。"⑥今人陈久金等进一步阐发，认为上古之时，大火星在先民心目中具有特殊地位。大火星所在的东方苍龙星对于农作物的收成具有决定性的意义，因此二月龙抬头、三月出火等天象便成为先民最为关心的问题。他们出于对大火星的

① 参见陈久金等：《中国节庆及其起源》，上海科技教育出版社 1989 年版，第 93～94 页。

② （宋）范晔撰，（唐）李贤等注：《后汉书》卷九十一，中华书局 1999 年版，第 1367 页。

③ （宋）葛立方：《韵语阳秋》卷十九，宋刻本。

④ （元）白珽：《湛渊静语》，《景印文渊阁四库全书》第 866 册，台湾商务印书馆 1986 年版，第 290 页。

⑤ 张氏云："或云龙星，木之位也。春属东方，心为大火，惧火盛故禁火，是以寒食有龙忌之禁，其说益明矣。"参见（明）张萱：《疑耀》卷五，中华书局 1985 年版，第 99～100 页。

⑥ （清）郑泰：《月令精钞》下集，清康熙刻本；见（清）高一麟：《矩庵诗质》卷七，清乾隆高莫及刻本。

崇拜，便形成了民间禁火、出火的习俗，这才是寒食节的真正起源。[①] 褚若千等人则认为，大火星所在的苍龙星象乃是司龙神和水神，因而备受初民崇拜。水神最怕火，人们为了讨好它，使其顺利升空，带来降雨，便心甘情愿地禁止举火，吃一个月的冷食，这是后世禁火与寒食习俗产生的根本原因。[②]

二、古今学者对“禁火说”的质疑

综上可知，主“禁火说”者的依据是《周礼·秋官》以及《周礼·天官》等文献记载。那么，上述文献中所谓的“修火禁”就是禁火吗？二者是同一回事吗？周代仲春时节果真存在禁火习俗吗？对此，古今不少学者都提出了异议。

早在明代，谢肇淛就明确指出，《周礼》中所谓“仲春以木铎徇火禁于国中”并非禁火，“此亦今人谨慎火烛之意，非禁烟也”[③]。可谓别具只眼。对于“禁火说”的缺陷和不足，今人陈泳超、张勃、李道和等学者多所驳正发明，不无允当，兹撮其要述之如下。

细绎文献记载不难发现，周代司烜氏的职掌并非仅限于“中春(仲春)以木铎修火禁于国中”一项。《周礼·秋官》云：“司烜氏掌以夫遂取明火于日，以鉴取明水于月，以共祭祀之明齍、明烛，共明水。凡邦之大事共坟烛庭燎。中春，以木铎修火禁于国中。军旅，修火禁。”即以仲春“修火禁”而言，司烜氏除了负责国都之内的，尚且负责军旅之中的。“修火禁”若解作禁止民用之火，国都之中的居民或许可以，军中士卒恐难实行；短期内尚可，长时段则不易维持。其实，关于“修火禁”的真正涵义，汉代郑玄已说得十分明白：“为季春将出火也。火禁，谓用火之处及备风燥。”[④]可见所谓“火禁”，意指防火措施，并非禁止用火。此外，除了司烜氏之外，《周礼》所载职官中亦有承担

① 参见陈久金等：《中国节庆及其起源》，上海科技教育出版社 1989 年版，第 95～96 页。

② 参见褚若千：《从介子推的引入与淡出看寒食节功能演变》，秦飞等主编：《中华历史与传统文化论丛》第 5 辑，中国社会科学出版社 2020 年版，第 246～265 页；完颜绍元编著：《中国风俗之谜》，上海辞书出版社 2002 年版，第 64 页。

③ (明)谢肇淛：《五杂俎》卷二，上海书店出版社 2001 年版，第 23 页。

④ (汉)郑玄注，(唐)贾公彦疏：《周礼注疏》卷三十六，北京大学出版社 1999 年版，第 976～977 页。

“修火禁”职责者，即宫正。宫正“掌王官之戒令、纠禁”，负责掌管王宫戒令，维持王宫秩序，兼管宫室火禁事宜，“春秋以木铎修火禁”。郑玄注：“火星以春出，以秋入，因天时而以戒。”贾公彦疏：“春，谓季春。秋，谓季秋。二时火星出入之时。以木铎警众，使修火禁也。……此施火（令），谓宫正于宫中特宜慎火，故修火禁。”[①]将上述资料加以对照则不难发现，两处所谓“以木铎修火禁”所指相同，意谓季春大火星出现，正是火灾多发的季节，注重顺应天时的周王朝要求具体负责的司烜氏、宫正等官员，拿着木铎在自己的管辖区域内巡行，提醒国中、军中及宫中注意防火，可见所谓“修火禁”与禁止民众用火毫不相干。既然《周礼》中的“修火禁”原本不含禁火之意，那么将周代的“修火禁”制度视为寒食节的起源，只能是一种误解。[②]

退一步讲，即便周代真有所谓“禁火之制”，其所禁断的也只是陶冶之火，而非民众炊爨之火。《周礼·夏官》云：“司爟氏掌行火之政令。……季春出火，民咸从之；季秋内火，民亦如之。”郑玄注：“火，所以用陶冶，民随国而为之，郑人铸刑书，火星未出而出火，后有灾。”[③]据《左传·昭公六年》载：“三月，郑人铸刑书。……士文伯曰：火见，郑其火乎！火未出，而作火以铸刑器，藏争辟焉。火如象之，不火何为？……六月丙戌，郑灾。”[④]此处的三月指周历，相当于夏历正月，时值孟春，大火星未出。[⑤] 原本不应作火，而郑国却铸刑鼎（铸鼎须熔青铜而用火），因此招致火灾。依周制，季春三月，司爟氏始用火烧陶冶炼，民众也跟着烧陶冶炼；季秋九月，司爟氏熄灭陶冶的火，民众也这样做。[⑥] 所谓“出内火”是指陶冶之火，须用半年歇半年。质言之，即使周制禁火早就存在，且时在仲春（其实不仅限于此月），与“准节气在仲春之末”的寒食邻近，看似有着渊源关系，但由于周制禁火与寒食禁火的内

---

① （汉）郑玄注，（唐）贾公彦疏：《周礼注疏》卷三，北京大学出版社1999年版，第71、75～76页。

② 参见张勃：《寒食节起源新论》，《西北民族研究》2004年第3期。按，陈泳超也指出：《周礼·秋官》等文献中皆称“火禁”而未言“禁火”，“火禁”意指防火措施，未必一定要禁止用火。参见陈泳超：《寒食缘起：从地方性到普泛化》，《民俗研究》2008年第2期。

③ （汉）郑玄注，（唐）贾公彦疏：《周礼注疏》卷三十，北京大学出版社1999年版，第796页。

④ 杨伯峻编著：《春秋左传注》，中华书局1990年版，第1274、1277～1278页。

⑤ 《左传·昭公十七年》云：“火出，于夏为三月，于商为四月，于周为五月。”参见杨伯峻编著：《春秋左传注》，中华书局1990年版，第1391页。

⑥ 杨天宇译注：《周礼译注》，上海古籍出版社2004年版，第433页。

涵迥然不同，因而不可能成为寒食节的起源。[①]

此外，还有一个疑问需要解答，即《后汉书·周举传》中所谓“龙忌之禁”究竟谓何？是指介子推忌日之禁忌，还是如唐代李贤所称之大火星崇拜与禁忌？平心而论，李贤所谓“龙忌之禁”的解释确有新意，但同时也存在问题。据汉代桓谭《新论》及《后汉书·周举传》等文献记载，寒食节最初在冬季。[②] 而大火星在季春三月初昏时方从东方地平线下升起，二者毫不相干。对此，侯思孟强烈质疑道：“为何在春天出现的一颗星，特别指出来作为一个冬季节日开始的征兆呢？”[③]其实，古人早已有类似质疑。如清代冯浩等人指出，寒食节的节期有冬、春二说甚或冬、春、夏三说，李贤所谓“龙星之忌”用以解释春季寒食节犹可，又如何能与冬季、夏季（五月五日）寒食节一一对应？[④] 换言之，“禁火说”（“大火星崇拜说”）即便可以解释春季何以禁火寒食，但却无法揭示冬中为何也禁火寒食，这无疑存在着逻辑问题。更何况，所谓“龙忌之禁”并非“龙星之禁”。如陈泳超所指出的，从文理逻辑上而言，在“旧俗以介子推焚骸，有龙忌之禁”语句之后，《后汉书·周举传》紧接着说“至其亡月，咸言神灵不乐举火”，其后周举革俗，也只是“作吊书以置子推之庙”，始终只称介子推事，而未言及龙星。因此，所谓“龙忌之禁”与“介子推焚骸”当为一事。又《淮南子·要略》篇云：“操舍开塞，各有龙忌。”许慎注：“中国以鬼神之事日忌，北胡、南越皆谓之请龙。”[⑤]侯思孟据此认为，鬼神之事的日忌是指介之推的忌日禁火，这才是“龙忌”一词的真正内涵。[⑥] 陈泳超亦持类似观点，并补充了一条证据，即宋王应麟《困学纪闻》卷十三所云：

> 《周举传》：太原旧俗，以介子推焚骸，有龙忌之禁，一月寒食。按《淮南·要略》云：操舍开塞，各有龙忌。注：中国以鬼神之亡日忌，北

---

① 参见陈泳超：《寒食缘起：从地方性到普泛化》，《民俗研究》2008 年第 2 期；李道和：《前人对寒食习俗的解说及其内在矛盾》，《民族艺术研究》2002 年第 5 期。

② 两汉之际，寒食节在冬至前后五天；至东汉中期，其节期延长为至冬至所在的整个仲冬十一月。

③ [法]侯思孟：《中世纪早期的寒食节》，杨玉君译，《民俗曲艺》（台湾）第 100 期，1996 年。

④ 参见冯浩撰：《玉溪生诗详注》卷一，清乾隆德聚堂刻本。

⑤ 何宁：《淮南子集释》卷二十一，中华书局 1998 年版，第 1442 页。

⑥ 参见[法]侯思孟：《中世纪早期的寒食节》，杨玉君译，《民俗曲艺》（台湾）第 100 期，1996 年。

胡、南越皆谓之请龙。”[①]

此外，依据秦简《日书》中关于“龙”“忌”的相关记载[②]，“龙”字是“良”和“吉”的反义词，而与“忌”为同义词，组词功能亦相同。可见在《日书》的术语体系中，“龙”“忌”完全同义。个中缘由虽不得而知，但再考之于《墨子·贵义》篇中相关记载则可断定，《后汉书·周举传》所谓“龙忌之禁”的确只与介子推有关，而与龙星无涉。李贤以来的误解，是对日忌术数语境的隔膜所致。[③]上述论证可信从。

关于“禁火说”的缺陷和不足，除了上述数端外，在此再补充几点。其一，依照“普天之下，莫非王土；率土之滨，莫非王臣”的逻辑，周代仲春若真有禁火之俗，也应当是普泛性的，如何解释其与早期寒食节地方性之间的裂隙？[④] 其二，主“禁火说”者简单否定“介子推说”，存在着以“史家叙事”否定“民众叙事”的偏颇。[⑤] 实际上，“介子推说”虽出于后人附会，表面看来似乎充满时间、空间错置与幻想的迷雾，但绝非无稽之谈，实则具有一定的历史真实性。它真实地反映了山西历史上严重的自然灾害，真实地记录和反映了太原等地民众的历史情感和观念心态。“介子推说”的产生和流传过程恰恰是包含着丰富社会舆论与情境的历史真实，蕴含着有关历史背景、一定区域社会的空间情景、民众日常生活经历与相互关系以及他们的观念心态等多方面的信息[⑥]，对于探究寒食节的起源乃至传承、发展具有重要意义，不容忽视[⑦]。

---

① (宋)王应麟著，(清)翁元圻等注，乐保群等校点：《困学纪闻》，上海古籍出版社 2008 年版，第 1493～1494 页。按，日本学者中村乔亦据此认为所谓“龙忌”是指介子推的神灵。参见[日]中村乔：《寒食的起源及传播》，[日]中村乔：《中国岁时史研究》，朋友书店 1993 年版，第 251 页。

② 参见吴小强撰：《秦简日书集释》，岳麓书社 2000 年版，第 33、108、191、196、198 页。

③ 参见陈泳超：《寒食缘起：从地方性到普泛化》，《民俗研究》2008 年第 2 期。

④ 参见刘晓锋：《寒食与山西》，《民族艺术》2007 年第 2 期。

⑤ 张勃指出，主“改火说”者存在着以“史家叙事”否定“民众叙事”的缺憾，参见张勃：《寒食节起源新论》，《西北民族研究》2004 年第 3 期。其实，主“禁火说”者亦有此弊。

⑥ 参见户华为：《虚构与真实：民间传说、历史记忆与社会史“知识考古”》，《江苏社会科学》2004 年第 6 期。

⑦ 参见马荣良：《虚构与真实：寒食节“介子推说”的历史真实性》，王加华主编：《节日研究》第 19 辑，山东大学出版社 2022 年版，第 86～103 页。

三、"禁火说"在寒食节发展史、诠释史上的作用

综上所述，"禁火说"存在一定的缺陷和不足，在学理上难以成立，但这并不意味着该说全无价值。德国学者约瑟夫·皮柏指出："与节庆的历史同时并行的是节庆诠释的历史。"①在一定程度上来说，寒食节的发展史其实也是一部关于寒食节起源的诠释史。因此，我们不妨转换一下视角，将古人对寒食节的诠释作为一种现象来研究。② 换言之，即将"禁火说"等说法置于寒食节的发展史、诠释史中予以审视，弄清楚古人对寒食节起源的认识何以产生，又为何发生变化，变化背后反映的是什么样的时代背景和思想观念，这些变化对寒食节的发展产生了怎样的影响，起到了什么作用。③

众所周知，在关于寒食节起源的诸多说法中，"介子推说"是提出最早，也是最为普通民众所信奉的一种。④ 自两汉之际以降，迄于清代乃至民国时期，"介子推说"在山西太原等地民间深入人心，代代相传。究其原因，既与山西的自然环境特别是气象灾害密切相关，又与介子推身上具有的忠孝节义等高尚品德与情操紧密相连，蕴含着太原等地民众祈求风调雨顺、五谷丰登以及平安幸福的心理诉求，寄寓着他们的情怀与理想。⑤ 在寒食节的发展史上，"介子推说"——介子推焚死传说及其蕴含的介子推信仰起到了极为重要的作用。从两汉之际至南北朝时期，正是在介子推焚死传说特别是介子推信仰的推动下，寒食节遂以太原郡为发源地，呈放射状不断向外扩散，逐渐发展成为遍及黄河中下游地区乃至长江中游荆楚一带的普泛化节日。但吊诡的是，"介子推说"对寒食节的发展既起着巨大的推动作用，但同时又阻碍着寒食节的进一步发展。这一时期，寒食节之所以屡遭官方改易或禁

① [德]约瑟夫·皮柏：《节庆、休闲与文化》，黄藿译，生活·读书·新知三联书店1991年版，第38页。

② 参见张小稳：《从地区性的哀思到全民性的欢愉——寒食节的诠释史研究》，《民俗研究》2017年第6期。

③ 有学者指出，探讨"介子推说"对寒食发展所起的作用，其价值要远远超过对它正确与否的追问。参见景圣琪：《"改火说"与唐代寒食诗的兴盛——中国古代民俗与文学关系的个案研究》，《扬州大学学报》（人文社会科学版）2009年第5期。

④ 张勃：《寒食节起源新论》，《西北民族研究》2004年第3期。

⑤ 参见马荣良：《虚构与真实：寒食节"介子推说"的历史真实性》，王加华主编：《节日研究》第19辑，山东大学出版社2022年版，第86～103页。

断，其中一个重要原因就在于与介子推信仰长期以民间信仰特别是淫祀的面目存在，与官方正祀（儒家礼）之间存在严重的矛盾和冲突。[①] 如何破解这一矛盾，成为摆在后人面前的一大问题。

隋朝统一后，寒食节在传播上不再受地域的限制，兼之统治阶级对其并也不排斥甚至予以认可，由此获得长足发展，但这在客观上却进一步加剧了由"介子推说"所造成的寒食节与儒家礼的对抗。在此情势下，人们势必会对"介子推说"予以审视和反思。杜台卿率先质疑该说，杜公瞻继而加以否定，并另辟蹊径，别立新说，明确指出寒食节起源于周代的禁火旧制。隋人质疑甚或否定传统的"介子推说"，特别是溯源儒家经典《周礼》首倡"禁火说"，开启了后世探讨寒食节起源的先河。[②] 不仅如此，隋文帝采纳王劭的建议，恢复了中断已久的改火古俗，并在宫廷中及太子、公主等府第中推广开来。[③] 清明改火逐渐发展成为寒食节的重要组成部分，"改火说"也由此发端。

初盛唐时，寒食节获得空前发展，并日臻兴盛。这一时期，寒食节的气质发生了新的重大变化，由原先带有恐惧性的地域性悲苦纪念演变为全国性、全民性的欢愉。[④] 尤其值得注意的是，统治阶级乃至最高统治者也积极参与到节日中，寒食节真正成为君臣同乐、官民共度的良辰佳节。[⑤] 在此背景下，统治阶级亟需一种新的说法，对寒食节的缘起作出新的权威阐释，以消除"介子推说"所造成的寒食节与儒家礼的对抗。

受隋代杜台卿、王劭等人观点的影响和启发，初盛唐时期的统治者逐渐采纳了"禁火说"。如初唐官修类书《艺文类聚》卷四《岁时中》"寒食"篇罗列前代关于寒食节的记载，居篇首的便是《周礼·司烜氏》。[⑥] 又唐高宗太子李贤在《后汉书·周举传》注中指出："龙，星，木之位也，春见东方。心为大火，

① 参见马荣良：《正祀与淫祀关系视角下的寒食节禁断史研究》，《民俗研究》2021 年第 2 期。

② 参见马荣良：《隋代寒食节的传承与创新》，王加华主编：《节日研究》第 16 辑，山东大学出版社 2020 年版，第 75～88 页。

③ 参见（唐）魏征撰：《隋书》卷六十九，中华书局 2000 年版，第 1077 页。

④ 参见张小稳：《从地区性的哀思到全民性的欢愉——寒食节的诠释史研究》，《民俗研究》2017 年第 6 期。

⑤ 参见马荣良：《初唐寒食节的发展演变及成因——兼论统治阶级在节日发展中的作用》，《青岛农业大学学报》（社会科学版）2021 年第 2 期；马荣良：《"秋贵重阳冬贵腊，不如寒食在春前"——盛唐寒食节的兴盛及其成因》，《唐都学刊》2022 年第 1 期。

⑥ 参见（唐）欧阳询撰，汪绍楹校：《艺文类聚》卷四，上海古籍出版社 1965 年版，第 62 页。

惧火之盛，故为之禁火。俗传云子推以此日被焚而禁火。”①李贤对俗传的“介子推说”也持否定态度，并将周代的禁火之制视为寒食节的源头。② 此外，成书于盛唐开元年间的官修类书《初学记》也体现出这一倾向。该书卷三《岁时部上》“禁火”条引《周礼》曰：“司烜氏掌仲春以木铎修火禁。”卷四《岁时部下》“寒食”篇在论及寒食节的起源时，引用的正是杜公瞻的说法。③天宝十载(751年)三月，唐玄宗颁布敕令曰：“《礼》标纳火之禁，《语》有钻燧之文，所以燮理寒燠，节宣气候。自今以后，寒食并禁火三日。”④至此，盛唐统治者借用儒家经典《周礼》《论语》，对寒食节的起源作了新的权威阐释，提出了“禁火—改火说”，并将其确立为官方主流观点，摒弃了传统的“介子推说”，从而客观上消除了“介子推说”所造成的寒食节与儒家礼的对抗，为寒食节的发展兴盛奠定了理论基础。

结 语

正如文中所述，力主“禁火说”者误读和曲解了相关文献记载，其实周代仲春时节并无禁火之制；即便有之，也只是禁断陶冶之火而非民用炊爨之火。李贤所谓“龙星之禁”的诠释虽不无新意，但也存在一定的问题。就此而言，“禁火说”在学理上是难以成立的。但即便如此，我们也不能忽略或无视“禁火说”在寒食节发展史、诠释史上的价值和意义。“禁火说”不仅开启了后世探讨寒食节起源的先河，更是与“改火说”一起成为唐代官方倡导的主流观点，消除了“介子推说”所造成的寒食节与儒家礼(官方正祀)的对抗，为寒食节在唐代的发展兴盛扫除了理论障碍，奠定了理论基础。“寒食节莫尚于唐”⑤，寒食节之所以在唐代迎来其发展史上的高峰，与初盛唐时期“禁火说”的倡立和发展显然有着莫大的关系。

---

① (宋)范晔撰，(唐)李贤等注：《后汉书》卷九十一，中华书局1999年版，第1367页。

② 参见马荣良：《隋代寒食节的传承与创新》，王加华主编：《节日研究》第16辑，山东大学出版社2020年版，第75～88页。

③ 参见(唐)徐坚等撰：《初学记》，中华书局1962年版，第46、67页。

④ (宋)王溥：《唐会要》卷二十九，中华书局1955年版，第543页。

⑤ (清)王先谦撰：《后汉书集解》，中华书局1984年版，第706页。

礼俗互动的中介文本：文人礼书对祭祖时间体系的形塑

赖　婷*

摘　要

在宋代“礼下庶人”的背景下，朱熹《家礼》所设计的祭祖时间体系提供了民间士庶实践祭祖礼仪的时间框架。后世文人礼书因循或调整《家礼》中不同祭礼的类型和祭祖时间，将《家礼》中不定时的四时祭礼定于分至日、朔望日或民俗节日。而《家礼》的正至朔望参、俗节献食、墓祭之礼与民俗节日趋于融合，使节日祭祖的礼俗活动日益丰富并呈现出儒礼化和体系化特点。这一节日祭祖礼俗互动的人群动力之一，是以朱熹为代表的儒者文人或地方精英，他们制定的大量文人礼书是这一礼俗互动的中介文本。

关键词

《家礼》；四时祭；俗节献食；节日祭祖

大量明清方志记载的祭祖礼俗中，有不少俱依朱熹《家礼》（或称《文公家礼》）的表述，“［祭］以四时，或用四仲分至日，或元旦、端阳、重阳、除夕，世家咸遵文公家礼”①，体现了礼俗互动历史背景下正统祭祖礼仪与民间节日习俗融合的现象。其中，以朱熹《家礼》为代表的儒家文人所制定的礼书是

* 赖婷，集美大学海洋文化与法律学院副教授。

① 康熙《会稽县志》卷七《风俗志》，民国二十五年绍兴县修志委员会校刊铅印本，第4a页。

这一礼俗互动现象的中介文本。诚如邵凤丽所言:“直至宋代朱子《家礼》的出现才彻底改变了文人礼书书写只重视上层礼仪的倾向和特点。”“文人礼书的大量出现客观上促进了祭祖礼仪在庶民社会的推广和普及。”①

从“礼不下庶人”到“礼仪下乡”,宋明以来历代儒者文人希望通过释读《家礼》实现以礼治世与移风易俗,重建儒家礼治社会。② 儒者文人编制礼书时对祭祖礼仪颇为重视,在一整年的时间周期中如何合理安排不同类型的祭祖活动,如何延续四时祭古礼又兼顾庶民祭祖风俗,成为文人礼书对祭祖时间体系形塑的关键。

目前,已有许多学者对祭祖问题进行了深入探讨,例如萧放、常建华、邵凤丽、杨志刚、何淑宜、赵克生、伊沛霞、刘永华等。但前辈学者们大多从宏观史学角度出发,或从礼俗互动的角度分析祭祖的功用和价值。正如刘永华强调,定期举行祭礼有助于唤起族人之间的木本水源意识,打造具有较强凝聚力的社会组织,使一种新的时间制度开始进入乡村生活。③ 也就是说,祭祖家礼与岁时节俗的融合有着维系社会基层礼治的重要意义,但总体上看,从节日研究的角度针对祭祖家礼与节俗融合问题的探讨并不多见。李涛梳理了张载、二程、司马光和朱熹等儒者对四时祭和节日祭祖的不同态度,张载、二程、司马光主张以四时祭取代节日祭祖,朱熹则主张在恢复四时祭的同时保留节日祭祖,但仅让其居于次要地位。坚持四时祭成为宋以后士大夫建构自我身份的重要方式之一。④ 然而,四时祭礼日期不固定,依靠占卜定日的做法越来越难在士庶阶层延续和推广。随着传统岁时节日体系的发展,祭祖礼仪与节日习俗融合的现象越来越明显,节日祭祖在文人礼书中的地位日益凸显。有鉴于此,笔者将在前人研究的基础上,梳理宋明以来《家礼》相关礼书文本,考察以朱熹为首的儒者文人如何由俗入礼吸纳岁时祭祖节俗,因时制宜整合祭祖礼仪,进而又化礼为俗实现儒家祭祖礼仪对民

---

① 邵凤丽:《朱子〈家礼〉与传统社会民间祭祖礼仪实践》,中国社会科学出版社2019年版,第131、133页。

② 参见邵凤丽:《朱子〈家礼〉与传统社会民间祭祖礼仪实践》,中国社会科学出版社2019年版,第109页。

③ 参见刘永华:《礼仪下乡:明代以降闽西四保的礼仪变革与社会转型》,生活·读书·新知三联书店2019年版,第156、164页。

④ 参见李涛:《祭祖时序的礼俗权衡——朱熹节祠观与“四先生”节祠观的区别及其影响》,王加华主编:《节日研究》第20辑,山东大学出版社2022年版,第17～33页。

间节日体系的渗透过程。

一、朱熹《家礼》中的祭祖时间体系

朱熹《家礼》对一年周期性祭祖礼仪的时间安排如下(见表1)。

其一,四时祭。"时祭用仲月,前旬卜日","孟春下旬之首,择仲月三旬各一日,或丁或亥","不吉,更卜中旬之日。又不吉,则不复卜,而直用下旬之日"。祝辞的内容为"气序流易,时维仲春,追感岁时,不胜永慕。敢以洁牲柔毛、粢盛醴齐,祗荐岁事,以某亲某官府君、某亲某封某氏祔食。尚飨"。①

其二,三祭(冬至祭、立春祭、季秋祭)。"冬至祭始祖。程子曰:'此厥初生民之祖也。冬至,一阳之始,故象其类而祭之'",祝辞提道:"今以中(仲)冬阳至之始,追惟报本,礼不敢忘。谨以洁牲柔毛、粢盛醴齐,祗荐岁事。尚飨。""立春祭先祖。程子曰:'初祖以下,高祖以上之祖也。立春,生物之始,故象其类而祭之'",祝词改"中冬阳至"为"立春生物"。"季秋祭祢","程子曰:'季秋,成物之始。亦象其类而祭之'"。"前一月下旬,卜日。如时祭之仪",祝辞改为"今以季秋成物之始,感时追慕,昊天罔极"。②

其三,正、至、朔、望参。"正、至、朔、望则参","厥明,夙兴,开门轴帘,每龛设新果一大盘于卓上,每位茶盏托、酒盏盘各一于神主柜前"。"冬至,则祭始祖毕,行礼如上仪。望日,不设酒,不出主。"③

其四,节祠。"俗节则献以时食。节,如清明、寒食、重午、中元、重阳之类,凡乡俗所尚者,食如角黍,凡其节之所尚者,荐以大盘,间以蔬果。礼如正、至、朔日之仪。"④

其五,墓祭。"墓祭:三月上旬择日",祝辞为"岁序流易,雨露既濡,瞻扫

---

① (宋)朱熹撰,[日]吾妻重二汇校:《〈朱子家礼〉宋本汇校》,上海古籍出版社2020年版,第175、176、184页。

② (宋)朱熹撰,[日]吾妻重二汇校:《〈朱子家礼〉宋本汇校》,上海古籍出版社2020年版,第191、196、197、200、201、203页。

③ (宋)朱熹撰,[日]吾妻重二汇校:《〈朱子家礼〉宋本汇校》,上海古籍出版社2020年版,第6、8页。

④ (宋)朱熹撰,[日]吾妻重二汇校:《〈朱子家礼〉宋本汇校》,上海古籍出版社2020年版,第9页。

封茔，不胜感慕”。①

表 1　　朱熹《家礼》中的祭祖时间体系

时间（农历）		四时祭	三祭	参礼	节祠	墓祭
一月	正月初一			参		
	立春		立春祭先祖			
	正月十五元宵			参	献食	
二月	二月初一	二月某丁或亥日（前一月下旬卜日）		参		
	二月十五			参		
三月	三月初一			参		三月上旬择日
	寒食—清明				献食	
	三月十五			参		
四月	四月初一			参		
	四月十五			参		
五月	五月初一	五月某丁或亥日（前一月下旬卜日）		参		
	端午				献食	
	夏至			参		
	五月十五			参		
六月	六月初一			参		
	六月十五			参		
七月	七月初一			参		
	七月十五中元			参	献食	
八月	八月初一	八月某丁或亥日（前一月下旬卜日）		参		
	八月十五中秋			参		
九月	九月初一	季秋祭祢（前一月下旬卜日）		参		
	重阳				献食	
	九月十五			参		
十月	十月初一			参		
	十月十五			参		

① （宋）朱熹撰，[日]吾妻重二汇校：《〈朱子家礼〉宋本汇校》，上海古籍出版社 2020 年版，第 207、208 页。

续表

时间(农历)		四时祭	三祭	参礼	节祠	墓祭
十一月	十一月初一	十一月某丁或亥日（前一月下旬卜日）		参		
	十一月十五			参		
	冬至		冬至祭始祖	参		
十二月	十二月初一			参		
	十二月十五			参		

上述祭祖礼仪类型中，最重要的是四时祭，三祭次之。首先，时祭用仲月卜日的做法和“冬至祭始祖、立春祭先祖、季秋祭祢”的三祭，主要参考前辈儒者的做法，比如司马光《书仪》和程颐《伊川程氏祭礼》的设计。但后来朱熹认为三祭僭越了古礼，便废而不行。不过后世仍有不少文人遵从朱熹早年继承三祭的做法。其次，正、至、朔、望日参，应是朱熹为巩固祠堂制度而设计的每月例行参拜祖先的礼仪。再次，朱熹认为俗节应该祭祀祖先，这也是朱熹设计的祭祖礼仪与张载、二程、司马光“四先生”的祭祖礼仪的区别所在，对此可参看李涛的梳理和讨论。[①] 最后，朱熹也吸纳了民间墓祭习俗，但他并未将时间规定在寒食或清明，只需三月上旬择日即可。

从祭祖礼仪与节日习俗融合的角度看，俗节献食和三月上旬墓祭习俗由俗入礼，以《家礼》礼书文本的形式规定下来，成为后世文人礼书因循和微调的模板。这也有助于《家礼》进一步在士庶阶层的推广，实现以礼化俗效果。冬至、立春、季秋祭祖的三祭礼也与冬至和立春的民间节俗有叠加的可能。每月初一、十五在祠堂举行的朔、望参礼也与部分传统节日，比如正月十五元宵节、八月十五中秋节的节俗有叠加的可能。而至日参礼，尤其对于冬至日，朱熹强调在祭始祖之后要完成参礼仪式。由此可见，《家礼》的祭祖时间体系涵盖了诸多节气与节日，四时祭与冬至、立春、季秋三祭的祝辞也体现出朱熹等宋儒对节气、节日等重要时间节点应该反复多次祭祀祖先的考虑，在一年四季的轮转之中，于不同节气、节日安排不同类型的祭祖礼仪，有节奏地区分出神圣时间与世俗时间，周期性地重复与再现祭祖礼仪，强化

① 李涛：《祭祖时序的礼俗权衡——朱熹节祠观与“四先生”节祠观的区别及其影响》，王加华主编：《节日研究》第20辑，山东大学出版社2022年版，第17～33页。

爱敬祖先的意识，使人常怀报本反始之心，巩固祖宗之法的根基。这就为宋明以来节日祭祖礼俗的进一步融合提供了框架。

元明清社会涌现出诸多以朱熹《家礼》为基础或框架的文人礼书。邵凤丽将其细分为三种类型：一是注释类礼书，以明人丘濬《文公家礼仪节》为代表；二是简化类礼书，以明人吕维祺《四礼约言》、宋纁《四礼初稿》和清人王心敬《四礼宁俭》为代表；三是辨疑类礼书，以明人吕坤《四礼疑》、清人王复礼《家礼辨定》与毛奇龄《辨定祭礼通俗谱》为代表。[①] 本文据此择取部分重要文人礼书，分别围绕四时祭、俗节献食、墓祭这几个祭祖礼仪类型，考察文人礼书是如何在朱熹《家礼》的框架基础上形塑祭祖时间体系的。

二、宋明以来文人礼书中四时祭时间的变化

元代浦江（今属浙江）大儒郑泳在《书仪》《家礼》的基础上，“求其可行于今不悖于古者，并录其家日用常行之礼，编次成书。名曰《郑氏家仪》”[②]。《郑氏家仪》对四时祭祖的安排如下：“四时祭祀，《家礼》卜日。吾家但以四季仲月望日行事。春祭曰礿，夏祭曰禘，秋祭曰尝，冬祭曰蒸。”[③]由于朱熹《家礼》四时祭期因占卜而不固定，《郑氏家仪》则将四时祭期固定为仲月望日，即二月十五、五月十五、八月十五、十一月十五，其秋尝时祭与八月十五日中秋节的节俗重叠。

郑氏家族从南宋建炎初年（1127 年）至明天顺三年（1459 年）合族同居共爨，历经 3 朝 15 世，持续 300 多年，受宋、元、明三个朝代帝王的旌表，三朝正史都将该家族列入“孝义传”。[④] 凭借郑氏家族巨大的政治声望，民间效仿《郑氏家仪》的士族众多。据常建华整理，朝廷重臣宋濂、谢晋、杨士奇都推举《郑氏家仪》。山西潞安仇氏、徽州休宁兖山汪氏、徽州府祁门县奇峰郑氏

① 参见邵凤丽：《朱子〈家礼〉与传统社会民间祭祖礼仪实践》，中国社会科学出版社 2019 年版，第 133 页。

② （元）郑泳：《郑氏家仪》，四库全书存目丛书编纂委员会编：《四库全书存目丛书 · 经部》第 114 册，齐鲁书社 1997 年版，第 389～390 页。

③ （元）郑泳：《郑氏家仪》，四库全书存目丛书编纂委员会编：《四库全书存目丛书 · 经部》第 114 册，齐鲁书社 1997 年版，第 411 页。

④ 参见李冰、陈姝瑾：《〈郑氏家仪〉研究》，《广西师范大学学报》（哲学社会科学版）2018 年第 3 期。

也都效仿郑氏的家范和家仪。此外，地方官员也倡导士庶参酌。[①]《郑氏家仪》对四时祭期的改变，对部分地区士庶群体的四时祭期选择产生了一定影响。

至明代，丘濬十分推崇《家礼》。为“使天下之人人诵此书，家行此礼”[②]，他以浅近之言著成《文公家礼仪节》。在四时祭期的安排上，丘濬沿用朱熹《家礼》仲月前旬卜日的方法，但也认为可以参酌《孟氏家祭仪》而用二至二分日。他与司马光的看法一样，认为“今仕官者，职业既繁，但时至事暇可以祭，则卜筮亦不必亥日”，“若不暇卜日，止依《孟仪》用分至于事亦便也”。[③]对于仕官群体，“卜日”结果与工作时间可能发生冲突，可选择工作不忙时去卜日，或直接依照“分至日”行四时祭。若采用分至日行四时祭，“宜先于前一月，主人诣祠堂告祭期”[④]。因为朱熹设计的卜日仪式是由神择日，强调四时祭期带有神定的神圣性，而分至日行四时祭虽省去烦琐的卜日仪式，却少了这一层深意。所以，丘濬增加前一月告期一项，以示对四时祭期的重视，部分保全了四时祭期的神圣性，也调和现实矛盾。

明人宋纁《四礼初稿》对四时祭期进行了微调，改用分至日。“《家礼》，前旬诣祠堂卜吉。今拟如温公，只用春分、秋分、夏至、冬至。若冬至有碍，先一日祭亦可。”[⑤]宋纁也没有按照《家礼》四时祭期卜日的做法，而是选择按照司马光选用二分二至日作为四时祭期。

在宋诩《宋氏家仪》中，四时祭已不存，其礼意体现在清明、夏至、中元、十月朔的节俗活动中。“今人惟清明日、夏至日、七月十五日、十月朔日余意”，“但如浮屠设蔬素，焚经忏，则不可用”。[⑥] 宋诩也强调，七月十五民间流行的佛教斋供度亡仪式不可采用。儒者文人对民俗所尚也有所选择，只取

---

① 参见常建华：《元明时期义门郑氏及其规范的社会影响》，《河北学刊》2011 年第 2 期。

② (明)丘濬：《文公家礼仪节》，四库全书存目丛书编纂委员会编：《四库全书存目丛书·经部》第 114 册，齐鲁书社 1997 年版，第 431 页。

③ (明)丘濬：《文公家礼仪节》，四库全书存目丛书编纂委员会编：《四库全书存目丛书·经部》第 114 册，齐鲁书社 1997 年版，第 602 页。

④ (明)丘濬：《文公家礼仪节》，四库全书存目丛书编纂委员会编：《四库全书存目丛书·经部》第 114 册，齐鲁书社 1997 年版，第 582 页。

⑤ (明)宋纁：《四礼初稿》，四库全书存目丛书编纂委员会编：《四库全书存目丛书·经部》第 114 册，齐鲁书社 1997 年版，第 703 页。

⑥ (明)宋诩：《宋氏家仪》，北京图书馆编：《北京图书馆古籍珍本丛刊》第 61 册，书目文献出版社 1999 年版，第 27 页。

合于儒理的部分。

晚明重要的礼学家吕坤的《四礼疑》认为，“《家礼》为富贵家而设，与其不备而废礼，宁俭也”[①]。“礼下庶人”的策略就是“俭化”。他认为一年祭祖活动包括朔望参、时祭、生忌祭、家庆祭、新荐、佳节祭献食等，数量众多，门类繁复。他将“朔望参”与四时祭合并，四时祭期中春祭以正月朔，夏祭以四月朔，秋祭以七月朔，冬祭以十月朔，这样既减省四时祭和朔望参的仪式，也减轻普通士庶行礼的负担。在吕坤的设计中，四时祭与正月初一、十月朔这两个节日发生了重叠。

至清代，毛奇龄《辨定祭礼通俗谱》将四时祭期为二分二至日，但规定了不同的礼仪。春分日、秋分日行“时祭之礼”，夏至日行“岁荐之礼”，冬至日行“岁祭礼”，其中当略有差异。张文嘉《重定齐家实要》则微调了四时祭期，改用四仲月的初旬，或丁或亥，或只用分至日。[②] 人们只需在仲月初旬的丁、亥日中选择一个时间即可，还可以选择分至日。

上述可见，《家礼》之前四时祭期也用分至日。《家礼》之后，仲月卜日择期的规定并没有被广泛接受。部分文人倾向于选用相对稳定的节气节日时间，如二分二至日、朔望日、民俗节日作为四时祭期，其中也偶见与岁时节日重叠的情况。

三、正至朔望参、俗节献食、墓祭与节日礼俗融合

自汉魏时期岁时节日开始与节气时令系统相分离，上古四时祭礼亦逐渐演变为家户祭祖节日，萧放曾总结，汉魏时期“春社、夏至、伏日秋社、冬至、腊日都以祭祀祖先为中心节俗”[③]。东汉崔寔《四民月令》提及汉魏大户家庭分别于正月之旦、二月祠太社之日，夏至之日、六月初伏、八月祠泰社之日，冬至之日、十二月腊日至除夕期间祭祖或祀家。此后，南朝梁宗懔的《荆楚岁时记》却并未在上述节期专门提及祭祖活动，寒食有“禁火三日，造饧大

① (明)吕坤:《四礼疑》，四库全书存目丛书编纂委员会编:《四库全书存目丛书·经部》第115册，齐鲁书社1997年版，第71页。

② 参见(清)张文嘉:《重定齐家实要》，四库全书存目丛书编纂委员会编:《四库全书存目丛书·经部》第115册，齐鲁书社1997年版，第732页。

③ 萧放:《岁时:传统中国民众的时间生活》，中华书局2002年版，第87页。

麦粥”等节俗，亦未提墓祭，而新增“七月十五日，僧尼道俗悉营盆供诸佛”[①]的记录，说明佛教奠亡活动已开始渗透于民间。

隋唐时期，孙思邈的《千金月令》记载：“七月十五日，营盆供寺为盂兰会”；“十月朔，都城士庶皆出城飨坟，禁中车马朝陵如寒食节”。[②] 另据唐玄宗增颂《许士庶寒食上墓诏》，可以看出玄宗朝已经以政令形式认定了寒食节扫墓习俗。

至宋代，孟元老《东京梦华录》记录了寒食第三节（清明）、中元节、十月一日、冬至日皆有祭祖活动。

> 寒食第三节，即清明日矣。凡新坟，皆用此日拜扫，都城人出郊。禁中前半月，发宫人车马朝陵。宗室南班近亲，亦分遣诣诸陵坟享祀。从人皆紫衫、白绢三角子、青行缠（皆系官给）。节日，亦禁中出车马，诣奉先寺、道者院，祀诸宫人坟。莫非金装绀幰，锦额珠帘，绣扇双遮，纱笼前导，士庶阗塞，诸门纸马铺，皆于当街，用纸衮叠成楼阁之状。四野如市，往往就芳树之下，或园囿之间，罗列杯盘，互相劝酬。都城之歌儿舞女，遍满园亭。抵暮而归，各携枣䭔、饮饼、黄胖、掉刀、名花、异果、山亭、戏具、鸭卵、鸡雏，谓之“门外土仪”。轿子即以杨柳杂花装簇顶上，四垂遮映。自此三日，皆出城上坟，但一百五日最盛。[③]
>
> 七月十五日，中元节。先数日，市井卖冥器：靴鞋、幞头、帽子、金犀假带、五彩衣服。以纸糊架子，盘游出卖。潘楼并州东、西瓦子，亦如七夕，耍闹处亦卖果食、种生、花果之类，及印卖《尊胜》《目连经》。又以竹竿斫成三脚，高三五尺，上织灯窝之状，谓之“盂兰盆”，挂搭衣服、冥钱，在上焚之。构肆乐人，自过七夕，便般《目连救母》杂剧，直至五十日止，观者增倍。中元前一日，即卖练叶，享祀时铺衬卓面。又卖麻谷窠儿，亦是系在卓子脚上，乃告祖先秋成之意。又卖鸡冠花，谓之“洗手花”。十五日，供养祖先素食。才明，即卖穄米饭，巡门叫卖，亦告成意也。又卖转明菜花、花油饼、馂豏、沙豏之类。城外有新坟者，即往拜扫。禁中

---

① （梁）宗懔撰，（隋）杜公瞻注，姜彦稚辑校：《荆楚岁时记》，中华书局2018年版，第29、61页。

② （唐）孙思邈：《千金月令》，王云路主编，窦怀永点校：《中华礼藏·礼俗卷·岁时之属》第一册，浙江大学出版社2016年版，第276页。

③ （宋）孟元老作，王秀莉译注：《东京梦华录》，古吴轩出版社2022年版，第164～165页。

亦出车马，诣道者院、谒坟。本院官给祠部十道，设大会，焚钱山，祭军阵亡殁，设孤魂之道场。①

十月一日，宰臣已下受衣，着棉袄。三日(今五日)，士庶皆出城飨坟。②

十一月，冬至。京师最重此节，虽至贫者，一年之间积累假借，至此日，更易新衣，备办饮食，享祀先祖，官放关扑。庆贺往来，一如年节。③

在上述汉魏至宋代的节俗演变中，从节气时令系统分离成型的民间节日祭祖体系在不同历史时期有着不同的变化，也并非所有节日都需祭祖墓祭，至宋代已基本稳定在寒食—清明、中元节、十月朝、冬至等时日。对于朱熹而言，许多民俗节日在宋代以前还尚未定型，所以古礼没有要求俗节祭祖尚且情有可原，但当时世人颇为重视俗节宴乐，为体现事亡如存，防止因节废祭，故而设计《家礼》时将民间节日祭祖活动纳入礼制整合。④ 尤其是对七月十五中元节，朱熹曾在评价韩琦家祭做法时表态："但七月十五素馔用浮屠，某不用耳。"⑤面对佛教奠亡活动渗透民间的风气，朱熹《家礼》设计七月十五望日参礼与中元节献食礼仪来影响民间的中元节俗祭祖实践，希望以儒礼对抗佛教对社会的影响。

总体上看，朱熹《家礼》设计的正至朔望参、俗节献食、墓祭这三类祭祖礼仪在后世流传过程中最有可能渗透影响民间节日祭祖礼俗。后世文人礼书因循或调整这三类祭祖活动时，因时因地制宜地增加许多具体规定，使得符合儒家礼制要求的节日祭祖活动越来越丰富。

至元代，郑泳《郑氏家仪》将《家礼》正、至、朔、望参礼与俗节献食的设计进一步扩展和具体化：

至朔望必参，分为三十二桌，每桌果品各二碟，肴馔二碟；每位酒一盏，茶一盅。俗节并同，献以时物。上元添春饼，端午重阳添粽，冬至添糕，望日则献茶。

① (宋)孟元老作，王秀莉译注：《东京梦华录》，古吴轩出版社 2022 年版，第 210 页。

② (宋)孟元老作，王秀莉译注：《东京梦华录》，古吴轩出版社 2022 年版，第 221 页。

③ (宋)孟元老作，王秀莉译注：《东京梦华录》，古吴轩出版社 2022 年版，第 239 页。

④ 参见李涛：《祭祖时序的礼俗权衡——朱熹节祠观与"四先生"节祠观的区别及其影响》，王加华主编：《节日研究》第 20 辑，山东大学出版社 2022 年版，第 17～33 页。

⑤ (宋)黄士毅编，徐时仪、杨艳汇校：《朱子语类汇校》，上海古籍出版社 2014 年版，第 2327 页。

正月一日，昧爽以前，正门设香案，焚香点烛，茶三盏，净果三。家长率众子妇立定，家长上香，三上香，少年子弟二人，于香案前四拜，分立左右。赞云："鞠躬，拜兴，拜兴，拜兴，拜兴，平身。"礼毕。除夜、冬至、元宵礼同。[①]

《郑氏家仪》列出"正、至、朔、望参"的具体流程，将正月一日、除夕、冬至、元宵与至朔望参稍加区别。俗节则在参礼基础上添加时物，如上元添春饼，端午、重阳添粽，冬至添糍。民间的标志性节日食物，以家用礼书的形式转化为祭祖的标志性食物。对于《家礼》"三月上旬择日墓祭"即墓祭不定期的做法，《郑氏家仪》明确定于清明、十月朔两次扫墓。"十月朔日，祭名扫松"，礼如清明，要准备"果子六，菜四，米粿一，肴二，鸭子，时新之物"。[②] 这应是郑氏家族随当地风俗的做法。

至明代，丘濬《文公家礼仪节》对"俗节则献以时食"附注曰："元夕、清明、端阳、中元、重阳、十月朔、腊日、除夕，岁熟献新"，比《家礼》中提及的节日更多，基本上覆盖了全年的岁时节日。对墓祭则沿用《家礼》"三月上旬择日墓祭"做法，还强调要"每季仲月择日及岁暮布席陈馔"祭后土，"春则于所居之东，夏则南，秋则西，冬则北。随俗设馔"。[③]

吕柟《泾野先生礼问》提及吕氏家族于除夕—元日、元宵、清明、端午、六月六、七月望、重阳、十月朔、冬至等节日皆举行祭祖礼仪，还明确了端午应荐角黍、七月望荐麻谷、重阳荐糕、十月朔荐馄饨、长至荐长面。至于墓祭，清明需拜扫先茔。六月六日家中年轻子弟需奠汤、焚楮于先茔诸墓。[④]

宋诩《宋氏家仪》明确规定了不同类型祭祖礼仪的食俗："元旦用蒸糕馒头为馔"，"清明日用糍饼为馔"，"夏至日用馄饨为馔"，"七月十五日用豆裹糍为馔"，"十月初一日用菠棱菜饼为馔"，"小至如荐用面"，"冬至用馒头为馔"，"除夜如荐用面"，"墓祭用馒头为馔"，"元宵油䭔、水磨粉圆、酒肴"，"端

① (元)郑泳:《郑氏家仪》，四库全书存目丛书编纂委员会编:《四库全书存目丛书》第114册，齐鲁书社1997年版，第394、395页。

② (元)郑泳:《郑氏家仪》，四库全书存目丛书编纂委员会编:《四库全书存目丛书·经部》第114册，齐鲁书社1997年版，第417、416页。

③ (明)丘濬:《文公家礼仪节》，四库全书存目丛书编纂委员会编:《四库全书存目丛书·经部》第114册，齐鲁书社1997年版，第440、600页。

④ 参见(明)吕柟:《泾野先生礼问》，四库全书存目丛书编纂委员会编:《四库全书存目丛书·经部》第114册，齐鲁书社1997年版，第663～664页。

阳角黍，菖蒲，酒肴”，“七夕煎茄，酒肴”，“重阳果糕、菊花酒肴”。[①] 由此可见，祭祖礼仪范围也扩大到了全年的所有节日。

吕坤《四礼疑》，朔望参礼已与四时祭合并，佳节献食则列举了元宵节献饭，端午献角黍，中秋献瓜饼，重阳献糕等。墓祭则不择日，定于三大哀节，即“清明，七月十五，十月一日，以酒食拜墓”[②]。

宋纁的《四礼初稿》延续了“岁时俗节之荐享”的做法，但墓祭没有按照《家礼》择日的做法，“今拟就如乡俗，用清明、七月十五及十月朔日祭”[③]，将墓祭日期固定在清明、七月十五及十月朔。

至清代，《家礼》正至朔望参、俗节献食、墓祭向节日礼俗融合现象更加明显。毛奇龄《辨定祭礼通俗谱》定于清明日、霜降日行墓祭礼。李塨也在《学礼五卷》中说自家随从时俗，于清明、七月十五、十月朔日举行祭礼，只不过这三祭在家堂举行，而非在墓地。[④]

王心敬《四礼宁俭》指出：“祭有表祭，有时祭。表祭行于表中，时祭行于四季。又有节祭，如元旦、上元、中秋、十月朔日、冬至、生日、祭日之类。清明则行于上墓、拜扫之类，此常祭也。此外则有登第、生子、娶妇、迁官、诰封诸节目，行于常祭之外。至如四时献新，则尤属子孙所宜留神之端。”[⑤]对一年中次数繁多的祭礼活动又有如下考虑：

> 要知礼亦忌烦，非俭于吾亲也。太烦则必且近渎，正恐懈于将事，忽于备物，反来慢神之虞，致开不敬之罪耳。故于诸祭中较量损益丰约，一岁中既有元旦、清明、中秋、十月初一日并生日、忌日等。稍丰之祭，又有上元、冬至，及献新之节。行于四时之中，即四时仲月之祭，亦

① (明)宋诩：《宋氏家仪》，北京图书馆编：《北京图书馆古籍珍本丛刊》第61册，书目文献出版社1999年版，第35～36页。

② (明)吕坤：《四礼疑》，四库全书存目丛书编纂委员会编：《四库全书存目丛书·经部》第115册，齐鲁书社出版1997年版，第44页。

③ (明)宋纁：《四礼初稿》，四库全书存目丛书编纂委员会编：《四库全书存目丛书·经部》第114册，齐鲁书社1997年版，第706页。

④ 参见(清)李塨：《学礼五卷》，四库全书存目丛书编纂委员会编：《四库全书存目丛书·经部》第115册，齐鲁书社1997年版，第160～188页。

⑤ (清)王心敬：《四礼宁俭》，四库全书存目丛书编纂委员会编：《四库全书存目丛书·经部》第115册，齐鲁书社1997年版，第363页。

似宜节也，在丧亦不可废祭。[①]

王心敬主张祭礼不可太多太烦琐，于诸祭中较量损益丰约，应该让一整年的祭祖活动随时序交替，丰简得当。

综上所述，在宋明以来的文人礼书中，首先，“俗节献食”祭礼的内容越来越丰富和具体化，不仅范围扩大到了全年的各类节日，标志性的节日食物也被转化为标志性的祭祖食物，民众欢度的民俗节日更日渐呈现儒礼化与体系化特点。其次，正至朔望参礼由于次数较多，负担较重，有的文人礼书将其与四时祭合并，或删减，或将其融入岁时节日的礼俗活动中。最后，关于墓祭，宋明以来文人礼书大多将《家礼》“三月上旬择日”的设计确定为清明节墓祭，或于清明、七月十五、十月朔日三大哀节墓祭，也有于六月六日、霜降日墓祭的情况。这就超出了《家礼》的限定。总之，正至朔望参、俗节献食、墓祭与节日礼俗融合的现象在明清时期日益凸显，促进了相关节日风俗的演变，也有助于儒家的祭祖礼仪在士庶阶层实现以礼化俗的效果。

结　语

在宋代“礼下庶人”的背景下，朱熹《家礼》整合古礼以建构士庶家用礼仪，并逐渐成为宋明以来社会的基层礼制。后世儒者文人编订的家礼类礼书大多因循或随时俗调整《家礼》的祭祖礼仪设计，具体体现在四时祭期从需要靠占卜来确定日期的不定时特点，逐渐固定为民众熟悉且稳定的节气节日，比如二分二至、四仲朔望，呈现四时祭礼与节气节日习俗叠加现象。有的文人礼书甚至强调四时祭不存，只有四季重大节日尚存时祭余意。同时，《家礼》中的正至朔望参、俗节献食、墓祭等祭祖礼仪与节日习俗融合趋势日益明显，人们更倾向于在节日实践祭祖家礼，使民间的节日祭祖习俗呈现儒礼化和体系化特点。总之，《家礼》及文人礼书中的祭祖时间体系与节气节日的融合大致经历了“由俗入礼”再到“化礼为俗”的礼俗互动过程。促

① (清)王心敬:《四礼宁俭》,四库全书存目丛书编纂委员会编:《四库全书存目丛书·经部》第115册,齐鲁书社1997年版,第363页。

成互动的人群动力之一，是以朱熹为代表的宋儒以及元明清儒者文人或地方文化精英群体。他们制定的文人礼书是这一礼俗互动过程的中介文本。借助这类中介文本，《家礼》等儒家礼制得以向更广大的士庶群体推广普及，实现对中国传统社会礼俗与节日文化的整合与统一。

乾隆帝的节日心态

——基于其新年期间的节俗实践*

张佳伟**

摘　要

既有学术研究侧重于分析“大传统”对“小传统”的塑造作用，但从乾隆皇帝的新年节俗实践之中，可分析出“小传统”的力量对“大传统”的影响。乾隆帝对汉族民间形成的新年节俗欣然接受并积极改造，出自以下身份及其所带来的心态：其一是“平凡人”，与普通的“民”一样有生理、安全等需要；其二是“建构者”，利用节日这个特殊的时空，他建构了自己的“盛世明君”形象；其三是“信仰者”，他相信实践节俗可以使其生活变得更为顺利，以真诚的态度践行新年节俗，增强了此时间节点的神圣性。

关键词

新年节俗；乾隆帝；人类动机理论；形象建构；信仰者

芮德菲尔德在分析农民社会文化时提出，在某一种文明里，总会存在两个传统：一是由少数善于思考的人们创造出的大传统，二是由众多基本上不会思考的人们创造出的小传统。大传统是在学堂或庙堂之内培育出来的，

---

* 本文部分节选自笔者的硕士学位论文《皇帝的节日生活实践及其对节日资源的使用》（北京大学硕士学位论文，2021年）。

** 张佳伟，北京大学中文系博士研究生。

而小传统则是自发地萌发出来的。① 以宫廷为中心的制度与生活可以被视为"大传统",而以民间为中心的生活实践则可以被视为"小传统",以往我们更倾向于关注"大传统"对"小传统"的影响,即国家层面的政治制度、文化环境会对民间生活习俗会产生一定的作用,民间生活会不可避免地受到官方政策与国家整体文化环境的影响。以往学者在分析具体的民间文化时,也经常采用这种思路。实际上,"小传统"性质的民间生活也能够影响到"大传统"性质的政策和文化环境,再借助"大传统"的力量进行传播扩散,实现官方正统文化与民间文化之间的交互与融合。

乾隆皇帝在新年之时所践行的诸多节俗,正可看成是"小传统"影响"大传统",并被"大传统"接受而产生进一步传播扩散的实例。乾隆皇帝在新年期间要展开多项节俗活动,有组织朝会、收受表文、发放赏赐、宴请王公、祭天祭祖、作诗记录等。他的两种不同身份会导致不同的节日活动表现:作为俗民个体,他大量接受汉族新年节俗,以达到祈福消灾、家庭团聚、休息娱乐等目的;作为一国之君,他又创设诸多新活动来满足其阶层需要,以争取君臣关系、中央与地方关系、民族关系、中外关系乃至人神关系的和谐等。这两方面都有机结合在了"新年"这个特殊的时空背景之下。本文将综合考量以上两个方面,以系统性、整体性的思路来研究驱使乾隆帝实践这些节日活动的动力因素。究竟是怎样的心态推动他践行这些新年活动?作为一个特殊的"民",他践行这些新年活动在精神层面有怎样的考虑?

一、平凡人——对于精神需求的满足

根据马斯洛的人类动机理论,人是一种不断追求欲望满足的动物。具体而言,人有生理需要、安全需要、归属和爱的需要、自尊需要和自我实现的需要等,这都是促使着人类实践某项活动的动机。② 乾隆帝虽贵为"天子",但仍是一个"平凡人",仍需要满足其作为生物人的基本需要,才能有序完成日常生活。乾隆帝无疑是不太需要考虑物质生活的,但其仍与其他任何一

---

① 参见[美]罗伯特·芮德菲尔德:《农民社会与文化——人类学对文明的一种诠释》,王莹译,中国社会科学出版社 2013 年版,第 95 页。

② 参见[美]马斯洛:《动机与人格》,许金声等译,华夏出版社 1987 年版,第 40～55 页。

个普通的"民"一样渴求精神的满足。

其一,生理需要。每个人都需要将工作与休息相结合,同时也需要在常规时间中划出一定的"特殊时间"来满足自身对生活的期待,增强生活的动力。"新年"正是在常规时间中人为划定的特殊时间,使实践者对其充满向往,寄寓新的开始与幸福美好的属性。皇帝的生活范围较为狭窄,生活方式较为单一,使其更为期待这个特殊时间的到来,也希望新的时间单位里的生活方式能够有所创新。同时,乾隆帝又是一位相对勤政爱民的皇帝,平时公务繁忙,少有闲暇,他同样期待着新年到来之际能够有所放松,调节工作与生活的平衡状态,满足其作为一个生物人的生理需要。"京师大小官署,例于每年十二月之十九、二十、二十一三日之内,由钦天监选择吉期吉时,照例封印,颁示天下,一体遵行。"①"官署开印之期,必于正月十九、二十、二十一三日之内,由钦天监选择吉日吉时,先行知照,朝服行礼,开印之后,则照常办事矣。"②封印之后,清政府的大量官员便进入了假期,直到再次开印,其间大约一个月;皇帝本人虽不能享受如此之长的假期,但其封印之后,直至元旦开印之间亦有片刻闲暇。皇帝作为"生物人",也要在新年到来之时祭祀祖先,"(乾隆二年腊月)二十九日壬子早,上以岁暮躬诣太庙致祭礼"③;也要与家人团聚:根据中国第一历史档案馆公布的乾隆四十八年(1783年)膳底档显示,这年的最后一天是腊月二十九(除夕),早餐时,"上同妃嫔金昭玉粹进早膳"④,午餐时"东边愉妃、惇妃,头桌宴一桌。婉嫔、诚嫔,二桌宴一桌。林贵人、明贵人,三桌宴一桌。西边颖妃、顺妃,头桌宴一桌。循嫔、十公主,二桌宴一桌。禄贵人、白常在、鄂常在,三桌宴一桌"⑤。这都可以证明"民俗学"的"民"应为所有生物学上的"人",而不能以文化程度、政治地位等身份资本进行划分。凡是在特定文化背景中生存的个体,为了生活之需,定然要实践这些民俗活动,以达到精神层面的满足感。

其二,安全需要。每个人都渴求人生平安,事事安全。乾隆帝也并不例外。虽然有军队和紫禁城予以保护,但他仍然有三个方面的安全考虑。一

① 徐珂:《清稗类钞》第一册,中华书局1984年版,第36页。

② 徐珂:《清稗类钞》第一册,中华书局1984年版,第27页。

③ 中国第一历史档案馆编:《乾隆帝起居注》(二),广西师范大学出版社2002年版,第605页。

④ 中国第一历史档案馆编:《清代档案史料丛编》第十辑,中华书局1984年版,第180页。

⑤ 中国第一历史档案馆编:《清代档案史料丛编》第十辑,中华书局1984年版,第182页。

是“天意”，虽然乾隆帝贵为“天子”，却仍然恐惧上天的惩罚与厄运。如乾隆五十年(1785年)年末出现了日食现象，被视为上天对人世间的警告，于是取消了本该举办的乾隆五十一年(1786年)元旦的朝贺仪式、筵宴活动和诸多典礼，来向上天表示虔诚，以求祈福消灾。如此盛大、复杂、重要的仪式在自然天象面前变得毫不重要，一切的人世间礼节都要让位于自然，体现出乾隆帝协调人神关系的努力，也可进一步说明其对于新年所赋予的神圣性意义。甚至极为隆重的祭堂子仪式中，也因日食的出现而取消了奏乐活动：“明年元旦，恭诣堂子行礼，还宫时尚在日未食之先，不应作乐，钦此。十二月十六日。”[①]而自然界若在新年期间出现吉象，则被视为风调雨顺、国泰民安的征兆。乾隆十年(1745年)正月二十五日，乾隆帝收到了陕西巡抚陈弘谋的奏章：“西安地方自上年十一月得雪之后，十二月间雨雪甚少，将届新春，民间盼望腊雪极其殷切，喜于除夕、元旦雨日连得瑞雪，省城约有五寸，陆续据各属报到，自一二寸至一尺不等……耆老、士民莫不欢忭，预占年丰，去冬以及新春米价平减，兵民安业，地方宁谧。”[②]

二是“君臣”，乾隆帝通过各种方式昭示自己对臣子的恩遇，维护皇权的同时，维护与臣子的关系，其中，书写“福”字赐予大臣是较为常用的手段。典型的案例是乾隆年间臣子王际华的“二十四福堂”。“王文庄际华以乾隆乙丑一甲第三人及第，通籍三十一年中，蒙赐‘福’字二十四。乙未冬，重加装潢，悬之赐第，颜曰‘二十四福堂’，以昭恩宠。”[③]王际华在科举及第之后，共做官31年，其中有24年都得到了乾隆皇帝所赐之“福”，他将这24张“福”字重新加以装裱并悬挂于屋中，取名“二十四福堂”，以表示皇帝对自己的恩宠。皇帝用了很小的成本，却取得了极好的效果，实现了君臣关系的相对融洽。

三是“国家”，乾隆帝的安全感一方面来自自身，另一方面则来自他所统治的国家。于是他在诗文中反复强调“国泰民安”的重要性，如“共球朝万

① 中国第一历史档案馆编：《乾隆朝上谕档》第18册，档案出版社1991年版，第383页。

② 《奏报西安通省除夕元旦瑞雪普降情形事》，原件藏于中国第一历史档案馆，档号：04-01-24-0035-049。

③ (清)吴振棫撰，童正伦点校：《养吉斋丛录》，中华书局2005年版，第191页。

国，垂拱御元辰”，“所期寰海内，熙皞戴鸿钧”[①]；“万国共球奉大清”[②]等。同时，他在朝贺仪式上也专门为协调清朝与蒙古王公、朝鲜贵族等的关系留有空间。常建华提到，清朝元旦朝贺活动明显区别于明朝的有一条，即增加了外藩蒙古朝贺。[③] 对于朝鲜等国，清廷也会在新年之际给予一定的物质恩赐：“朝鲜国遣使年贡，有例赏，由礼部具奏……赏国王物件：龙缎二匹、福字笺二百幅、雕漆器四件、大小绢笺四卷、墨四匣、笔四匣、砚二方、玻璃器四件。赏献诗使臣物件：大缎各一匹、笔各二匣、墨各二匣、笺线各二卷。紫光阁筵宴加赏物件：正使锦各三匹、漳绒各三匹、大卷八丝缎各四匹、大卷五丝缎各四匹、大荷包各一对、小荷包各四个。副使锦各二匹、漳绒各二匹、大卷八丝缎各三匹、大卷五丝缎各三匹、大荷包各一对、小荷包各四个。”[④]

乾隆帝同样有着不安全感，同样需要借用节日中的特定习俗来祈求吉祥如意。一方面协调现实君臣关系，另一方面也沟通人神关系，祈求上天保佑。对安全感的索取，需要通过设计诸多具有祈福消灾功能的节俗活动来实现。

其三，归属和爱的需要。“民俗”实际上会形成群体规范，制约着每一个社会性的个体必须在特定时间进行相应的民俗实践，否则将难以产生归属感，以至于逐渐脱离社会群体，而无法融入其中。故而，民俗活动还有提升实践者在特定社群中归属感的功能。乾隆帝也依然需要遵行固有的民俗规范。乾隆帝每到十二月初一便主动御笔书福，到了腊月二十四之后便在宫内鸣放鞭炮，除夕即将到来之时便在宫内张灯结彩，努力营造节日氛围。与其他妃子、臣僚等在特定时间从事相似活动，能够释放其皇帝身份所带来的不可避免的疏离感。如腊月二十四日之后，乾隆皇帝从寝宫到乾清宫每经过一门，都要鸣爆竹一声，以象征辞旧迎新，烘托新年氛围。“高宗视朝，必以卯刻。每岁十二月二十四日后，自寝宫至乾清宫，每过一门，必鸣爆竹一

① (清)爱新觉罗·弘历：《御制诗初集》卷五，《清代文集汇编》编纂委员会编：《清代诗文集汇编》第319册，上海古籍出版社2010年版，第133页。

② (清)爱新觉罗·弘历：《御制诗二集》卷十四，《清代文集汇编》编纂委员会编：《清代诗文集汇编》第320册，上海古籍出版社2010年版，第341页。

③ 参见常建华：《清朝大历史》，中华书局2020年版，第232～233页。

④ (清)姚元之、(清)王晫撰，曹光甫、陈大康校点：《竹叶亭杂记　今世说》，上海古籍出版社2012年版，第24页。

声。"[①]同时,乾隆帝也十分重视放爆竹所带来的吉祥意义,多次在御制诗中进行咏颂。如乾隆九年(1744 年)所写《咏爆竹》:"轧轧平原冻草萌,却教非夏以雷鸣。春从和朗声中报,人在吉祥烟里行。仙木骈罗增气色,飞霙借助散瑶琼。东皇鼓吹连宵发,百福昌昌入凤城。"[②]将爆竹声声喻作雷鸣,将爆竹燃放形成的烟雾喻为"吉祥烟",进而"歌咏"爆竹,感谢其所带来的全新气象。

其四,自尊需要。每个人都渴求被他人尊重,也希望得到社会认可,乾隆帝的特殊身份更使其需要这种"被尊重感"。普通民众的新年节俗,给亲友拜年、给儿童发"压岁钱"、积极参加亲族团聚、祭祖等活动,无不具有体现自己在家族关系网中的地位与价值的功能,能够使实践者获得"被尊重感"。乾隆皇帝在新年期间的诸多活动,无论是书"福"字赐大臣、与嫔妃吃团圆饭、举行复杂又隆重的祭祖仪式,还是在朝贺仪式、新年国宴之上笼络王公大臣和外国使臣,都能满足其"自尊"的需求。《国朝宫史》中有关于"赏赐福字仪"记载如下:"每岁十二月初一日,懋勤殿首领太监陈龙笺、大笔、墨海于重华宫祗候,皇帝以'赐福苍生笔'书'福'字十余幅贴各宫。"[③]乾隆帝继承了雍正帝形成的制度,"高宗自乾隆甲辰以后,每岁遂为常例"[④]。在己巳年(乾隆十四年,1749 年)所写《书福诗》中提到"岁暮书福,以赐廷臣,谨遵皇考成例"[⑤],其诗为"近始藩屏逮百僚,临轩书福庆恩昭。九畴箕子畴书演,一笔王家笔阵超。嘉与红笺迎介祉,相扶彩胜焕元朝。不徒弄翰钦敷锡,家法绳承仰圣尧"[⑥]。其书"福"所用之笔,为"镌正书四字曰'赐福苍生',相传为圣祖御用留贻,管髹漆,色黝,字添以金。每开笔时,御用一次,即珍弆檀箧"[⑦]。其书"福"所用之笺,"质以绢,傅以丹砂,绘以金云龙,宫廷所贴用者,及朱红

---

① 徐珂:《清稗类钞》第一册,中华书局 1984 年版,第 404 页。

② (清)爱新觉罗·弘历:《御制诗初集》卷二十,《清代诗文集汇编》编纂委员会编:《清代诗文集汇编》第 319 册,上海古籍出版社 2010 年版,第 319 册,第 324 页。

③ (清)张廷玉、(清)鄂尔泰:《国朝宫史》卷五,北京古籍出版社 1987 年版,第 69～70 页。

④ 徐珂:《清稗类钞》第一册,中华书局 1984 年版,第 312 页。

⑤ (清)爱新觉罗·弘历:《御制诗二集》卷十三,《清代诗文集汇编》编纂委员会编:《清代诗文集汇编》第 320 册,上海古籍出版社 2010 年版,第 340 页。

⑥ (清)爱新觉罗·弘历:《御制诗二集》卷十三,《清代诗文集汇编》编纂委员会编:《清代诗文集汇编》第 320 册,上海古籍出版社 2010 年版,第 340 页。

⑦ 徐珂:《清稗类钞》第一册,中华书局 1984 年版,第 312 页。

对笺寿字笺，岁由江苏按照尺度制进，颁赐笺，则南省方物所陈也”[①]。其书福之流程为“自乾隆丙寅建阐福寺，壬申以后，每岁腊月朔日，先诣寺拈香，回宫书福。开笔时，爇香致敬，用朱漆雕云龙盘一，中盛古铜八吉祥炉、古铜香盘二，握管薰于炉上，始濡染挥翰。其预颁赐者，皇子以及内廷行走宗藩并在廷诸臣工，则命分进名牌，简派亲书以赐，及分赏余福，宣传给领，其各省将军督抚，则令折使赍回，新疆将军参赞办事大臣，并付驿驰给”[②]。这样一项新年活动，对于提高乾隆帝在周围臣僚环境中的自尊感具有重要的意义。

其五，自我实现需要。当我们可以满足生理、安全、归属和爱、自尊等基本需要之后，每个人都希望实现自己的价值。乾隆帝作为最高统治者，其前几项需求相对而言更容易得到满足，这意味着其对于“自我实现”需求的达成寄予了更高的期望。在条件允许的范畴之内，如何能够真正实现自己作为“一国之君”的人生价值，乾隆帝也做了诸多的探索。比如，乾隆在新年时通过作《降旨加赈上下江及甘肃省偏灾各州县诗以志事》一诗，总结了上一年国家发生过的几场重大自然灾害，并以新年这个吉祥时间作为契机，来为百姓减负。其诗云：“上年各省沐天庥，旸雨应时率有收。豫省堤颓仍荐沴，歙疆波及亦灾秋。江苏偏涝应加赈，甘肃何年弗恤赒。调燮无能惟自恧，那更靳泽不教流。”[③]诗中讲到，前一年好多地区都蒙天恩赏赐降下甘霖，但依然有河南、安徽、江苏、甘肃等省份出现洪涝灾害，给百姓带来苦难。乾隆帝将责任归到自己身上。新年刚刚到来，他便心系赈灾，虽然这里面不可避免有一定的“官样文章”的成分，但也可以看出乾隆帝对普通民众的生活状态尤为关注，以此完成“自我实现”。

综上可知，乾隆帝的诸多新年活动反映出弘历本身也是一个“平凡人”，一个有血有肉的生命体，他所实践的新年活动是为了满足其作为一个“平凡人”的人本心理需求，只不过其身份（或者说工作）要求他必须对民间的普通新年民俗进行一定的再创造。但其对于民间所建构的特殊时间场域及民间

① 徐珂：《清稗类钞》第一册，中华书局1984年版，第312页。

② 徐珂：《清稗类钞》第一册，中华书局1984年版，第312页。

③ （清）爱新觉罗·弘历：《御制诗四集》卷六十五，《清代诗文集汇编》编纂委员会编：《清代诗文集汇编》第326册，上海古籍出版社2010年版，第138～139页。

所赋予这个特殊时间的精神，则几乎完全继承了下来，并通过政府政策等官方行为予以确认、肯定并发扬。从这个角度考虑，芮德菲尔德所谓“小传统”也会在一定程度上影响“大传统”，“小传统”所确立的文化模式甚至会被“大传统”作为一种重要资源无条件接受，并以“大传统”的政治效力为“小传统”的发展提供政治的保障和传播的动力。

所以，民俗很难依靠统治者的强制力去推行或禁止，而一定是出自信仰者、实践者的内心需求。作为“俗民个体”，统治者也会产生对民俗活动的精神需求，也需要实践这些民俗活动，让其颁布政策予以禁止或限制，本身就是矛盾的。在一定程度上，统治者也需要去吸收民俗中的合理成分，来及时调整政策，以便最大限度地管理民众。在维护国家尊严、运行法则的前提下，只有尊重民众本身的生活习惯，才能更好地治理社会。

二、建构者——对于“盛世明君”形象的标榜

作为“俗民个体”的乾隆帝呈现出了他作为“普通人”的一面，但作为“一国之君”的乾隆帝也体现出其政治身份所决定的心态，即其希望借节日之机，为后世留下自己“勤政爱民”的形象，这主要体现在其所撰写的御制诗中。

一方面，乾隆帝会大肆渲染部分主题，并反复记录、形成惯例，而这些内容则以孝亲敬老、团结臣僚、沟通中外、勤政爱民等话题为主。按照御制诗所记录的内容，乾隆帝无疑是一位盛世明君。如《元正太和殿赐宴纪事二律》类型的御制诗便多次出现，其本质并非表情达意，而是为了留下记录，形成后世对乾隆帝的“历史记忆”。同时，这些诗歌也“报喜不报忧”，集中展示的都是清王朝和乾隆帝本人的功绩。如《元正太和殿赐宴纪事二律》：

> 晨参午会庆元正，幸复浃旬一举行（庚午予年四旬，始于元正赐宴太和殿，以后每至十年，礼臣稽典，先期奏请。自庚子至今岁庚戌，又阅十年，庆登八帙，世际重熙，元正朝会依例举行，用洽群情，实昭景贶）。四十肇臻八成十，午庚旋值戌临庚。帝蒙天眷为独厚，夕惕朝乾所戒盈。和共百工承锡羡，难斯罢也矫予情。十五推年五十逢（予于二十五

岁践阼,自后纪年逢五则为正寿,纪年遇十春秋,又恰逢五五与十皆成数,而今岁五十五年又值天地之数,自然会合,循环相生,未可思议。昊苍眷佑于予,若有独厚者然),钦膺天数惠偏钟。归诚适预正而贺(廓尔喀在西藏之西,万里归诚,适于岁内嘉平望间到京,元正亦随班末行礼,得瞻朝会典仪,自必倍加欣幸),祝寿兼呈贡以重(暹罗本年值例贡之期,专遣使臣并赍万寿贡品至;朝鲜岁有庆祝例贡,今岁因八旬万寿复增贡一分,非重其物,嘉其爱戴之忱,可谓明于大义)。玉爵屠苏百礼洽,金猊瑞霭万祥浓。抚时幸值承平会,泰九三思凛益恭。[①]

在这首诗中,他首先记录了元旦太和殿赐宴的历史背景及其用以协调群臣关系的目的;其次表达他对于自然时间规律的尊重及上天眷佑的感谢;最后记录少数民族部落归顺清朝统治,暹罗、朝鲜等属国虔诚进贡的事实,表现他对实现天下安定、国力强盛的自豪。因诗歌体例及字数的限制,诸多无法直接写入诗歌本身的内容,也用"注释"的方式进行了补充。他人读来,乾隆帝的确是一位"盛世明君"。在其他诗歌中,乾隆帝也总是刻意强调自己"宵衣旰食""以民为重",并且几十年乐此不疲地以诗歌的形式重复其思想,以至于极其雷同。笔者以为,这已经不仅仅是为了表达情感,更是为了向他人进行宣告,从而形成"当代记忆",以便流传后世。

另一方面,乾隆帝主要记录的是为国家稳定而协调各种关系的内容,却几乎不记录与自己有关的娱乐活动。通过翻检乾隆朝其他大臣所书写的乾隆帝新年活动,笔者发现他们对乾隆帝的节日实践的记载并非完全一致。清代大臣及朝鲜使臣所记录的笔记中钩稽了诸多乾隆帝在新年期间所进行的娱乐活动,如观赏戏剧、参与冰嬉、布置宫内环境等,这些内容在御制诗中却难觅踪迹。对于宴会的记录,也少见乾隆帝与妃嫔的共宴,而多见他与大臣、王公、外国使臣的宴会。笔者发现,乾隆帝留下的多是与国事相关的新年活动记录,如丙寅年(乾隆十一年,1746 年)元旦前后,乾隆帝写作的与新年相关的诗作有《岁除日作》《丙寅元旦》《新春试笔》《正月二日小宴廷臣》《丙寅正月十日召诸王大臣工集重华宫联句》《春正与诸王及内廷大学士翰

① (清)爱新觉罗·弘历:《御制诗五集》卷五十一,《清代诗文集汇编》编纂委员会编:《清代诗文集汇编》第 328 册,上海古籍出版社 2010 年版,第359 页。

林等小宴重华宫联句是日复得诗三首》《上元日宴外藩》等。其所展现出的“节日实践”皆与国事相关，尤其是展现君臣融洽关系的宴会、联句等活动，都一定是要“大书特书”的。而涉及乾隆帝个人的相关娱乐活动，则有意“避而不谈”。

综上所述，乾隆帝的御制诗并非“乾隆帝生活的真实反映”或“乾隆帝的编年史”，而是经过了乾隆帝主观裁汰过的“部分生活的反映”，成为其建构自身形象的有效资源。乾隆帝虽然是以一个“平凡人”的身份在实践新年民俗，以满足自己的精神需要，但却在记录节日的过程中也成为一个“建构者”，标榜自己是一个“勤政爱民”“敬天法祖”的贤君，并希望以此形象传于后世。从这个角度来说，他十分在意自己的后世形象，并在各种场合努力经营，通过御制诗文不断建构。御制诗所呈现出的未必是乾隆帝生活的全貌，却是乾隆帝心态相对真实的写照。在此意义上，我们无须去考证这些诗歌究竟是乾隆帝本人亲作还是沈德潜等大臣代笔，只需要将其看作乾隆帝形象建构的工具，即可明了其属性。

三、信仰者——对于“神圣时间”的塑造

在位期间，乾隆帝孜孜不倦地实践各项新年节俗，究竟是为了达到某种政治目的，还是出于内心尊重民俗、认可民俗、信仰这个“神圣时间”？笔者以为，他是一位坚定的“时间信仰者”，他相信新年是一个“神圣时间”，并严格实践民间形成的节俗，希望生活能够因此而更加顺利。

其一，乾隆帝十分重视各类节日，认可这些特殊时间存在的合理性。汉族的几个主要节日，如元旦、上元、清明、端午、中秋，乃至如夏至、冬至等“节气”，乾隆帝均会践行相关习俗，并留下大量御制诗作。以《御制诗初集》的前五卷为例，卷一有《冬至斋居偶阅旧稿志怀》，卷二有《新正二日召集群臣于乾清宫赋柏梁体诗朕既首倡又成七言一章》《冬至有事于南郊敬成八章章八句》《冬至次日慈宁宫行礼》，卷三有《七夕》《乞巧吟》《中元观河灯》《中秋日恭侍皇太后万善殿瞻礼随游瀛台诸胜敬成一律》《中秋日有菊》，卷四有

《重阳》《冬至斋居》，卷五有《辛酉元旦》《上元节侍皇太后宴恭纪》《清明日》等。[①] 在这些诗歌中，有一些与节日本身有关，是对当时节俗的记录，却也有一些活动与节日本身无关，但乾隆帝依然以节日作为时间节点来进行记录。如《冬至斋居偶阅旧稿志怀》一诗，翻阅旧稿本与冬至节无关，但乾隆帝依然用冬至日作为时间象征予以记录，可见其对节日时间之重视与尊奉。徐珂《清稗类钞》中第一个专题即为"时令类"，也总结了宫中除夕、元旦、立春、上元、二月二、浴佛、端午、七夕、中秋、重阳、冬至等节日（或节气）的活动习俗，可见这些节日在宫廷之中具有较为重要的影响力。[②]

其二，乾隆帝躬亲实践节日中的诸多习俗，且乐在其中，既享受繁忙的节日生活，还主动创造诸多节俗活动，对现有的节俗活动予以补充，对节日的功能表示出充分的认可。虽说乾隆帝也在节日期间开展了诸多娱乐性活动，但皇帝的新年生活更多的是劳累、烦琐，需要花费大量的时间与精力。以元旦当天为例，乾隆帝从新年到来之际开笔，到抄写心经、奉先殿祭祀、堂子祭祀、给皇太后行礼、太和殿举行朝会仪式、接受妃嫔跪拜、寿皇殿祭祖、乾清宫大宴等诸多活动完成，已是当日傍晚，尤其是对于后来上了年纪的乾隆帝来说，的确是个不小的挑战。不仅元旦当天乾隆帝十分忙碌，腊月二十三日直到上元结束，几乎每一天都有重要的仪式活动需要乾隆帝参加。乾隆帝对如此繁忙的节俗活动不仅没有任何不满的情绪，反而十分认可，积极参加，并专门进行记录，充分认可节日的功能。如乾隆五十四年（1789 年）所写《己酉元旦》："喜爆声中昕曙晖，太和元会聚冠衣。东瀛北漠联西旅，三百八旬始万几（今年闰五月得三百八十四日举成数也）。所幸一身七叶见（予上事皇祖，下得元孙，是一身已见七世），讵惟今鲜古来稀。何修遇弗忍言矣，益慎益钦昊贶巍。"[③]这一年乾隆帝已经是 79 岁高龄，却没有丝毫对于新年习俗的倦怠，反而认为爆竹声是"喜爆声"，并十分期待太和殿朝贺的到来。又如嘉庆四年（1799 年）时，乾隆帝虽已经身染重病，握笔十分困难，却

---

① 《清代诗文集汇编》编纂委员会编：《清代诗文集汇编》第 319 册，上海古籍出版社 2010 年版，目录，第 3～15 页。

② 参见徐珂：《清稗类钞》第一册，中华书局 1984 年版，目录部分第 13～15 页。

③ （清）爱新觉罗·弘历：《御制诗五集》卷四十三，《清代诗文集汇编》编纂委员会编：《清代诗文集汇编》第 328 册，上海古籍出版社 2010 年版，第215 页。

坚持书写了一张“元旦开笔”[①]。这项活动在他在位期间以及做太上皇的几年间从无中断，开笔三天之后，即嘉庆四年(1799 年)正月初四日，乾隆帝便永远离开了这个世界。

其三，乾隆帝相信节俗活动的力量，认为实践民俗活动可以使生活更为顺利，以至于其不断为节日时间加构“神圣性”。乾隆帝如此忠实于节俗活动，必然有现实性功能的考量，这是毋庸置疑的。除此之外，笔者以为，乾隆帝还对时间本身有一种强烈的崇拜，对于新年这个特殊的“神圣时间”则更为看重，他相信节俗活动能够给自己带来现实回馈。一方面，在新年期间诸多活动是乾隆帝独自完成的，如书写《心经》等，这些由自己独立完成的活动很难产生社会交流与社会功用，在忙碌又劳累的新年生活中，他仍然坚持这些活动，应与其精神层面的信仰有关。另一方面，实际功能较为类似的活动，乾隆帝会不断重复实践，显然不是出于现实功能的考量。以祭祖活动为例，太庙祭祖、奉先殿祭祖、寿皇殿祭祖的实际功能极其类似，所起到的社会沟通功能也彼此重叠，但乾隆皇帝却坚持亲自完成这些功能相似的仪式活动，可见其对这些节俗活动的认同。

新年的到来，标志着一个时间周期的结束和另一个全新周期的开始，这对于鼓舞生活心态、调节生活节奏、增强生活动力都有一定的作用。在这个意义上，新年这个特殊时间被不断加构“神圣性”。翻检乾隆帝《御制诗文集》，笔者发现，其分卷的原则一方面兼顾了数量，另一方面也着重考虑到了新年的特殊性质，以至于每次写到“除夕诗”时，都要终结本卷，而另起一卷撰写新年的“元旦诗”。所以目前可见的抄本《御制诗文集》中，每一首“除夕诗”都位于某卷最后，而每一首“元旦诗”都位于某卷最开始的位置。这也从侧面体现出对于“辞旧迎新”的期待与重视。同时，从政治活动角度来说，乾隆帝选择在嘉庆元年(1796 年)的元旦这个“神圣时间”到来之际退位，这种时间的设计，一方面是出于政治管理的便利，而另一方面也反映着设计者对“新时间”能够带来“新气象”的信仰与追求。“时间”已经被节俗活动的实践者赋予了“神圣性”。

---

① 原件珍藏于中国第一历史档案馆，转引自章宏伟：《清宫如何过大年》，《寻根》2021 年第 1 期。

结　语

乾隆帝实施诸多新年节俗的驱动力何在，他究竟是真心信仰节日活动，还是仅仅出于政治上的考虑？笔者认为：其一，乾隆帝亦是平凡人，在生物属性上，他与我们普通人无异。在物质生活较为优渥的情况下，他也需要满足自己的精神需求，来实现生活的协调与平衡。其二，他又是一个“建构者”，他的诗歌极少提及关于个人娱乐的方面，而主要记载关于治国理政、国家安定、民众祥和的内容，可见其诗歌并非客观的“编年史”，而是建构自己后世形象的舞台，通过有选择地裁汰，其诗歌建构了他“盛世明君”的形象，我们必须与其他史料对比，方可呈现更为真实、全面的乾隆帝新年活动。其三，他是一位坚定的“信仰者”，他重视各类节日，认可这些“特殊时间”存在的合理性。在实践诸多节俗活动的过程中，我们看不到他的抱怨，反而感受到他乐在其中，享受着节日的功能；同时，他在本就十分忙碌的新年中又设置了诸多节日活动，体现出他真心相信节俗活动的力量，以至于不断为节日时间的“神圣性”进行加构。

作为节日与节俗的“尝新”及其内涵分析

张清美*

摘　要

“尝新”是指在收获之后对收获物的品尝与进献，它深刻地影响着民众生活的方方面面，尤其对节日体系有着不可磨灭的影响，塑造着不同节日的内容与样态。许多民族与地区都有专门的尝新节，许多节日都以尝新作为核心节俗。此外，一些其他节日也受到尝新因素的影响。尝新节与尝新节俗的核心内涵，是对土地与自然的敬畏、对农事活动的重视、对丰收的庆贺与祈望。同时，尝新也是世俗生活与神圣生活的融合，是对神灵与祖先“事死如事生”的“敬”的精神的体现。

关键词

尝新；节日体系；祖先崇拜；农业生产

京津地区春日喜食新收的紫色萝卜，谓之“咬春”，认为这样能够得到万物复苏的吉祥之气；广西壮族自治区六月收获新谷时，会用新米、新豆、新芋头、芝麻粉等煮杂烩饭；岭南地区受中原影响，常于秋季菊花绽放的重阳之日食菊糕、饮菊酒、办“赛菊会”；北方菜农会在万物凋敝的冬天做阳畦培育韭菜，至其芽长出则割而易之，以为“尝新韭”。与此同时，向祖先与神灵进献新物的荐新礼自古以来就是极为重要的祭祀仪礼，在不同时节有着不同

* 张清美，山东大学儒学高等研究院博士研究生。

的进献要求，“春荐韭卵，夏荐麦鱼，秋荐黍豚，冬荐稻雁”[①]。可以看出，在依循农事节律安顿自身生活的同时，民众也一直按照自然的安排同步向祖先与神灵敬献新的收获物。

“尝新”的两重含义即在这种品尝与进献中体现出来，一方面是普通民众品尝应时食品的日常风俗，另一方面是向祖先或神灵进献新收获的作物与牺牲。一面事人，一面事神；一面是世俗生活，一面是神圣生活；二者相互交织，彼此渗透。在此基础上，不仅形成了专门的尝新节日与节俗，也影响了整个节日体系。对这些专门的尝新节和其他节日中的尝新因素进行分析，不仅能够丰富我们对于节日的理解，了解更多类型的节日与节俗，也有利于从节日分析的角度，回归尝新的本质，探求其背后的情感本源。

一、作为节日与节俗的“尝新”

尝新节主要集中在夏秋收获季，即农历的六、七、八月，这一时节是我国大部分地区粮食作物收获的季节，民众在这一季节收获作物，庆贺丰收，同时感谢神灵与祖先的馈赠，于是在作物的采集、加工、食用、进献的基础上，形成了特殊的尝新节日。在节日中，民众祭祖敬神，品尝新米，聚餐庆贺，形成了独特的节日风情。此外，还有一些节日与节俗虽然不以“尝新”为名，但其活动内容与文化内核仍属于“尝新”的范畴，是尝新因素对节日系统的渗透。

（一）专门的尝新节

我国许多少数民族都有专门的尝新节，时间多在收获季。他们在节日中品尝新收获的作物、祭祀祖先，同时感谢上天、祈望丰收。大部分民族尝新节的节期并不固定，要根据作物成熟的时间确定。比如哈尼族在每年农历七八月稻谷成熟时庆祝新米节，节日当天要到田间背回一丛连根拔出的稻子，将新谷穗焙干脱粒，舂成新米后煮熟，各种瓜豆蔬菜都取一点尝新。

① （汉）刘向撰，向宗鲁校证：《说苑校证》，中华书局 1987 年版，第 496 页。

一家人谈论庄稼长势，展望丰收，并准备秋收事宜。[1] 侗族同样庆祝新米节，亦称“尝新节”“吃新节”，节期不定，多于农历六七月举行。侗族各地的新米节节俗略有差异，但节日的核心内涵都是祭祖。北侗地区会用“新水”泡糯米酿甜酒，饭前祭祖，品尝各种饭菜，再按各房长次顺序入席，吃祭供的新食，以共祭祖宗；南侗地区则以未出穗的禾苞或笋壳叶包糯米饭祭祖。[2] 苗族地区也普遍在农历六七月份庆祝尝新节，贵州的台江、雷山、凯里等地在每年农历六月的卯日举行，湖南城步的苗族村寨则在每年农历七月举行。节前家家酿酒、杀猪、打豆腐、准备新衣，节日当天则杀鸡宰鸭祭祀祖先、五谷神和土地菩萨。[3] 壮族的尝新节又称“开青节”“新谷节”，多于夏、秋两季新禾将熟未熟或完全成熟时举行。桂西的东兰县会在开镰收割稻谷前择日尝新，节日当天用新米、新豆、新芋头、芝麻粉等煮杂烩饭。桂南的凭祥、龙州等地则在秋收结束后才过尝新节，过节时各家杀鸡杀鸭，做五色糍粑聚餐。[4] 除了表达对祖先与神灵的敬重之外，表达对长辈的尊敬也是尝新节的重要节日内涵。比如畲族地区庆祝尝新节时，除了要取新米煮新米饭祭天地和祖宗，在祭祖之后还要请长辈坐上座，全家大小围桌坐下，每人吃一碗新米饭，而且要在长辈先吃一口后，小辈才能动筷，当其他农作物成熟收获时，小辈们也都习惯把新收获的五谷先给长辈送一份尝新。[5]

不止我国少数民族地区，许多汉族地区同样有专门的尝新节，或者会在特定的时日举行尝新活动，其内涵也多为祈望与庆祝丰收、祭祖敬神等。比如广东仁化地区素有尝新的习俗，每年早稻收割开始，家家户户都煮新稻米饭，备办酒菜，喜放爆竹，以庆丰收，谓之“尝新”。秋收完毕则皆清洗农具，妥善收藏保管，谓之“洗禾镰”。[6] 信宜市传统则多以屋或自然村为单位，统

---

① 参见李德洙主编，岭福祥分册主编：《中国民族百科全书》第9册，世界图书出版西安有限公司2015年版，第421页。

② 参见李耀宗：《中华节日名典》，陕西师范大学出版总社2018年版，第300页。

③ 参见李德洙、张山主编：《中国民族百科全书》第8册，世界图书出版西安有限公司2015年版，第183页。

④ 参见中国人民政治协商会议广西壮族自治区委员会主编：《左江花山岩画文化景观图典》，广西人民出版社2018年版，第373页。

⑤ 参见中国人民政治协商会议建德县委员会文史资料委员会主编：《建德畲族专辑》（《建德文史资料》第6辑），政协建德县委员会文史资料委员会，1989年，第73页。

⑥ 参见广东省仁化县石塘镇石塘村志编纂委员会主编：《石塘村志》，方志出版社2018年版，第146页。

一时间进行尝新活动。清早，人们来到田里，割回足够全家人吃一顿饭的谷子，做成新米饭，以此敬奉先祖，然后合家围坐，让老人先品尝。吃尝新饭一定要有剩余，意指年年有余。[①] 在湖南炎陵县，夏秋时节稻谷成熟之际，民众会择吉日庆祝尝新节，当天先以新收的稻谷蒸制的米饭祭祀炎帝，感谢其发明五谷、教民耕种的功绩，然后祭祀灶神和家祖，最后全家围桌而坐，自己品尝。“银河展屋栋，新米饭，茄子送”，该地区流传的这首歌谣形象地描述了尝新这一天的习俗，即要以新鲜茄子和粉蒸肉搭配新米饭食用。[②] 在浙江临海，每年农历五月稻谷成熟之时，要摘取一束稻穗，同时在家中做好米糕，将米糕、猪肉及稻穗放在田头供请土地神，祈盼颗粒归仓。供请结束后，将供品拿回家尝新，示意丰收来临。[③] 宁波地区同样在农历五六月早稻收割时尝新，在吃新米饭前，要在堂屋中央用鱼、肉、鸡、蛋、豆腐、虾、蟹、木耳、红枣等16大盆供奉祖先，同时在屋顶用新米饭供奉老天，祭祀完毕则请亲友一起吃新米饭，以示庆贺。[④]

除了专门的尝新节之外，有一些其他节日或节气虽然不以“尝新”为名，但其主要节俗内涵和活动内容与尝新并无二致，应与尝新节等同看待。比如杭州昌化有“馒头节”，在小麦收获后，山民会将新麦制成的馒头用大篮抬着，敲锣打鼓送至田边、山脚、溪旁，以祭祀山神、土地神等，祭祀后同吃新馒头，共享丰收之乐，此处的馒头节显系尝新节的另一种说法。[⑤] 除此之外，以尝新为核心的节日中，最明显也最知名的，应属“六月六”。农历六月初是一年的中点，其时我国大部分地区都正值收获时节，自然也就伴有相应的尝新与祭祀活动。东汉《四民月令》记载：“六月初伏，荐麦、瓜于祖祢。”[⑥]证明汉代就已有在初伏之日供奉新麦与蔬果的荐新之祭。之后的《荆楚岁时记》中也有伏日尝新、食汤饼的记载。北宋时期，“六月六”被正式定为节日，名为

---

① 参见刘志文主编：《广东民俗大观》，广东旅游出版社2007年版，第142页。

② 参见雒树刚主编，霍彦儒分卷主编：《中国节日志·祭炎帝》，光明日报出版社2016年版，第90页。

③ 参见何达兴主编：《中国无核蜜橘之乡——临海涌泉》，浙江人民出版社2009年版，第234页。

④ 参见汪志铭主编：《甬上风物：宁波市非物质文化遗产田野调查 北仑区·梅山乡》，宁波出版社2009年版，第132页。

⑤ 参见胡月耕：《临安民俗》，文化艺术出版社2011年版，第89～90页。

⑥ （汉）崔寔撰，石声汉校注：《四民月令校注》，中华书局2013年版，第49页。

"天贶节",由于时间相近,因此伏日荐新、尝新的内容很快被吸收进来,丰富了这一节日的内涵。至明清时期,尝新、送新、举行荐新祭祀已经成为"六月六"这一节日的主要内容。明清地方志中随处可见在"六月六"进行尝新和祭祀的记载,如陕西延绥地区,每逢六月六日鸡初鸣时,要制作菜豆羹,当地人称"浆水",天亮时各家携至祖茔浇奠,名"解炎热",人以后至者为不孝。咸宁县则在此日以面汤、新果荐祖先。① 进入当代,民间六月六荐新、送新的习俗仍在各地广泛流传,比如山东许多地区就有六月六要带着用新麦制成的面粉蒸制的馒头走亲戚的习俗。

(二)作为节俗的尝新

上文分析了专门的尝新节以及以尝新为核心的节日,但尝新对于节日系统的影响却远不止于此,在其他内核完全不同的节日中,也处处可见尝新因素的渗透。可以说,它渗入了整个传统节日体系以及民众生活的方方面面。总的来说,愈处于收获季或节期距收获季越近的节日,尝新因素就愈明显;而距离收获季节较远的节日,尝新因素的影响则相对较轻微。与专门的尝新节日不同的是,这些节日中的尝新因素多依附在特定的节日内涵之中,作为节俗的一部分而存在。

农历五月至九月,是我国大部分地区主要作物成熟与收获的关键阶段,因此,处在这一时间段的几个节日——端午节、七夕节、中元节、中秋节、重阳节——也是尝新因素最为明显的节日。端午是夏季禳灾祛疫、趋吉避凶的节日,主要节俗活动包括吃粽子、赛龙舟、饮药酒等。其中,端午节吃的粽子多用新采摘的芦苇叶、玉米叶等进行包裹,从而使粽子浸润新叶的清香,这不能不说是某种形式的尝新。仲夏五月,一些地方的早黍和小麦已经成熟,会在端午前后进行尝新活动,如湖北黄石地区端午节的午餐要吃小麦粑、蒿子粑,名为"尝新"。② 隶属黄冈的武穴市则在端午前后用新收小麦打成的面粉制作面条、馍等,在敬献神灵和祖先后品尝。③ 七夕节俗以乞巧为

① 参见胡朴安:《中国风俗》,吉林出版集团股份有限公司 2017 年版,第 257 页。

② 参见余炳贤:《黄石风俗风尚》,大冶市茗山乡文学艺术界联合会,2010 年,第 44 页。

③ 参见罗与之:《鄂东端午祭祀刍议》,罗杨主编:《端午与屈原·中国端午节俗与屈原文化学术研讨会论文集》,中国社会出版社 2016 年版,第 184 页。

核心，但其中也能窥见尝新的影响。晋《风土记》记载：

> 魏时人或问董勋云："七月七日为良日，饮食不同于古，何也？"勋曰："七月黍熟，七日为阳数，故以糜为珍。今此日惟设汤饼，无复有糜矣。"①

这就是七夕黍熟时节，北人以汤饼荐新的习俗。中元节，俗称"七月半"，在民间是一个以祭祖为核心的节日。以山东地区为例，农历七月，新麻谷始登，所以要举行祭祀活动，让祖先尝新。惠民地区"十四日祭先祖于家，必以麻谷尝新"，淄川则"中元祀先，必以瓜果、谷秫、黍麻数茎于几右，荐新也"。② 中秋时节，庄稼收获，民众团圆赏月，庆祝丰年，这一时期也是许多瓜果上市的时节，尝新的习俗随处可见。重庆巫山有俗谚曰"栽秧的酒，割谷的饭"，就是形容中秋节的尝新仪式，当天要用新米蒸饭，备办酒肉，祭祀天地、祖先，然后按辈分大小先后各尝新米饭一碗，同时以新米分送亲友。③ 重阳时节，秋收结束，民众登高、祭祖、饮宴、祈寿。徐坚《初学记》引《玉烛宝典》之文凡十条，其中"九月九日"条曰："其时黍秫并收，以因黏米嘉味，触类尝新，遂成积习。"④可见，隋唐时期就有在重阳尝新的传统，这一习俗也延续至今，成为重阳节的重要节俗之一。"九月九，家家糗，谁家不糗过不有。"⑤我国许多地区在重阳节都要制作糗黏糕，以新收的黍米、谷子、红豆、花生米、大枣、地瓜等制成，谓之"重阳花糕"。

一些节日不在夏秋季节，其时也并无主要粮食作物收获，在这些节日中，尝新因素虽然隐蔽，却并非无迹可寻，尤其是在一些涉及祭祖敬神的节日中，时时能窥见尝新的踪影。清明节是中华民族扫墓祭祖、踏青游玩的节日，此时虽然作物尚未成熟，但青草离离，正宜摘取。江南地区以新鲜的青艾或浆麦草汁混以糯米粉揉制的青团祭祖，同时应令尝新。浙南各地采摘鼠曲草，一名佛耳草，拌以糯米粉做成饺子形状，再馅以糖豆沙或萝卜丝与春笋，以艾叶包裹，蒸熟即食。东南沿海地区则用野生菠菜压榨成汁，渗入

① （清）洪亮吉撰，刘德权点校：《洪亮吉集》，中华书局 2001 年版，第 43 页。

② 秦永洲：《山东社会风俗史》，山东人民出版社 2011 年版，第 391 页。

③ 参见袁宏勋主编：《民俗巫山》，中国民族摄影艺术出版社 2014 年版，第 221 页。

④ （唐）徐坚：《初学记》，中华书局 2004 年版，第 80 页。

⑤ 山东省地方史志编纂委员会编：《山东省志・民俗志》，山东人民出版社 1996 年版，第 187 页。

米浆，揉成粿皮，再以枣泥、豆沙、萝卜丝等为馅，制成菠菠粿，用以扫墓供奉。[①] 与清明节期相近的还有上巳节，上巳是古代袚除修禊的日子，近代以来已逐渐式微。古代上巳时节，民众多到野地挑摘生长的荠菜以尝新，宋周密《武林旧事》记载："二日，宫中排办挑菜御宴。先是，内苑预备朱绿花斛，下以罗帛作小卷，书品目于上，系以红丝，上植生菜、荠花诸品。俟宴酬乐作，自中殿以次各以金篦挑之。"[②]这说明春季吃新鲜荠菜的传统已经流传了相当长的时间。江南民间至今仍有在上巳节吃荠菜、煮鸡蛋的习俗，荠菜必须是三月三当天采摘的，民间认为其有祛风败毒的食疗效果。[③]

进入腊月，不仅没有作物收获，新鲜的瓜果蔬菜也变得十分罕见，但这并不意味着尝新的终结，相反，这一季节的尝新乃是内涵更加丰富、外延更加广阔的尝新，从而有利于我们更加接近尝新的本质。前文中的尝新节多在收获时节，主要活动乃是对新收获的粮食作物的品尝和进献，即使是那些不处于作物收获时节的节日，其尝新活动也多要借助这一时期新摘取的芽菜、蔬果等来完成。但是，尝新的"新"所包括的内容绝不仅限于此，它不只是粮食作物，也不只是蔬菜瓜果，或者说，不只限于土地上所收获的一切，新宰杀的动物、新酿制酒浆、新捕捞的鱼虾，这些都在"新"的范围之内，而这类特殊的尝新，在以春节为核心的一系列隆冬时节的节日活动中，体现得尤为明显。春节源于远古的"腊祭"，新旧岁更替之时，先民会用农耕渔猎的物产作供品，感谢大自然和祖先的恩赐，祈求他们再降福于人间。[④] 汉代之前，春节的节期尚未固定，但已经有了在年末举行隆重祭典的传统，而酒和牲畜一直是其中最为重要的祭品。汉代春节的节期被确定下来，民众会在新年饮椒柏酒，唐宋人称之为"屠苏酒"，制作方法是将大黄、桔梗、川椒等以绛色布囊盛装，悬于井中浸泡，除夜守岁时取出，加酒煎服，认为可以防治瘟疫。此后，新年祭祀的祭品和新春饮食也逐渐丰富，《帝京景物略》中描述明代春节时说此日要"悬先亡影像，祀以狮仙斗糖、麻花馓枝，染五色苇架竹罩陈之；

① 参见韦明铧：《帘卷芜城》，上海三联书店2017年版，第199页。

② （宋）周密撰，（明）朱廷焕增补，周膺、吴晶点校：《增补武林旧事》，当代中国出版社2014年版，第50～51页。

③ 参见潘东潮、魏峰主编：《中华年节食观》，湖北科学技术出版社2012年版，第208～209页。

④ 参见乌丙安：《中国春节：祭典与庆典严密组合的传统行事》，《江西社会科学》2011年第1期。

家长幼毕拜，已各自拜，曰辞岁。已聚坐食饮，曰守岁”[①]。清代除夕之日要供“百分图”，即诸天神之全图，供品则先陈设蜜饯、果脯一层，再陈设苹果、干果、馒头、素菜、年糕等各一层，称为“全供”。这种隆重的祀典与丰盛的节日饮食也一直延续至今，其中又以新宰杀的牲畜、新蒸制的糕点、各种酒浆等最为突出。这些活动其实仍然属于对鲜美的食物、饮品等的享受与进献，尤其春节作为新旧更替的节点，自然也是人神飨宴的重要时刻。

二、尝新的节日与节俗内涵

无论是收获时节特定的尝新节日，还是其他日常节日中的尝新活动，虽然其表现形式各不相同，但其中的内涵是一致的，表达着民众共同的情感寄托。总的来说主要包括三个方面：首先，尝新是对土地与自然的敬畏；其次，尝新是人神的共享，是世俗生活与神圣生活的融合，是对祖先与神灵“事死如事生”的“敬”的精神的体现；最后，归根结底，尝新的本质与最终依托乃是农事活动的有序开展，复杂的尝新节日与节俗系统体现的是民众对农业的重视与对丰收的祈望。

首先，尝新的节日与节俗沿袭了农耕时代对于土地与自然的敬畏，民众在年复一年的耕种与收获中体会到，作物的收获受到各种因素的影响，其中最重要的因素就是土地，收获绝不是无条件的，人必须给予相应的报偿。许多地方的尝新节都要进行专门的祭土地神、田神、五谷神的活动，即使没有专门的祭祀仪式，作物收获后也一定要先敬天地。《礼记·王制》曰：“天子社稷皆大牢，诸侯社稷皆少牢。大夫、士宗庙之祭，有田则祭，无田则荐。庶人春荐韭，夏荐麦，秋荐黍，冬荐稻。韭以卵，麦以鱼，黍以豚，稻以雁。”[②]社，地主也；稷，五谷之长。可见，对土地的祭祀很早就已经成为固定的祭礼。这种对于土地与自然的敬重在民众从土地上获得收获时，更是得到了进一步的确认与强化，于是自然而然的，民众也要将这些新的收获献祭给土地与神圣的自然。《礼记·礼器》中写道：“故天不生，地不养，君子不以为礼，鬼

① (明)刘侗、(明)于奕正：《帝京景物略》，北京古籍出版社1980年版，第71页。

② (清)阮元校刻：《十三经注疏·礼记正义》，中华书局2009年版，第2894页。

神弗飨也。居山以鱼鳖为礼,居泽以鹿豕为礼,君子谓之不知礼。”[①]这一方面是说天地赋予了人类果实,另一方面则是强调在祭祀神灵时,应选用本地所出的物产,即民众亲手所获的物产。这也进一步揭示了尝新或者说报偿的本质,并非随意拿某些物产加以进献,而是要将自己在天地之中亲手获得的一切,在某个神圣时刻向天地加以一定的返还。在西安半坡的仰韶文化遗址中,考古学家发掘出了两个埋在土中的盛满粟米的小陶罐。研究者指出,这很有可能就是当时的原始民众在收获后,为了报答土地以及祈求丰收而举行的祭祀土地神的仪式的遗物,即把刚收获的粟米以埋藏的形式献给土地。[②] 这种仪式目前已不可考,其祭祀对象也未必是某一特定的神灵,但是这种遗迹提示我们:人们在收获后向土地回报的心态是很原始的,这在很早的阶段就已经扎根在人们的内心深处。

周代以后,人们固定在春、秋、冬三个季节举行社祭,即所谓的“春祈秋报”与年末的“蜡祭”。由于蜡祭作为年终祭乃是飨祀群神的大祭,土地神只是祭祀对象之一,因此蜡祭后来逐渐从社祭系统中独立出来,春秋社祭则成为每年祭祀土地的常规性祭仪。《诗经》中的《载芟》即“春藉田祈社稷之所歌也”,《良耜》则是“秋报社稷之所歌也”。[③] 春季农事兴作,此时祭社的主要目的乃是祈求农事进展顺利,播下的种子能在秋季获得丰收,同时也在这一季节庆祝生机的重新焕发,祈求得到自然的福佑。秋季收获后的祭社一方面主要是对自然的酬谢,是丰收后的感恩与回报,“秋祭社与四方,为五谷成熟报其功也”[④]。另一方面,秋社也蕴含着对下一年收获的祈祷,希望通过这种方式确保收获的延续。文献中也有在秋社之日卜测来年收成的记录:“社之日,莅卜来岁之稼。”[⑤]这种春秋季节的社祭之礼后来在国家层面与民间层面均被完整保存了下来,体现在国家层面是规制固定繁复的祭祀仪礼,体现在民间则是春秋社日祭祀以及随处可见的尝新节日与节俗。可以说,夏秋季节的尝新节日与节俗就是在春秋社祭,尤其是秋社的基础上生发而来的。

---

① (清)阮元校刻:《十三经注疏·礼记正义》,中华书局2009年版,第3098页。

② 参见詹鄞鑫:《神灵与祭祀——中国传统宗教综论》,江苏古籍出版社1992年版,第60页。

③ (清)王先谦撰,吴格点校:《诗三家义集疏》,中华书局1987年版,第1045、1049页。

④ (清)阮元校刻:《十三经注疏·毛诗正义》,中华书局2009年版,第1018页。

⑤ (清)阮元校刻:《十三经注疏·毛诗正义》,中华书局2009年版,第1144页。

《汉书·食货志》中有一段提道："石三十，为钱千三百五十，除社闾尝新春秋之祠，用钱三百，余千五十。"[①]战国时期魏国农民繁杂的日常开销导致他们的贫困，百亩之田尚不足以养活一家五口，其中的"尝新春秋之祠"就是春秋季节的社祭。东汉《四民月令》记载，"二月，祠太社之日，荐韭、卵于祖祢"，"六月初伏，荐麦、瓜于祖祢"，"冬至之日，荐黍、羔"[②]。这表明尝新因素已经从社日祭祀中独立出来并融入民众日常祭祖敬神的活动当中，进而又融入节日系统与日常生活，形成了以尝新为核心的节日与节俗系统。而回顾其最初的起点与本源，我们不难发现，这一切都是从对土地与自然的报偿中发展而来的。

其次，尝新是民众生活的一部分，不仅是节日与日常时的饮食习俗，也是参与神圣活动的重要途径，民众在收获后品尝与进献，不仅实现了人神的共享、世俗生活与神圣生活的融合，也鲜明地体现着他们面对祖先与神灵时，"事死如事生"的"敬"的精神。随着民众对自然的了解程度与控制能力的不断增强，对自然的依赖与恐惧不断减弱，自然崇拜开始转向祖先崇拜，敬献的对象开始由自然拓展到祖先，民众自身也参与到了收获时节的飨宴当中。我国习惯按照节日活动主要对象的不同，将各种节日分为"人节""鬼节""神节"，春节、端午节、中秋节即为人节，清明节、中元节、十月一则为鬼节，三月三、六月六、九月九是神节。不考虑其他因素，仅就尝新作为节日与节俗而言，是不能被归入这三者之中的，尝新既是人的活动，也有对神鬼的致意，各个层面的主体均参与其中。无论是新收获的作物还是作为供品的时新蔬果，抑或是新宰杀的祭牲、新酿制的酒醴等，均是人神共享的。严格意义上来说，并不存在单独以神或以人作为节日或节俗主体的节日，在专门的尝新节中，民众一般会在将收获物敬献祖先与天地后进行品尝，同时分赠亲友，谓之"送新"。在其他节日如春节、端午、重阳等中，品尝与进献也始终贯穿在一起，并未截然分割。也正是因为如此，"事死如事生"的"敬"的精神便在其中得以体现。尝新是人类的本能，品尝新收获的作物是人类自然而然的行为，一直以来民众都借此维持生存，包括其他种类的食物如牲畜、水

---

① (汉)班固撰，(唐)颜师古注：《汉书》，中华书局1962年版，第1125页。

② (汉)崔寔撰，石声汉校注：《四民月令校注》，中华书局2013年版，第19、49、71页。

产等，都是人类赖以生存的基础。而民众在世间收获着这一切，因而在进献时，也只能奉献这一切，无论是向故去的祖先，还是向脚下的土地，都只能如此“将心比心”“推己及人”地进行回赠。《礼记》曰：“事死如事生，事亡如事存，孝之至也。”[①]《论衡》说：“天地之间，百神所食，圣人谓当与人等。推生事死，推人事鬼，故百神之祀，皆用众物无用人者。”“见生人有饮食，死为鬼当能复饮食，感物思亲，故祭祀也。”[②]尊长在世时，即当以珍馐美食敬赠，饮食也当以尊长为先，而当尊长故去，同样应当坚守这样的原则，继续以所收获的一切孝敬祖先。由此及彼，由人及神，对一切神圣力量致以敬意的出发点，都能回到“事生”这一起点上，其核心归根到底都是将所收获的最好的、最新鲜的、最珍贵的一切，献给祖先与神灵。这不是简单的人神交换，也不是娱神或者媚神的手段，而是一种敬意的常在，礼的精神也蕴含在其中。许多地方的尝新节都有这样的现象：在以作物或祭品祭祖酬神之后，阖家饮宴之时，要等长辈动筷之后，小辈才能进食，“事生”与“事死”即在此处交汇了，“敬”的核心将它们串联在了一起。

最后，将人与自然、劳动与收获勾连在一起的，乃是农事生产这一主题，它也是尝新的本质与最终依托，离开了农事与劳作，作为节日与节俗的尝新也就无从谈起，所以归根到底，尝新反映的还是民众对于农事的重视以及对丰收的庆贺与祈望。在我国，农事生产有着极强的伦理道德内涵，它不仅是民众获取衣食、满足物质生活的手段，更是国家施行统治与教化、倡导道德与风尚的主要着力点，在传统社会，勤于耕种是民众品德高尚的象征，是其他道德品质如孝敬、节俭的基础。因此，官方与民间的种种行为，都能体现出对农事的重视与强调。我国历朝历代都奉行重农、劝农的国策。通过发布诏令与劝农文，举行籍田礼，春间巡行地方等教化民众积极从事农业活动。[③] 而民间则是将农事活动与崇宗敬祖等传统社会的主流价值观联系在一起，强调“耕读传家”，将勤于农事生产作为衡量与培育个人品德与社会、家庭风尚的重要依据，使农事活动具备极强的伦理道德意味。上文中提到

① (清)阮元校刻:《十三经注疏·礼记正义》，中华书局2009年版，第3535页。

② 黄晖撰:《论衡校释》，中华书局1990年版，第983、992页。

③ 参见王加华:《形式即意义:重农、劝农传统与中国古代耕织图绘制》，《开放时代》2022年第3期。

的春祈秋报以及尝新因素融入祭祖与节日活动等，都可以视作这种手段的体现。通过将劳动与神灵崇拜、祖先崇拜等神圣内容联系在一起，在农事生产过程中不断强调收获是敬神敬祖的必要条件，其目的都是保障年复一年的农业活动的顺利开展。自然而然，收获季节这一重要的农事节点也就被赋予了格外重要的标志性意义，无论是进行重农教化，还是强调农事价值，在从土地上亲手获得收获的这一刻进行，都会有更加良好的效果，这也是尝新作为节日与节俗在传统社会一直延续不断且备受重视的根本原因。而尝新除了强调农业被赋予的这些道德内涵之外，在农事生产过程中对于民众来说也具有实际效用，是在收获之后进入新的生产阶段、适应新的农事节律、进行休息与调整的关键节点。

民众依循农事节律安排着个人的生活，与农事活动相适应，乡村生活的各个方面也在一年之中呈现出一定的周期性变化。[①] 收获作为最重要的农事生产活动之一，是周期性农事活动的终点，同时也是下一个周期的起点，因此这一时刻是否顺畅得宜不仅关乎上一个农事周期的成败，也影响着新的生产是否开启。在收获时刻举办专门的尝新节日，一方面是庆贺丰收，酬神敬祖，另一方面也是通过宴饮休闲，使人畜得以休憩调整，展望下一年农事活动的顺利开展。这一点在许多民族与地区的尝新节中都有体现，如上文中所提到的秋收完毕清洗收藏农具的“洗禾镰”仪式，就在很多地区盛行，这些地区的农民在秋收结束后敛藏农具，宴请帮助收割的亲友或帮工，庆贺完成了一年的劳作。有的地方对劳作了一年的耕牛也致以敬意，如贵州加勉苗族在尝新节时要用新苞谷喂耕牛，同时举行“解秧耙”的仪节，加勉苗人认为，牛虽然没有日夜背着耙，但未用刀砍断“耙藤”以前，牛的灵魂仍旧需要日夜背着“耙”。因此尝新节当天，要为牛解下秧耙，让其获得彻底的休息。[②] 此外，尝新节的许多食物也有着祈望丰收的特殊内涵，比如鱼就是许多地方的尝新宴必备的一道菜，预示年年有余，广东信宜吃尝新饭一定要有剩余，意指五谷丰登、年年有余。云南楚雄在尝新节时则要把鹅卵石洗净后

① 参见王加华：《近代江南地区的农事节律与乡村生活周期》，复旦大学博士学位论文，2005年，第71页。

② 参见《国际视野中的贵州人类学》编委会编，杨万选等著：《国际视野中的贵州人类学　苗学辑　贵州苗族考》，贵州大学出版社2014年版，第221页。

和米一起蒸，象征性地咬几口鹅卵石后才能吃饭，且前三碗饭只能盛一小勺，不能泡汤，据说这样粮食才经吃。① 这些习俗都表明了民众在收获后进入下一个农事阶段时，不断调整生活节律，祈望新的丰收。范热内普在《过渡礼仪》中指出，宇宙本身受一种周期性控制，而这种周期性体现于人类生活。宇宙同样包括诸多过渡时刻、进程以及相对安暇之阶段。因此，在人类过渡仪式中，应该包括因天象过渡所举行之礼仪，如月令过渡、季令过渡以及年令过渡礼仪。② 从这一角度而言，在收获时庆贺尝新节日，一方面是民众进入休整过渡阶段，另一方面也是对季节更替的标记，属于此类因天象过渡而举行之礼仪的范畴。

结　语

一直以来，我们倾向于以一种互相独立、泾渭分明的节日观来进行节日分析与研究，认为每个节日都有其独立的起源与发展脉络，有其独特的文化内核。近年来的节日研究也呈现出愈发精细化、专门化的趋势。诚然，每个节日形成与发展的历史、影响因素等都各有不同，但我们也应该认识到，我国所有的节日都是在中华传统文化这一大的文化背景下出现和发展的，它们受到同一个大的文化系统的影响，彼此之间不可能毫无关联。孤立的节日观，会使我们忽略许多节日之间共同的文化要素，不利于对节日进行综合的、全局性的分析。

尤其是民间的节日，对民众来说，节日的实用性功能要远远大于其象征性功能，而这些实用性功能则无非崇宗敬祖、标记重要的时间节点、特殊时期的祓除与厌胜等这些与民众日常生活息息相关的内容，不同的节日可能会具有相似甚至重合的功能，相应地不同节日的节俗之间可能也会出现相似甚至重合的现象。正如尝新向我们揭示的一样，它广泛地渗透进节日系统的方方面面，无论是专门的尝新节日，还是其他节日中的尝新节俗，其核心都是一致的，所表达的都是民众对收获的重视、对祖先的追思、对自然的崇敬。

---

① 参见何少林主编：《中国少数民族大辞典·傣族卷（上）》，云南民族出版社 2014 年版，第 552 页。

② 参见[法]阿诺尔德·范热内普：《过渡礼仪》，张举文译，商务印书馆 2012 年版，第 5～6 页。

民众与学者不同，他们不会以孤立的眼光来看待节日与生活。在他们看来，节日与生活并非独立的、分散的，而是联合的、统一的，是循着固定的生活节律缓缓向前流动的时间之河。其实在产生的最初，节日就是围绕着几个核心功能在一些重要的时间节点进行的群体性活动，现代完备丰富的节日与节俗系统是在历史发展中逐渐丰富起来的。我们在进行节日研究时，不能只着眼于这个表面的节日系统，也应当追溯源流，去考证其核心的情感本源以及在文化系统中最初的位置。

祀灶时间："北三南四""军三民四"与"官三民四"及其他*

徐晓青　刘德增**

摘　要

祀灶是我国传统节日之一，到北宋，祀灶时间固定为腊月二十四日。但是，进入明代以后，出现了腊月二十三日、腊月二十四日两个祀灶时间。一般说来，北方地区多在腊月二十三日，南方地区多于腊月二十四日，人们称北、南祀灶时间的这种差别为"北三南四"。民间又有"军三民四"与"君三民四"之说。"君三民四"乃"军三民四"之讹传。"军"即卫所的军户。由于卫所的独特地位，民众视"军"为"官"，故此"军三民四"又称"官三民四"。自清代雍正皇帝始，宫廷也于腊月二十三日祀灶。与南方民众相比，北方民众更崇尚"官府文化"，腊月二十三日祀灶者日多。

关键词

祀灶时间；北三南四；军三民四；官三民四

一、从二十四到二十三

火是人类进化、生产、生活与生存的重要依托，贾兰坡、王建认为：

---

* 本文系山东省社会科学规划研究重点项目"移民山东的集体记忆之调查与研究"（项目编号：22BLSJ01）阶段性成果。

** 徐晓青，山东师范大学图书馆副研究馆员；刘德增，齐鲁师范学院历史文化学院教授。

人类使用了火，是人类从自然环境的束缚中解放出来的一个动力，是从动物界分化出来的一个重要条件，是继续生存下来的一个强有力的保证，是人类支配一定自然力的权能，是生存竞争中不可缺少的因素。[①]

基于对火的崇拜，产生了炎帝、祝融等火神。灶是从火塘演变而来。[②] 迄今为止，考古发现最早的陶灶出土于江苏省宿迁市泗洪县顺山集二期遗址，距今约8000年。[③] 随着灶的出现，产生了灶神。灶神有"变身"与"本身"两种。根据北京大学藏汉简《仓颉篇》、《淮南子·氾论训》与《时则训》高诱注，炎帝、祝融死为火神，"托祀"于灶。因此，炎帝、祝融又被视为灶神。"颛顼氏有子曰黎，为祝融，祀以为灶神"[④]，这是"变身"的灶神。"本身"的灶神最知名的有两人，"灶神姓苏，名吉利，或云姓张，名单，字子郭，其妇姓王，名抟颊，字卿忌"[⑤]。其中提到的"或云姓张"一说，成为民间最为流行的历史记忆。庞朴说："从此以后，灶神便确定地姓张了。"[⑥]迄今流传的灶神大多姓张，或称"张郎""张三"等。

从《礼记·月令》来看，一年之中，孟夏、季夏、仲夏专祀，孟冬与门、户、井、中霤合祀，称为"五祀"。孟夏、季夏、仲夏之祭皆与炎帝、祝融有关，实际上是祭祀"托祀"于灶的火神。《礼记·月令》记孟冬之祭云："天子乃祈来年于天宗，大割祠于公社及门闾，腊先祖、五祀。劳农以休息之。"[⑦]这种"五祀"中的祀灶是对"本身"灶神的祭祀，既感谢灶神一年的保佑，又希望来年继续得到灶神的福佑，已经蕴含着流传至今的"辞灶"对灶神的希冀。

至迟到东汉，腊日成为祀灶最重要的日期，应劭《风俗通义》卷八引《东观汉记》曰：

南阳阴子方积恩好施，喜祀灶，腊日晨炊，而灶神见，再拜受神，时有黄羊，因以祀之。其孙识，执金吾，封原鹿侯；兴，卫尉，鲖阳侯。家凡

① 贾兰坡、王建：《人类用火的历史和火在社会发展中的作用》，《历史教学》1956年第12期。
② 参见杨福泉：《论火神》，《云南社会科学》1993年第2期。
③ 参见《江苏泗洪顺山集新石器时代遗址发掘报告》，《考古学报》2014年第4期。
④ （汉）应劭撰，王利器校注：《风俗通义校注》下册，中华书局2010年版，第360页。
⑤ （清）翟灏撰，陈志明编校：《通俗编》上册，东方出版社2013年版，第347～348页。
⑥ 庞朴：《"火历"三探》，《文史哲》1984年第1期。
⑦ 杨天宇译注：《礼记译注》，上海古籍出版社2016年版，第267页。

二侯，牧守数十。其后世子孙常以腊日祀灶以黄羊。[①]

阴识是东汉开国功臣，刘秀皇后阴丽华同父异母之兄。《后汉书·阴识传》与《搜神记》卷四等也记此传说，情节更为丰富。腊日并不固定，以冬至后第三个戌日为腊日，大致在腊月上旬或中旬。生活在东吴、西晋时代的周处记其家乡习俗曰："今吴中以腊月二十四夜祀灶，其谓灶神，翌日朝天白一岁事，故前期祷之。"[②]这是关于腊月二十四祀灶的最早记录。此当非吴中独有之俗，应是当时流行的习俗。此后，腊月二十四日祀灶逐渐成为各地的常态。

北宋祀灶时间固定为腊月二十四日，陈元靓《岁时广记》卷三十九引北宋吕原明《岁时杂记》云："十二月二十四日谓之交年节。"[③]但"其事又见《东京梦华录》，他书未见载者"[④]。"旧俗以为七祀及百神每岁十二月二十四日新旧更易，皆焚纸币，诵道佛经咒，以送故迎新，而为禳祈云。"[⑤]孟元老在《东京梦华录》卷十中写道：

二十四日交年，都人至夜请僧道看经，备酒果送神，烧合家替代钱纸，贴灶马于灶上。以酒糟涂抹灶门，谓之"醉司命"。夜于床底点灯，谓之"照虚耗"。[⑥]

南宋仍用是日。范成大《祭灶词》开篇云："古传腊月二十四，灶君朝天欲言事。"[⑦]《梦粱录》卷六"十二月"条曰："二十四日，不以穷富，皆备蔬食饧豆祀灶。"[⑧]周密《武林旧事》卷三"岁晚节物"条："二十四日，谓之'交年'，祀灶用花饧米饵，及烧替代及作糖豆粥，谓之'口数'。"[⑨]

---

① （汉）应劭撰，王利器校注：《风俗通义校注》下册，中华书局2010年版，第361页。

② （晋）周处：《阳羡风土记》，钱建忠：《无锡方志辑考》，世界知识出版社2006年版，第103页。

③ （宋）陈元靓撰，刘芮方、翁彪点校：《岁时广记》卷三十九，刘炳方、张杨溦蓁等点校：《岁时广记　外六种》，浙江大学出版社2020年版，第389页。

④ 参见（宋）陈元靓撰，刘芮方、翁彪点校：《岁时广记》卷三十九，刘炳方、张杨溦蓁等点校：《岁时广记　外六种》，浙江大学出版社2020年版，第389页。

⑤ （宋）陈元靓撰，刘芮方、翁彪点校：《岁时广记》卷三十九，刘炳方、张杨溦蓁等点校：《岁时广记　外六种》，浙江大学出版社2020年版，第389页。

⑥ （宋）孟元老撰，李士彪注：《东京梦华录》卷十，山东友谊出版社2001年版，第106页。

⑦ （宋）范成大：《石湖居士诗集》卷三十，上海涵芬楼藏吴郡顾氏爱汝堂刊本。

⑧ （宋）吴自牧：《梦粱录》，浙江人民出社1980年版，第49页。

⑨ （宋）四水潜夫辑：《武林旧事》，浙江人民出版社1984年版，第47页。

依据传世文献记载，腊月二十三祀灶始自明代。明嘉靖《许州志》卷七《典礼志·风俗》“腊月”条：“二十四日祀灶。”此句下注曰：“或先一日。”[①]明嘉靖《雄乘》卷上《风土》云：“廿三或廿四暮，以汤饼茶果祠灶，妇女不得参。乡人秉高烛照麻虫，扫舍宇，亦多嫁娶，以为无忌。”[②]明隆庆《赵州志》卷九《杂考·风俗》云：“二十三日或二十四日暮，以汤饼茶果祠灶神。”[③]据此，明代出现了腊月二十三日祀灶，且以北方地区为多。只是为什么于腊月二十三日祀灶，腊月二十三日与二十四日祀灶分别是什么人家，这些志书都没有予以说明。但是，在明朝一代，北方绝大多数地区仍于腊月二十四日祀灶，腊月二十三日祀灶者仅是少数。

二、北三南四

从地域文化的角度来看，中国文化的南、北之异远大于东、西之别，“南派”与“北派”相持不下：儒学之“南学”与“北学”，戏曲之“南曲”与“北曲”，文学艺术之“京派”与“海派”，谜语之“南派”与“北派”，道教之“南宗”与“北宗”，佛教之“南宗禅”与“北宗禅”，等等。林语堂有言：

> 中国人在我们心目中仅仅是一个抽象物。南方与北方的中国人被文化纽带连在一起，成为一个民族。但他们在性格、体魄、习俗上的区别之大，不亚于地中海人与北欧日耳曼人的区别。[④]

祀灶的时间北、南也不尽相同，一般说来，北方地区多在腊月二十三日，南方地区多于腊月二十四日。当然，北方也有腊月二十四日祀灶者，南方也不无腊月二十三日祀灶者。

《日下旧闻考》卷一百四十八《风俗》“送灶”条云：

> 京师居民祀灶犹仍旧俗，禁妇女主祭。家无男子，或迎邻里代焉。

① （明）张良知纂修：嘉靖《许州志》卷七《典礼志·风俗》，《天一阁藏明代方志选刊》第47册，上海书店出版社2014年版，第455页。

② （明）王齐纂修：《雄乘》卷九《风土》，《天一阁藏明代方志选刊》第7册，上海书店出版社2014年版，第614页。

③ （明）蔡懋昭纂：隆庆《赵州志》卷九《杂考·风俗》，《天一阁藏明代方志选刊》第6册，上海书店出版社2014年版，第302页。

④ 林语堂：《中国人》，郝志东、沈益洪译，浙江人民出版社1988年版，第3页。

其祀期用二十三日，惟南省客户则用二十四日，如刘侗所称也。[①]

《日下旧闻考》是乾隆三十九年(1774年)在朱彝尊《日下旧闻》的基础上删繁补阙、援古证今而成，上述考证以“臣等谨按”的形式写入，此乃四库馆臣的考证。

刘侗、于奕正《帝京景物略》卷二《城东内外》在“春场”条下记腊月二十四日祀灶，没有提及祀灶日期的北、南之别，所谓“如刘侗所称”是指《帝京景物略》所记祀灶仪式：

廿四日，以糖剂饼、黍糕、枣栗、胡桃、炒豆祀灶君，以糟草秣灶君马，谓灶君翌日朝天去，白家间一岁事。祝曰：好多说，不好少说。记称灶，老妇之祭，今男子祭，禁不令妇女见之。祀余糖果，禁幼女不令得啖，曰啖灶余，则食肥腻时，口圈黑也。[②]

从《日下旧闻考》的记载来看，在北京的“南省客户”并没有入乡随俗，仍旧沿用南方旧俗，于腊月二十四日祀灶。海宁(今属浙江)人吴骞在《拜经楼诗话》中也提到了北、南祀灶日期之别：

《抱朴子》谓：灶之神，每月晦日，辄上天言人罪状，大者夺纪，小者夺算。今俗以腊月二十四日为灶神上天，北方有以二十三日者。[③]

秦岭—淮河是南北的自然分界线。秦岭南北的陕南与陕北祀灶日期也不相同。陕北地区多于腊月二十三祀灶，陕南一带则多于腊月二十四日祀灶。[④] 据考，造成这一差别的原因，是清代中期陕南秦巴山地一带接纳了大量川楚移民，他们把腊月二十四日祀灶的习俗带到了陕南地区并世代传承。[⑤] 据房正宏调查，淮河流域北岸祀灶多在腊月二十三日，而南岸则多在腊月二十四日。[⑥] 人们称北、南祀灶时间的这种差别为“北三南四”。这种差

① (清)于敏中等编纂：《日下旧闻考》，北京古籍出版社1985年版，第2367页。

② (明)刘侗、(明)于奕正：《帝京景物略》卷二，北京古籍出版社1980年版，第70～71页。

③ (清)吴骞著，虞坤林点校：《吴骞集》第二册，浙江古籍出版社2016年版，第11页。

④ 参见张晓虹：《文化区域的分异与整合：陕西历史地理文化研究》，上海书店出版社2004年版，第276～277、282页。

⑤ 参见张晓虹：《文化区域的分异与整合：陕西历史地理文化研究》，上海书店出版社2004年版，第286～287页。

⑥ 参见房正宏：《淮河文化内涵与特征探讨》，《阜阳师范学院学报》(社会科学版)，2015年第4期。

别始自明代，形成于清代。

三、大户二十三，小户二十四

传说有个叫张三的人，父母死得早，给他留下良田数百亩，娶了一位贤妻。张三游手好闲，吃喝嫖赌，致使家境败落。他找算命先生算了一卦。谁知算命的告诉他，家道中衰，是由于他和老婆属相相克。若休妻，即可一了百吉。于是，张三休掉妻子。一天，突如其来的一场火又把张家几辈人攒下的几十间房产一烧而光。张三无家可归，成了乞丐。腊月二十三那天，他要饭来到一座庄圩，当地正在“放饭”。所谓“放饭”，是灾荒之年，大户人家以工代赈，谁帮他做工，他就供谁饭吃。张三一想，何不排最后？说不定不仅免去做工，还能拿个馒头来填肚子，于是就排队等待。发放食物的是这个庄圩的女主人和两个伙计。他们从队头开始一人发放一个馒头，发到最后，还剩一人，一看筐里，馒头却没了。女主人抬头向那人望去，心中一颤：那人居然是前夫张三。女主人决计暂不相认，先让他吃点苦头。

第二天早上“放饭”，张三又去排队。他想：昨天我站那头，是最后一个，今天我站到这一头，肯定能吃到馒头。于是他站了过去。哪知女主人晚上回去，动了恻隐之心，吩咐第二天一早从队尾“放饭”。轮到张三，馒头正好又发放光了。中午“放饭”，张三想：我数数人头，站在最中间，总该能吃到吧。女主人想：甭管张郎站在哪头，我下午从两头“放饭”，他总能吃到吧？于是又从两头发放，结果张三仍然没有拿到馒头。女主人便吩咐伙计把张三带到厨房，亲自下了一碗面条给张三吃。

张三狼吞虎咽吃着，女主人心生怜悯，柔声问他面条好吃否。张三忙说谢谢大娘。女主人心想：到现在还没认出我来？又问他吃饱了吗，谁知张三又是一句“谢谢大娘”。女主怒骂：恨不得拿起面条戳你的眼！

张三抬头一看，面前的女主人竟然是前妻，顿时羞愧难当，低头就跑，谁知，误把灶门当成了房门，一头钻了进去。等到女主人和伙计们反应过来，把他拖出来，已经晚了。

前夫之死，让女主人愧疚不已。自此以后，每到腊月二十三日，她就祭灶，悼念前夫。女主人年年祭拜，带动了不少曾得过她好处的佃户。于是他们也年年举行送灶的仪式。但他们不能和主人在同一天祭拜,而是在主人家祭拜的第二天"送灶",以示尊卑有别。于是,就形成了"大户二十三,小户二十四"的送灶习俗。①

四、军三民四

祀灶之时间,民间还有"军三民四"之说。孔尚任仿《荆楚岁时记》作《节序同风录》十二卷,详述一年十二个月之节序习俗。在"十二月"条下记载二十四日祀灶仪式:

> 晚设灯烛、果饵、饧糖,捏麦面为鸡鱼牲只,或粳面为团,或以黍面为金饼,粳粉为银饼,蒸熟,盛以盆釜,祀灶神,盖祭始为饮食之神也,俗呼为"司命灶君"。又以刍豆秣其马,糖饧犒其从,皆掷灶下,祝云:"朝天去,好事多说,恶事少说;下界来,多带田苗,少带菑殃。"又云:"酸甜苦辣,灶君莫说。"祭时,勿令妇女见,忌妇女秽浊及骂詈哭泣声,俗云恐触神不能入天门。或祀灶于廿三日,云"军祭三,民祭四",祭三者乃廿三夜之三更,即廿四日之早也。又云:"官祭早,民祭晚。"祭毕,以香楮火爆送之门外,曰"送灶"。②

马斯定在《点校说明》中写道:"《阙里文献考》称孔氏'采曲阜民俗撰《节序同风录》十二卷',所纪大抵以北地风俗为主,或采旧籍陈说,亦及吴楚南中之俗。"③

在祀灶时间上,孔尚任的记载有三点值得特别注意:第一,祀灶时间存在"军祭三,民祭四"的差别;第二,二十三日祀灶乃于是夜之三更,也即二十四日之早;第三,"官"即"军","官三民四"来源于"军三民四"。仪征(今属江苏)人厉秀芳《真州竹枝词引》云:

① 参见淮阴区政协文史委、淮阴区文化局编:《淮阴文史资料》第19辑《古淮风情:民间故事 习俗 歌谣 谚语》,2009年,第71～73页。

② (清)孔尚任撰,马斯定点校:《节序同风录》,浙江人民美术出版社2016年版,第126页。

③ 马斯定:《节序同风录点校说明》,(清)孔尚任撰,马斯定点校:《节序同风录》,浙江人民美术出版社2016年版,第1页。

二十三、四日送灶。卫籍与民籍分两日，俗所谓“军三民四也”。[①]

厉秀芳是道光二年(1822年)举人，曾任武城(今属山东)知县，咸丰六七年间避乱东亭时作《真州竹枝词》，篇首为万言《真州竹枝词引》，记录真州岁时节日风情。清同治《远安县志》卷四《风俗》记曰：

二十四日为小年，朝拂屋尘，夜祀灶，田父燎火畦间，曰“照田桑”，营署营兵均以二十三夜祀灶。[②]

以上记载都出自清朝人的手笔，他们所说的“军”是清朝的八旗与绿营，还是明朝的卫所？厉秀芳《真州竹枝词引》将“军三民四”之“军”明确为“卫籍”，也就是明朝的卫所。

明朝户籍分为民户、军户、匠户等。军户户籍叫作“军黄籍册”，亦称“军籍文册”“军黄”“军册”，用来管理各地卫所军户和军士。明初军户的数量约占全国总人户数量的五分之一，数量极为庞大。军户分“正军”与“余丁”。军户派一名“正军”赴卫所服役，并供办“正军”的军装，其他人都在原籍，除了享受优免一丁差役及个别杂役外，其余负担与民户无异。人们把这种军户叫作“原籍军户”。为了让“正军”在卫所安心服役，从永乐年间起，朝廷鼓励“正军”携妻子赴卫所，到正统元年(1436年)成为一项基本制度，这些在卫所安家的军户被称为“卫所军户”。卫所的军丁，分为京操军、城守军、屯田军等。军屯分布在卫所附近或远离卫所的地方，一个军屯有屯军112、100或70、80名不等。这样，卫所与军屯成为军户人家的聚居地，卫所军户的日常生活与民户没有太大的差别，卫公署所在地与州县一样有学校、坛庙等。自顺治元年(1644年)起，清政府开始裁撤卫所，改置或并入州县。最后一批卫所于光绪二十七年(1901年)撤并。军户成了民户，军屯成了乡里村落。

厉秀芳《真州竹枝词引》所说的“卫籍”也就是军籍。北宋大中祥符六年(1013年)设真州，明洪武二年(1369年)改真州为仪真县，清雍正元年(1723年)再改为仪征县。仪真地处水陆要冲，洪武六年(1373年)设置守御千户所，洪武十三年(1380年)升格为卫，卫公署在县治东南，隶属直隶都司，

① (清)厉秀芳：《真州竹枝词》，张智主编：《中国风土志丛刊续编》第十三册，广陵书社2015年版，第133页。

② (清)郑燡林修，周葆恩等纂：同治《远安县志》卷四《风俗》，清同治五年刊本。

辖左、右、中、前四个千户所。

清同治《远安县志》说腊月二十三祀灶的是"营署营兵"，也就是在卫所驻防的军士。远安县今属湖北宜昌市，明朝成化年间设置远安守御千户所，隶属湖广行都司，千户所公署在县城西南隅，官兵编制名额 1160 名。[①] 据清顺治《远安县志》卷二《赋役志》记载，当时，民户仅 326 户、2102 口[②]，远安守御千户所的官兵占远安县总人口的三分之一。除了"营兵"外，远安守御千户所也有军屯，屯田为 67 顷 41 亩 2 分 9 厘 9 毫。[③] 清同治《远安县志》说腊月二十三祀灶的是"营署营兵"，没有提及军屯的屯兵。

厉秀芳《真州竹枝词引》与同治《远安县志》的记载产生了以下问题：于腊月二十三日祀灶的仅是卫所的营兵，还是包括营兵与屯兵在内的所有军籍人员？营兵与屯兵只是分工不同，待遇等方面没有差别。绝大多数关于"军三民四"的材料也都笼统地称为"军"，没有区分兵种。腊月二十三祀灶应是军籍的所有人户。

五、君三民四

仪征市十二圩街道办事处，曾是漕运，特别是盐运要冲，这一带传说，"君三民四"是宋太祖赵匡胤立下的规矩，皇家及官人腊月二十三祭灶，老百姓一律在腊月二十四祭灶。在仪征十二圩，姓赵的人家腊月二十三祭灶，其他人家都是在腊月二十四祭灶。[④] 在安徽阜阳一带，凡是历史上出过皇帝的姓氏都在腊月二十三祭灶：

> 农历腊月二十三、二十四两天为祭灶日，流行说法是"君祭三，民祭四"，如刘、赵、李、钱等姓氏的人家，不管现在是官是民，是贫是富，都在二十三祭灶，因为这些姓氏的人家在历史上都有人做过皇帝；其他姓氏的人家则在二十四祭灶。由于时代变迁，或传承不一，也偶有特例，不

---

① 参见(明)徐学谟：《湖广总志》卷二十九《兵防》，明万历十九年刻本。

② 参见(清)安可愿修，曾宗孔纂：顺治《远安县志》卷二《赋役志》，清顺治十八年刻本。

③ 参见(明)徐学谟：《湖广总志》卷二十九《兵防》，明万历十九年刻本。

④ 参见王虎华：《扬州盐商遗迹》，南京师范大学出版社 2011 年版，第 75 页。

遵守“君三民四”的惯例，甚至今年祭三，明年祭四，随着左邻右舍凑热闹。[1]

“君三民四”之“君”，除了指帝王外，还有其他说法，如秭归人说当地土著居民为“君”，外地来的人为“民”。[2] 更多的地方的“君三民四”之“君”，是指官宦人家。[3] “君三民四”当为“军三民四”之讹传。

六、官三民四

“官三民四”之说最早出现于康熙年间，清康熙《寻甸州志》卷三《民风》在“二十四日以糖豆祀灶神”之句下注曰：“凡官署多先，俗谓官三民四也。”[4] 此后屡见不鲜，如清光绪《四会县志》卷一《风俗》云：

二十四为小除夕，俗称“年小”，晚以牲醴祀灶，谓送灶君上西天也，然今多于廿三日祀灶者。谚又云“官三民四”，绅衿家不欲与齐民伍也。[5]

清光绪《丹徒县志》卷四《风俗》记曰：

二十三日或二十四日祀灶，谚云：“官三民四。”[6]

民国《建阳县志》卷八《礼俗志》记载：

十二月二十四夜送灶神，俗有“官三民四”之谣。[7]

民国《连县志》卷五《风俗》记云：

二十三或二十四送灶神，名曰“小年夜”，俗有“官三民四”之语，实

① 刘宏、张文波编著：《阜阳民俗文化研究》，合肥工业大学出版社 2018 年版，第 16～17 页。

② 湖北省秭归县地方志编纂委员会编：《秭归县志（1979～2005）》，方志出版社 2010 年版，第 731 页。

③ 参见《度城村志》编委会：《度城村志》，苏州大学出版社 2017 年版，第 281 页；赵红骑主编：《昆山民族民间文化精粹　风俗卷》，上海人民出版社 2009 年版，第 82 页；湖北省嘉鱼县地方志编纂委员会编：《嘉鱼县志》，湖北科学技术出版社 1993 年版，第 886 页。

④ （清）李月枝纂修：《寻甸州志》卷三《民风》，清康熙五十九年刻本。

⑤ （清）吴大猷纂：光绪《四会县志》编一《风俗》，光绪二十二年刊本。

⑥ （清）何绍章修，吕耀斗纂：光绪《丹徒县志》卷四《风俗》，清光绪五年刊本。

⑦ （民国）赵模修，王宝仁纂：民国《建阳县志》卷八《礼俗志》，民国十八年铅印本。

则无拘也。[①]

民国《涡阳县志》卷十一《礼俗志》称为"官祭三民祭四"[②]。

这种习俗在当今民间社会仍有传承。安徽省阜阳市油坊村存在腊月二十三、二十四两个祭灶日子，当地民谚云："官祭三，民祭四，王八祭五贼祭六，老和尚祭到年后头。"据马梅、李冷月调查：

> 凡是腊月二十三祭灶的村民，其祖上多是士绅或出过秀才、读书人的人家。该村现在仍以"先生"称呼"有些身份"的人，如医生、教师或者受过高等教育的、带有官职的，皆可以"先生"称呼，反映了传统的社会秩序仍影响着人们的日常生活。腊月二十四祭灶的村民，便是传统的"民"了……有些村民三代以上曾是同宗的，但因为出了有身份的人，也有了腊月二十三、二十四两个祭日的不同。[③]

江苏兴化任氏为簪缨世家，任祖镛是兴化任氏第二十代孙。兴化一带百姓于腊月二十四日祀灶，但任氏却于腊月二十三日祀灶。

> 明代时送灶讲究"官三民四"，就是说做官人家廿三夜送灶，民间百姓廿四夜送灶，后来官民也就不大分了，但任家因为祖上出了两位公爵，所以仍坚持"官三民四"的古礼。[④]

"两位公爵"是指王宣、王信父子。据说，王宣的父亲是苏州人，本姓任，入赘王家，儿子遂以"王"姓。元朝末年，王宣官至淮南行省平章政事，封沂国公；他的儿子王信官至山东行省平章政事兼知枢密院事、司徒。至正二十七年(1367 年)十月二十一日，朱元璋任命徐达为"征虏大将军"，常遇春为副将，率 25 万大军北伐。十月二十四日，徐达麾兵进抵淮安，驻防沂州(今山东临沂)的王宣、王信父子上表请降，不久复叛，旋被歼灭。明代及清代，任氏家族仍为书香门第、科举世家。

广东兴宁一带传说祖上获得过官爵的人腊月二十三日祭灶，市民腊月

---

① 韩建勋修，何诗迪纂：民国《连县志》卷五《风俗》，民国三十八年油印本。

② 黄佩兰修，王佩箴等纂：民国《涡阳县志》卷十一《礼俗志》，民国十四年铅印本。

③ 马梅、李冷月：《淮河流域祭灶民俗的演绎与传播——以安徽省阜阳市油坊村为中心的考察》，《广州大学学报》(社会科学版)2020 年第 1 期。

④ 高戬：《阊门寻根记》，古吴轩出版社 2011 年版，第 40 页。

二十四日祭灶，乡民腊月二十五日祭灶。[1] 上海俚语："官廿三，民廿四，乌龟廿五，贼廿六。"[2]福建永安一带有"官三民四，闲杂人等五"之说。[3] 而从前香港的公职人员于腊月二十三日祀灶，普通人家于腊月二十四日祀灶，妓女则于腊月二十五日祀灶。[4]

对于"官三民四"的起源，一种观点认为：腊月二十三日祀灶本是雍正皇帝为了节财省时，将腊月二十四日祀灶合并到腊月二十三日祀众神之中。[5] 于是王公贵族纷纷效仿之。北方民众有追随者，也有坚守传统者，南方人多循其旧俗。之所以北、南有如此之别，张昊说：

> 北方地区在相当长的时间内都是政治中心，受官僚气影响较重，因此祭灶多在腊月二十三。与之相对应的是，南方地区长久以来远离政治中心，祭灶日期多为腊月二十四。[6]

"官三民四"源头应是"军三民四"。王毓铨认为，在"军民匠灶"四民中，军户的地位最低：

> 军户在营应役军丁，不管是操守旗军或屯种旗军，或后来的顶种军余，他们的身份和所处的地位，简直有如"罪下死囚一等"。[7]

但是，很多学者的研究证明，明代军户的地位是比较高的。[8] 湖北蕲春一带祀灶时间也是"军三民四"。此外，还有一些标识军户独特地位的规定：

> 街上走路，军中民边。街道石面中间直向排列，两边横向排列，军家走中间，民家两边。
>
> 内房门，军二民一。军家两扇门，民家一扇。[9]

---

① 参见兴宁县地方志编纂委员会办公室编：《客属百家堂号堂联简说》，广东人民出版社 1992 年版，第 154 页。

② 王汝刚口述，《新闻坊》栏目组整理：《闲话上海》，上海大学出版社 2018 年版，第 217 页。

③ 中国人民政治协商会议福建省永安市委员会文史资料委员会编：《永安文史资料》第 21 辑，2002 年，第 134 页。

④ 参见安源：《中国传统节日诗话》，群众出版社 2013 年版，第 225～226 页。

⑤ 参见王文章主编：《中国传统节日》，中央编译出版社 2010 年版，第 224 页。

⑥ 参见张昊：《中华传统节日 · 灶王节》，东北师范大学出版社 2011 年版，第 35 页。

⑦ 王毓铨：《明代的军户》，《历史研究》1959 年第 8 期。

⑧ 参见张奎金：《明代卫所军户研究》，线装书局 2007 年版，第 76～95 页。

⑨ 《明初户籍田赋概况》，蕲春县县志编纂委员会办公室编：《蕲春县志资料选编》第 4 辑，1987 年，第 163～173 页。

潘宗鼎《金陵岁时记》"祀灶有军三民四龟五之别"条云：

明时，军家皆功臣之裔，声势赫然，与庶民异，故有"只许军家放火，不许百姓点灯"之谣。其祀灶以二十三夜，而庶民则以二十四夜。至龟五之说，明代有教坊司，著为令甲，岂祀灶亦有禁令欤？至今龟五之说传为笑柄。①

由于卫所的独特地位，民众视"军"为"官"，故此"军三民四"又称"官三民四"。自雍正皇帝始起，宫廷也于腊月二十三日祀灶，达官贵人纷纷效仿，进一步推动了腊月二十三祀灶。

七、二十三与二十四两日两祀

傅崇矩在田野调查的基础上，于宣统元年（1909年）写成《说成都》30余万言，本拟在《通俗报》分日刊出，后得到资助付梓，改名《成都通览》。他在"腊月祀灶"条下写道：

俗谓十二月二十四日为迎新灶神之期。二十三日，旧神交卸，无论贫富，无不膜拜，祀以白饧糖果子，净茶锅之中央，燃灶灯一盏，四周围绕以净水，传为灶神茹素也。前十日，即有各庙僧人印刷黄纸，名灶诉，皆忏悔之文，按户索钱。又谓灶神二十四日上天，至三十日回来，故俗谓天距地只六日程耳，尤可喷饭。②

如此，成都人祀灶分为腊月二十三、二十四两日两祀。腊月二十三日是送灶之祭，二十四日为迎灶之祭。

福州的祀灶也是腊月二十三、二十四日两祀：腊月二十三日"祭荤灶"，二十四日"祭素灶"，供水果、蔬菜和灶糖、灶饼。③ 福州市仓山区得名之"仓山"，也称"藤山"，蔡人奇《藤山志》卷九《礼俗志》云：

① （清）潘宗鼎撰，卢海鸣点校：《金陵岁时记》，南京出版社2006年版，第42页。

② 傅崇矩：《成都通览》，天地出版社2014年版，第234页。

③ 参见王晓文：《试论饮食文化资源的旅游开发——以福州为例》，《福建师范大学学报》（哲学社会科学版）2001年第3期；陈秀梅：《福建春节年俗风情的艺术表现》，《艺苑》2009年第1期；殷登国：《十二月廿三送灶神——灶神起源与祭灶风俗》，《紫禁城》2011年第1期。

俗谓十二月二十三日祭荤菜，二十四日祭素菜。[①]

为什么两日两祀？

前一天当然是向"灶神"进行贿赂，不这样怕灶神会在"玉皇"面前播弄是非；而后一天不敢用荤，则是怕灶神爷贪馋，喝得太醉，在玉皇面前信口开河，胡扯一通。[②]

福州的腊月二十三、二十四日两日两祀，似乎是合并"官祭"与"民祭"：

廿三及廿四两日，为祀灶之日。俗谓廿三日为官家祭灶之期，廿四日则为民家祀灶之期，亦有连祭两日者，则廿三日所祭者为荤品，廿四日所祭为素品，至仅祭一日者，则为荤素合璧。[③]

八、何以二十三

为何祀灶时间改为腊月二十三？在青海河湟流域流传着这样一个民间故事：当地藏族十分贫穷，在腊月二十三打发"灶家娘娘"的那一天买不起三炷香，只好往后推迟一天，到腊月二十四那天，还是没有三炷香，就用三根草棍代替，打发了"灶家娘娘"，"灶家娘娘"到达天宫迟到了一天。从此以后，就于腊月二十四日祀灶。这个故事说明，祀灶时间本为腊月二十三日，从腊月二十三祀灶到腊月二十四，不是官民之分或军民之别造成的，而是民间因故改变。[④]

但也存在另一种可能。河湟流域有"南京珠玑巷"移民的传说，据赵承福考证，河湟一带的"南京珠玑巷"传说是从"南雄珠玑巷"移植过来的，"南雄"与"南京"读音相近，容易误读，移花接木，形成了"南京珠玑巷"移民传说。[⑤]

---

① 蔡人奇：《藤山志》卷九《礼俗志》，海潮摄影艺术出版社2002年版，第165页。

② 王铁藩：《祭灶杂谈》，福州晚报社编：《凤鸣三山》第3辑，1992年，第292～293页。

③ 郑丽生撰著，福建省文史研究馆编：《郑丽生文史丛稿》上册，海风出版社2009年版，第427页。

④ 参见梁莉莉：《"家西番"地区祭灶神习俗的象征符号思考》，《青海民族研究》2003年第3期。

⑤ 参见赵宗福：《族群历史记忆与多元文化互动——河湟汉人"南京珠玑巷移民"传说解读》，《西北民族研究》2018年第2期。

青岛崂山一带有个民间传说。相传，玉皇大帝为了知道人间的喜怒哀乐，每家派了一个灶王爷。做官人家的派了戴乌纱帽的，老百姓派了穿白衣的，道士和尚派了穿袈裟道袍的。临行时，玉皇吩咐各路灶王爷年终回天宫，如实报告各家积德与缺德之事。快过年了，官家的乌纱灶王想抢先一步回天宫，替管辖下的官家多说些好话，他们官运亨通，也就会更加孝敬。于是，乌纱灶王腊月二十三日就动身了，二十四日傍晚到了天宫。百姓家的白衣灶王这天才启程，二十五日傍晚才到天宫。袈裟道袍灶王这天上路，二十六日傍晚到达天宫。早到的乌纱灶王受了玉皇表扬，晚到的白衣灶王、袈裟道袍灶王都挨了三棍。被打的灶王诉苦，说不是对玉皇不敬，十官九奸，十官九贪，所以不愿与乌纱灶王同行。玉皇这才知道乌纱灶王投机取巧，把他们打了三十棍子。乌纱灶王的帽子被打掉了，衣服也被打破了，光着身子怎么回人间？玉皇吩咐给他们每人一根大木杆，让他们扛回去立在大门旁，告诉那些做官的，就是用这根杆子揍他们灶王的，那杆子又长又粗，把乌纱灶王压得弯下腰，也就遮丑了。官宦人家门口竖着的大旗杆就是这么来的。为了不让后人忘记这件事，老人就编了一句顺口溜："官三民四，道士和尚二十五，那旗杆是捎带的。"①这个民间传说只是解释祀灶的时间为什么不同。

在苏北沭阳县一带，传说在古时候，有个姓张的生意人，这一年时来运转，生意兴隆，置办的年货堆积成山，惹人眼红。一天夜里，几个小贼来张家偷盗。他们轻轻地撬开门闩，抱走了鸡，拎走了鱼，提走了肉，捧走了蛋，搬走了糕、果、糖。张家人还在鼾睡，住在张家的一个要饭花子听到了动静，便一跃而起，冲出屋子，一面大声呼喊，一面穷追不放。这几个小贼吓破了胆，丢下了年货，没命逃跑。张家只是受了一场虚惊，一点财气未破。第二天，为了酬谢这个要饭花子，张家煮酒、炒菜、蒸馒头。可是当美酒佳肴摆满一大桌子时，却怎么也找不到那位赶走小贼的要饭花子。张家人东寻西觅，只在屋墙上发现了他用树枝刻画一副对联："在天行好事，下界保平安。"原来，这个要饭花子并非凡夫俗子，而是天上的神仙，到了民间，装扮成要饭花子，替百姓造福除害。为了感谢这位神仙的大恩大德，张家的人便根据记忆中

① 刘思志搜集整理：《官三民四、道士和尚二十五》，《崂山志异》，中国民间文艺出版社 1988 年版，第 137～139 页。

的那位要饭花子的相貌特点，请画师画了幅像，挂在他住过的屋墙上，两侧贴上他留下来的对联。不过，把对联中的“在天”改为了“上天”。每逢这一天，张家人还供奉香火、糖饼之类，敬他为“灶老爷”。一传十，十传百，张家的做法传播开来，最终形成祭灶节的习俗。但是，神仙抓小偷的时间，众人说法不一：有人说发生在上半夜，属于腊月二十三日；也有的人说发生在下半夜，属于腊月二十四日。因而有的人家在腊月二十三日祭灶，有的人家在腊月二十四祭灶。[①] 这个传说仅解释了腊月二十三祭灶与腊月二十四祭灶的时间之别，没有涉及祭灶者的身份地位。

“军三民四”是引发“官三民四”“北三南四”的起源，分析祭灶时间的差别，核心是厘清为何会出现“军三民四”。根据前引孔尚仁的考证：“祭三者乃廿三夜之三更，即廿四日之早也。”军户提前祀灶，可能与数字“四”有关。在民间禁忌中，四与“死”谐音。[②] 当兵征战，生死难定。军户忌讳“四”字，遂提前至腊月二十三日三更祀灶。关于“军三民四”产生的原因，还有待于新材料的发现来解决。在地域分布上的“北三南四”，则是因为北方地区是古代中国统治中心，“官本位”意识较南方为重。故此，祀灶日期的“军三”“官三”为北方民众所追慕，并逐渐流行开来。

① 参见邵振华、徐耕成编：《沭阳风俗故事》，南京大学出版社1989年版，第21～23页。

② 参见叶春生、施爱东编：《广东民俗大典（第2版）》，广东高等教育出版社2010年版，第266页。

节日转型

节日传承中的年味*

张琪舒涵　戴建国　王　月**

摘　要

传统节日作为日常生活的重要组成部分，是人们依恋传统、传递幸福感的重要载体，其背后的文化记忆在不断更迭传承。“年味”的主题随着时代变迁而不断演变，我国的“年味”变化主要经历七个阶段。1949 年之前：年味的流变；20 世纪下半叶：年味的浓淡变化；2000～2005 年：年味的寻找；2006～2010 年：年味的保护；2011～2019 年：年味的传承；2020～2021 年：年味的守望；2022～2023 年：年味的回归。不同阶段下集体记忆中的年味流变，凸显的是人们在传统文化继承中的心理状态变化。关注节日习俗从生活方式到文化方式的转变，有利于促进文化自觉，号召全民族共同参与节日建设，真正实现“年味”的保护与传承。

关键词

年味；节日；春节；非物质文化遗产；文化记忆

进入 20 世纪 90 年代，人们发觉春节中的“年味”变淡了。多个城市禁止燃放烟花爆竹的政策限制是原因之一，除此之外，城市化快速发展对农耕文明的遗弃、互联网文化盛行等也使年味急剧淡化。传统的节日礼仪被不断

---

* 本文系中国民间文艺家协会“我们的节日”专题调研项目“集体记忆中的‘年味’流变”(项目编号:2021-B008)阶段性成果。

** 张琪舒涵，上海师范大学社会学系硕士研究生；戴建国，上海师范大学图书馆副研究馆员；王月，上海师范大学社会学系硕士研究生。

简化，年节向心性的功能意义渐被娱乐性、商业性挤占。作为最能集中体现民族精神的重要节日，春节面临着乡村文明与城市文明、传统生活方式与现代生活方式的冲突、融合的挑战。

“年味”一词最早见于1943年，石凉的《宫南北大街巡礼》一文描绘了当时天津的市井生活和备年货的热闹景象，过年氛围浓厚。“年味”这个词语在古籍和辞典中都没有记载，但它却深藏在中国老百姓的心中，是一代又一代人的文化记忆。2006年，“春节”被列入首批《国家级非物质文化遗产代表性项目名录》，一些有识之士随后提出，要继续推动春节申请成为世界级非物质文化遗产（“非物质文化遗产”下文简称“非遗”），以更好地保护和传承中国传统文化。“年味”的重要性得到广泛认可，对“年味”的保护与传承自然也受到人们重视。这不仅仅是国家和政府的事，更是整个中华民族的事，需要落实到每一位传承人身上。

在快节奏的现代社会，春节依然是国人最大的慰藉。老百姓常言：“欢欢喜喜过大年。”作为民众精神文化的重要表现形式，传统节日承担着寄托情感、展示文化传统的社会功能，是华夏独特的时空文化的代表。① 春节凝聚着中国人心中对“家”的深情，也凝聚着忠义孝悌、仁义礼信的中华民族传统美德。我们不仅要留住年味，还要将年味越做越足，才能真正保护和传承好节日传统。

一方面，在学理性研究层面，首先要做的便是探索春节中的“年味”在不同阶段的浓淡变化。通过考察传统节日中最具代表性的春节，在不同社会语境下的传承变迁，梳理20世纪以来民众对“年味”的认知，从而厘清人们对“年味”感知与理解的动态发展过程。现有节日研究多关注节日的一般习俗行为方面，对节日的整体构成以及节日中个人心理状态关注相对缺乏。② 可是，民众在节日民俗中的主体性地位却被忽视。

另一方面，从非遗（研究的实践意义）的角度，关注节日习俗从生活方式到文化方式的转变，有利于号召全民族共同参与到节日建设上来。珍重历史和文化记忆，从而回应文化传统、形成文化自觉，保护并传承独属于我们的节日民俗，真正地做到文化自信。

---

① 参见刘魁立、萧放、张勃等：《传统节日与当代社会》，《民间文化论坛》2005年第3期。

② 参见萧放、董德英：《中国近十年岁时节日研究综述》，《民俗研究》2014年第2期。

一、坐标与符号：节日

节日是时间的坐标，是传统文化的符号。随着社会的迅速发展，生活方式较从前有了翻天覆地的变化。现在一提到“过节”，许多人就会和“放假”混淆。放几天假，成为节前的热门话题，人们对于节日内容本身的关注和庆祝反而退居次位。放假更多意味着一种短暂的自由和放松，人们能够从繁忙工作中抽身，让紧密的节奏暂缓。渐渐地，已经很少有人去了解、纪念、传承节日背后的内涵和意义，诸如饺子、青团、粽子、月饼此类物质性节日食品反而成了节日唯一的代名词，节俗渐被食俗所占据或替换。当代社会中，传统节日的没落可见一斑。文化搭台、经济唱戏成了常态，作为精神文化象征的节日陷入消费主义陷阱，在舍本逐末的趋势下，对节日文化本身的精神追求反被束之高阁。

（一）时间的坐标

求天文之变以建立时间，求人文之不变以形成传统。[①] 观象授时的农耕活动使我国先民首先完成对时间与空间的规划，于是，传统节日便在农闲、农忙的时间起伏中构建起来。节日基于日常生活而存在，也与日常相对而存在。“节”，本义是光滑整齐的竹子之间凸起粗糙的间隔部位。“节日”，实际上就是先民们对于时间做出区隔划分，从而“阻截”时间，将美好与幸福“截留”下来。为平淡生活解压，为日常时间变奏，岁时节日本身就是一种文化的创造成果，是人们认识、处理自然时间过程与人事活动协调的时机[②]，也是人们精神文明的重要载体。

节日反映的是在集体中“被经历的时间”，承载该集体的文化记忆。[③] 人们通过节日认识并掌控时间，用丰富多彩、形式各样的民俗文化创造性地阐释其中深刻内涵，寄托对美好生活的不懈追求，感恩自然、敬畏自然，企望家

① 参见冯时：《观象授时与文明的诞生》，《南方文物》2016 年第 1 期。

② 参见萧放：《传统节日：一宗重大的民族文化遗产》，《北京师范大学学报》（社会科学版）2005 年第 5 期。

③ 参见[德]扬·阿斯曼：《文化记忆：早期高级文化中的文字、回忆和政治身份》，金寿福、黄晓晨译，北京大学出版社 2015 年版，第 31 页。

庭团圆和世界和谐永恒。“今月曾经照古人”，作为生活中不可忽视的时间节点，传统节日仍旧在不断循环往复，民众就在这种有规律的时间坐标中，不断唤醒关于节日的文化记忆。

(二)文化的符号

节日作为一种文化符号，承载的是一个民族乃至国家的文化记忆。随着社会历史的发展，当下的节日生活呈现出鲜明的“拼盘”特征——按阳历制定的国家节庆典礼、沿袭至今的传统农历节日和外来嵌入的节庆活动共同拼凑成了全部的节日。[①] 这种拼盘特征恰是现代化、传统和全球化文明的三者交织作用所导致的，是时代大潮下不可阻挡的节日发展趋势。

其中，传统节日是文化传统的载体与实践空间，是人们在长期的历史社会生活中逐渐形成的划分日常生活时间段的特定人文符号。但是，在西方的总体历史语境下，依托于传统农耕社会岁时的农历节日，其神圣感与崇高感在逐渐消散。节日活动的刻板化、商业化导致了精神上的空虚乃不言而喻、有目共睹的事实。

随着国家和社会层面上对于精神文明建设的关注不断聚焦、非遗工作的全面开展，传统民俗节日的发展有了良好态势。[②] 尽管传统节日民俗背后的文化记忆在不断更迭传承，社会个体成员对传统节日本身的感受发生了一定转变，但传统节日作为日常生活的重要组成部分，仍是我们确认归属的重要凭借。对节日的情感，反映了民间传统的生活情趣和精神信仰至今仍有一种超越生活需要的人文价值；而节日本身丰富的形式，也为现代人提供了寄托情感、活跃精神文化生活的可能性。[③] 传统节日不仅是构建群体情感的共同体，也是民俗认同的象征与符号。

---

① 参见张士闪：《信仰里的节日》，杨志刚主编：《国民节日讲义》，华东师范大学出版社 2016 年版，第 154 页。

② 参见乌丙安：《关于节日民俗的文化记忆、文化修复和文化主体地位》，李松、张士闪主编：《节日研究》第 1 辑，山东大学出版社 2010 年版，第 90～96 页。

③ 参见林继富：《中国少数民族传统节日的基本传统与进城问题》，杨志刚主编：《国民节日讲义》，华东师范大学出版社 2016 年版，第 97 页。

二、年节与年味：传承

百节年为首。传统阴历节日中最为典型的便是如今所讲的“春节”，也就是“过年”。春节是中国民间的传统节日，也是一年中持续时间最长、参与人数最多、分布范围最广、表现形式最为丰富的节日。自汉武帝使用农历纪年起，中国历代以二十四节气中的立春日为春节。1911 年辛亥革命后，改农历正月初一为春节。从腊月初八喝腊八粥开始，到正月十五元宵节渐入尾声，其综合性的民俗活动持续一月有余，包括各种仪式、祭祀、饮食、服饰、工艺等。“过年”对中国人而言，是万象更新的节点，也是亲人之间维系感情，增强血缘纽带的重要途径。它是渗透在人们节日礼俗中的一种生活方式，更是凝结中华民族精神价值观的文化行为。

（一）美好的年节

“中国人是幸运的，有公历和夏历，于是可以过两次年（新年和春节）、过两次生日。从这个意义上说，作为中国人，我们生命的旅程是充满情趣、充满诗意的。”[①]不同于西方对公历新年的重视，我国“过年”更为深厚的节日意味在于传统的农历年。过年，是中国人的信仰、情感、伦理意识和审美趣味的集中体现。关于年节的文化记忆，其中蕴含丰厚的文化密码，年节，是中国人的神圣节日。

事实上，“过年”和“一年”，两个词语中“年”的意思本有不同。不同于后者对时间的物理计量，前者象征我国传统的历法，有丰富的文化信息，是生活方式的一种体现。但“年味”，并非客观性存在的事物，然而国人却称过年的体验为“年味”，而不是“年玩”“年闹”。可见，在时间性标识的“年”中，民众进行“味”的生理、心理体验，于是“年味”一词，自然地组合。现在所过的“年”，多受影响于 1912 年的改历，改历后的节日节气区分不甚明了，传统节日便开始向娱乐性发展，其作为一套文化规范所构成的时间节点的功能性随着时间的推移而逐渐减弱，越来越多的人发出对“年味”变化的慨叹。

---

① 刘魁立：《中国人的时间制度和传统节日体系》，李松、张士闪主编：《节日研究》第 1 辑，山东大学出版社 2010 年版，第 48～52 页。

(二)眷恋的年味

可“年味”到底是什么？人同感受，却异其声。刘铁梁认为，年味的体验是亲情感和归家感，也是尊严感和历史感，还是狂欢感与实践感。① 物质生活水平的提高往往给传统节日的传承带来更大的挑战，因为民众对节日的期待也相对提高了。② 李松认为：“传统节日作为文化传统的载体，最为敏感地凸显着文化迅速而深刻的变迁。年节作为中国传统节日体系中最为重要的节日，对‘年味’的认知和难以割舍，既抽象又切实地反映着这种困扰。”③ 人们对“春晚越来越难看”的抱怨，实则是对传统节日繁荣兴盛的隐秘期待；对“年味是否淡了”的论潮，实则是对非常时间中“非常感”削弱的不满与反思。

春节凝聚着中国人心中对“家”的深情，也凝聚着忠义孝悌、仁义礼信的中华民族传统美德。由于周期性重复的时间特征，在春节中产生的年味不仅是一种存在于脑海里的记忆，还是每年都要具身经历的一段体验。在春节中，我们共同分享着“年味”的文化记忆，也各自经历着“年味”的独特体验。新年胜旧年，“年味”悄然流转，让我们眷恋。

三、感知与记忆：年味

“年味”一词，古籍中没有，辞典中不收，却深深地藏在国人的内心中。如果以 20 世纪 40 年代为始，它的使用已有 70 余年。从淡化到重视，从民俗到非遗，通过梳理相关文献可以总结出我国的“年味”变化，主要经历以下七个阶段。1949 年之前：年味的流变；20 世纪下半叶：年味的浓淡变化；2000～2005 年：年味的寻找；2006～2010 年：年味的保护；2011～2019 年：年味的传承；2020～2021 年：年味的守望；2023 年：年味的回归。“年味”的主题随着时代的变迁而不断更新，反映出人们深藏其中、随时而变的感知与理解。

---

① 刘铁梁：《感受春节》，李松、张士闪主编：《节日研究》第 3 辑（春节专辑），泰山出版社 2011 年版，第 40～47 页。

② 参见萧放、贾琛：《中国传统节日的传承与变革》，《社会治理》2020 年第 7 期。

③ 李松：《现代时空中年节文化的变迁》，李松、张士闪主编：《节日研究》第 3 辑（春节专辑），泰山出版社 2011 年版，第 1 页。

(一)1949年之前：年味的流变

这时期的年味，是从年货、活动和市声中先后呈现出来的。当时的“年味”，不仅代表着琳琅满目的年货物品、各式各样的年节活动，更象征着普通百姓对于年节欢庆喜悦的心情。忙忙碌碌的一年即将结束，人们满怀着对来年美好生活的向往与期盼。

1.诞生

“年味”一词，大致最早出现于1943年的《三六九画报》。当年该画报第9期和第10期的“天津专页”，都刊登了石凉一文。宫南北大街年货集中，有香烛、饭花、素菜、绢花、器皿、年画、春联、花灯、供花等等货品。这篇文章从备年货方面如实地反映出当年天津热闹的市井生活和浓厚的年味氛围。编者在按语中也如此写道：“这里有十足的年味，年的影子随后即到。”[①]这应该是目前可查明的最早出现“年味”一词的文字资料。

2.发展

作为图画标题“年味”一词的首次出现，是在《华文北电》杂志上。1944年第1期的“漫画特辑”中刊登了瑟纳的《年味》。但是由于当时政坛动荡，年味被丑化表达。在这幅画中，一位男子头戴着瓜皮小帽，嘴里衔着烟斗，身着短衫，手持桥牌，面前放着纸钞，正忙得满头大汗。值得注意的是，《华文北电》带有强烈的政治倾向，这一《年味》漫画，实则有着严重丑化我国社会与国民的卑鄙目的。

目前所见“年味”一词作为文章标题，首次出现是在1948年《一四七画报》的《津门杂缀》系列中。《津门杂缀》共5篇，其中第4篇为《年味市声》，发表在《一四七画报》第10期。《一四七画报》是一种通俗画报，名为画报，实则以文字为主。这篇短文一方面指出，“今日之暴发户，无日挥霍的不像过年，穷人无日急的不像过年。年已化整为零，所以年的滋味已经冲淡了”[②]，揭示出贫苦百姓赊账过年无望的实况；另一方面描写从进入腊月开始一直到除夕的天津年味的市声。可见在1949年之前，人们的生活随着经济的萧条而不能得到改善，年味已经逐年变淡。

---

① 石凉：《腊鼓频催中年货摊贩极活跃，宫南北大街巡礼：这里有十足的年味，年的影子随后即到》，《三六九画报》1943年第9、10期。

② 《津门杂缀：年味市声》，《一四七画报》1948年第10期。

(二)20世纪下半叶:年味的浓淡变化

1.渐浓

随着人民的物质生活逐渐富裕,人们精神世界开始得到一定重视,节日气氛日趋热闹,尤以年节为主。1982年后,"年味"一词又重新进入人们的视野,城市和乡村的年味渐浓。1982年,《旅游天地》第1期发表李激扬《冰城年味》一文。冰城的春节,人们生活在欢乐的海洋里,北国洋溢着久违的年味。[①] 1985年的诗作《年味汇成神彩的河》和1986年的《年味爬到孩子眼睛上》,都聚焦于乡村的年末,赞颂乡村的甜蜜年味。[②] 1988年,《山西文学》第6期发表陈玉川的《年味》,小说着重叙述晋中农村尤其富有年味的大寒时节杀猪的情景。[③] 相较于此前单纯的欢跃心情,该小说体现了在城乡二元背景下的年节境况,既有对童年幸福的美好回忆,又有对时移事殊的万千感慨。

回顾20世纪80年代这段时期,人们对年味的慨叹不再仅仅聚焦于年节的喜悦,逐渐开始生发出更复杂的情感变化。

2.渐淡

进入20世纪90年代,人们突然发现,年味淡化了。禁止燃放鞭炮政策的出台无疑是其中一个重要原因。随着社会的不断前进,发展理念较之前有了改变,环境保护开始被重视和强调。至1995年,我国有70多个城市禁止燃放鞭炮。后来政策有一定程度的放宽,开禁鞭炮或者限放鞭炮的举措不时出现。也因此,部分人认为年味淡化与禁放鞭炮的政策有一定的关联。

相较于乡村地区,政策的发布对于城市的影响更为直接和深远。因此,年味淡化的声音主要来自城市。这种淡化的感觉一开始表现在人们对城市年味变味的不满情绪中。1990年,恒章在《淡化年味》一文中表示,自己厌倦都市年节,觉得年被一种不正常的俗气和礼物所充斥着,年的味道让人咀嚼得深感苦涩,城里人现在过年愿意远走他乡。[④]

后来随着不满情绪的普遍存在,多数人感觉禁放鞭炮显然冲淡了城市

① 李激扬:《冰城年味》,《旅游天地》1982年第1期。

② 刘文玉:《送你一支歌》,春风文艺出版社1985年版,第72页;刘文玉:《绿色的情丝》,中国文联出版公司1986年版,第24页。

③ 陈玉川:《年味》,《山西文学》1988年第6期。

④ 恒章:《半阳楼记》,作家出版社1990年版,第189页。

的年味。1995年,《花炮科技与市场》发表了《全国政协委员陈文华对禁放鞭炮的不同看法》一文。陈文华不赞成禁止燃放鞭炮政策的实施推广,并认为许多主张禁放鞭炮的理由并不充分、全面,有些还似是而非,不具备充分的说服力,有必要加以讨论,还为此提出9条见解。①

此后,学者们开始对年味进行学理上的系统思考。1998年,冯骥才在《民主》第3期发表《年,不能再淡化了——从杭州开禁鞭炮说起》一文,这篇文章首次提出对"年味"的相关界定。"所谓年味就是年的意味,过年的方式则是这种意味的载体。一旦载体变了少了没了,年味儿自然淡了。"②他认为,传统的年味不能离开民间崇拜与民间信仰,过年是营造出一年一度生活享受的高峰,种种人世间亲情被深切地寄托在年俗之中。然而,由于年时用品和年节符号的日渐寥落,这些年俗没有能够完成从生活方式转为文化方式的保护,"年味"除了自然地淡化外,人为地淡化雪上加霜。

回顾20世纪90年代这段时期,年味随着年俗习惯的改变而逐渐淡化。年节、年味、年俗,长期发展下来本是三位一体的存在,年俗习惯的改变必然会带来年味的浓淡变化。

(三)2000～2005年:年味的寻找

寻找年味之旅从21世纪初开始,严格地来说,应从寻找城市年味之旅开始。2001年,这只是个别人的有感而发,表示要忘"味";2003年,人们议论纷纷,许多人表示要多"味";2004～2005年,民俗学界有了较为集中的表态,明确表示要求"味"。

1.忘"味"

2000年,张梅在《肚皮上的宝贝》《把车主献给美女》二书中都有《寻找年味》一文,这里的"寻找年味"实际上是"年味杂记"。2001年2月19日,《杂文选刊》发表曾宪《年味为何难寻?》一文。文章中提出:"中国人要寻找回年味,就必须首先忘掉'味',而从精神层面上寻找年的欢乐;而对一些中国人

① 参见陈文华:《全国政协委员陈文华对禁放鞭炮的不同看法》,《花炮科技与市场》1995年第C1期。

② 冯骥才:《年,不能再淡化了——从杭州开禁鞭炮说起》,《民主》1998年第3期。

来说，忘掉‘味’，即忘掉‘吃’，这又谈何容易!”[①]该文后来被收入《2001中国年度最佳杂文》一书。可以说，这篇杂文主张的“从精神层面上寻找年的欢乐”，与冯骥才《年，不能再淡化了——从杭州开禁鞭炮说起》所倡导的从生活方式转为文化方式的观念一脉相承。

2.多“味”

2003年《今日海南》第3期“大众茶座”刊载3篇短文，分别为陈洋的《年味散淡　传统文化渐失》[②]、李冰的《年味趋淡　见证社会进步》[③]和张乙川的《年味既需传统也需现代》[④]。可以说，这些基本上代表了当时人们对年味淡化的不同态度，当然也清晰地表明他们寻找年味的多种方法。

3.求“味”

2004年1月24日，新华网刊发《半月谈》记者王秀真访谈陶立璠的文章《年味，不该越来越淡》。陶立璠认为，春节失去许多它原有的文化内涵，所以大家就会感到年味淡了，心理上有一种不满足感；不少地方开始恢复办庙会、花会的活动，但许多庙会是“假”的，因为那里边传统的东西很少，基本就是一个贸易市场，而且还卖门票；央视的春节联欢晚会之所以很难让人满意，很大程度上是大家在其中缺乏参与感；对于春节这样一个集中体现民族文化的节日，现在面临的只不过是一个传统与现代的融合问题。

2005年2月3日，《羊城晚报》上刊发《过年求“年味”　政府要“识做”》一文，并以乌丙安的“传统节日不懂过，外国节日胡乱过”作眉题，既提醒了政府，又针砭了社会。2005年《花炮科技与市场》上发表冯骥才的《禁炮不如限炮》一文。他感叹道，禁炮下的过年纯粹是个大星期天，精神文化的失落会比贫穷更加使人感到空虚乏味，随着人们的物质生活愈充裕，这感受会愈加深，因而他提出禁炮不如限炮的主张。[⑤]

忘“味”、多“味”、求“味”，人们对年味的感知与主张在本时期快速变化，而这一变化皆源于人们对年味的不懈追寻，与对美好生活的畅想与向往，更

---

① 曾宪:《年味为何难寻?》,《杂文选刊》2001年第4期。
② 陈洋:《年味散淡　传统文化渐失》,《今日海南》2003年第3期。
③ 李冰:《年味趋淡　见证社会进步》,《今日海南》2003年第3期。
④ 张乙川:《年味既需传统也需现代》,《今日海南》2003年第3期。
⑤ 参见冯骥才:《禁炮不如限炮》,《花炮科技与市场》2005年第C1期。

象征着自觉保护传统文化的意识觉醒。

(四)2006～2010年:年味的保护

2006年,首批《国家级非物质文化遗产代表性项目名录》中出现“春节”项目。“春节”成为国家级非遗项目,年味也随之得到广泛认可,进而得以被重视和保护。到2010年,从非遗保护的角度来看,年味淡化的威胁已经不复存在。

“春节”项目中明确指出,“燃放鞭炮是春节期间辞旧迎新的一项民俗活动”,“我国城乡地区因所处环境不同,过春节的方式也有所差异。目前广大农村仍按照传统方式过春节,但崇尚和仪式的内容淡化,而送礼品、请客吃饭之风日盛;城市过春节的形式与农村地区相比,显得更为简单”。①

虽然放鞭炮已经被认定为春节的具体内容之一,但以实际情况来看,春节禁炮的声音不绝于耳。2007年,王兰兰的诗作《伴随年味的惊悚》,就将矛头对准过年时燃放的鞭炮。20世纪90年代,上海市政协委员江曾培就与几位政协委员一起,提到过在上海城区禁放烟花鞭炮的提案。2007年他发表的《从放鞭炮谈年味的浓淡》一文里仍然主张不放鞭炮,认为没有鞭炮的年味并不会清汤寡水。

这一阶段中,城市年味有了新元素的出现,如民歌、录音等。2007年,马延成作词、吕锦华作曲的城市民歌《年味》诞生。2008年2月25日,上海广播电视台(SMG)广播新闻中心《记录2008》节目中播出王坚的《元宵到城隍庙豫园品年味》,在开篇中提到,“如果问上海哪个地方过年最有年味,我想非豫园商城上海老城隍庙莫属了,元宵节尤其如此,记者在2008年的元宵节这天来到了这里,今天的《记录2008》节目,就让我们一起到上海城隍庙豫园去品一品那里的年味”。2008年,民俗学界对城市年味有了更为明确的理解和清晰的研究路径。陈华文《年味:对时代和文化的体验——论年味的弱化及其对策》一文中指出,年味减少的主要是以城市居民为主体的掌握传媒话语权的一方,以及改革开放之后出生成长起来的这一代人;要保持传统过年

① 《首批国家级非物质文化遗产代表性项目名录》,中国非物质文化遗产网,https://www.ihchina.cn/project_details/14904/,2006年6月2日(2023年4月6日)。

文化的强势，就需要保证节日的立法，以法定时间来保障未成年人去过年过节；要承认过年习俗的变异性，更要意识到传统文化的保存是政府和全社会的事。[①]

与此同时，乡村中春节传统内容的淡化也引起人们的关注。2009 年，保鸿政在《乡情：一个基层干部眼中的“三农”问题》中提到，年味变淡拷问农村传统文化的丧失与扬弃，商家推出的“原汁原味的中国年味”或“浓浓的中国年味”，也都将目的地指向民俗村或乡村古寨，年味的保护出现鲜明的地域特色。[②] 2010 年，冯骥才在《民主》第 2 期上发表《谈“年文化”》一文，文章指出，在列入“非遗”名录的这五年来，春节作为“非遗”受到政府和各界的重视，如列入国家“非遗”名录、假期前调、全民观看春节联欢晚会、取消除夕禁放烟花爆竹等，最后总结道，“春节已摆脱淡化的威胁”。[③]

春节摆脱淡化的威胁，“年味”淡化的危局也随之改善。如何将“年味”传承并且变浓成了下一个阶段的主题，也是节日建设的重心所在。

（五）2011～2019 年：年味的传承

随着国家级非遗“春节”项目保护工作的持续推进，自 2011 年起，年味的传承成为关注的重点。秉承非遗活态传承的宗旨，不仅仅要让年味活在当下，更要从中寻找持续发展与创新的力量与灵感。活在当下，年味就是人情味，这是社会群众普遍的心声。年是家庭的团聚活动，是交流感情的特殊时空。缺了年味，其实是人与人之间缺了人情味，多了疏离感。

无独有偶。2011 年，方桂红《且歌且行》中的《年味·家味》[④]；2012 年，潘益大《找回失去的星空——潘益大新闻时评选》中的《悠闲就是好年味》[⑤]；2013 年，海碧《伪文明的抱怨》中的《书店·年味》[⑥]；2014 年，《读者·乡土人

---

① 参见陈华文：《年味：对时代和文化的体验——论年味的弱化及其对策》，文日焕、祁庆富主编：《民族遗产》第 1 辑，学苑出版社 2008 年版，第 88～93 页。

② 参见保鸿政：《乡情：一个基层干部眼中的“三农”问题》，兰州大学出版社 2009 年版，第 114 页。

③ 参见冯骥才：《谈“年文化”》，《民主》2010 年第 2 期。

④ 方桂红：《且歌且行》，合肥工业大学出版社 2011 年版，第 25 页。

⑤ 潘益大：《找回失去的星空——潘益大新闻时评选》，华东师范大学出版社 2012 年版，第 146 页。

⑥ 海碧：《伪文明的抱怨》，河南文艺出版社 2013 年版，第 241 页。

文版》中的《年味，娘味》[1]；2015 年，《读者 · 乡土人文版》精选集栏目《你在，年味就在》[2]；2016 年，沈裕慎《风荷忆情——沈裕慎散文作品选》中的《流淌在血脉里的年味》[3]等，都在说明在“年味”的字眼里流淌出的是日常生活里烟火气中的人间至味。

2018 年春节期间，中国美术报网刊登了苑利、王添艺《过春节——把“年味儿”留住》一文。文章对年味的传承是什么、由谁来传承以及怎样传承等问题，都作出积极且具体的回应。[4] 与此同时，如何讲述中国的乡土故事，唤醒乡愁中的年味也引人思考。2018 年上海通志馆、《上海滩》杂志编辑部的《年味乡愁——上海滩民俗记趣》，殷伟、王慧文的《欢欢喜喜过大年》；2019 年李强的《年味 · 中国》，王华著、李强摄影的《年味 · 记忆》，这些图书的面世，既满足了个人、家庭对年味的憧憬，也为进一步了解传统节日、品读年俗年味提供途径，在形而上的层面恰到好处地回应了文化传统。变化是活态民俗的表征，年味淡化的威胁不复存在，取而代之的是对年味传承的期待与责任。

（六）2020～2021 年：年味的守望

2019 年末，新型冠状病毒感染疫情全球性暴发，给日常生活带来巨大冲击。疫情下所有的生活节奏都被猝不及防地打乱，不同于以往春节的喧嚣热闹，2020 年和 2021 年的春节是分外特殊的，年味也五味杂陈，我们一起守望着年味，从而更有了静水流深的坚定与从容。

对于年味，社会群众有了更为深刻的自省与理解。生活条件的极大改善使得过年不再具有强大的吸引力，网络生活世界的蓬勃进一步促进了生活状态的改变，社会风俗也随之得到显著调整。2020 年初，盛玉雷发表在《人民日报》上的《在年味中感受文化的魅力——新春之际话新风》指出：“纵

① 陈文秀：《年味，娘味》，《读者 · 乡土人文版》编辑部主编：《〈读者 · 乡土人文版〉精选集 7》，敦煌文艺出版社 2014 年版，第 255 页。

② 《读者 · 乡土人文版》编辑部主编：《〈读者 · 乡土人文版〉2015 年季度精选集 春季卷》，敦煌文艺出版社 2015 年版，第 172 页。

③ 沈裕慎：《风荷忆情——沈裕慎散文作品选》，吉林人民出版社 2016 年版，第 203 页。

④ 苑利、王添艺：《过春节，把“年味儿”留住》，中国美术报网，http://www.zgmsbweb.com/home/index/detail/relaId/17269，2018 年 2 月 13 日（2023 年 10 月 25 日）。

然生活在变,环境在变,观念思维也在变,但节日的仪式感没有变,萦绕在心中的真情没有变,流淌在血脉里的文化基因也没有变。”①黄嘉宇发表在《解放日报》的《年味,从弄堂里开始》一文更是正视年味的变化,说明过年方式的变化使得人们过年的情感渐渐改变。② 孙小二发表在《南通日报》上的《年味淡化呼唤年俗创新》反思了年味淡化的原因,认为根本在于传统年俗的传承落后于时代的脚步,同时新的年俗还未成形。③ 年味虽然淡了,但并没有消失,我们一直守护着那份对生活的敬意。

不同于2020年春节,2021年的春节多了份淡定与自信。许多地方出台“就地过年”的政策,中办、国办印发《关于做好人民群众就地过年服务保障工作的通知》,人民群众积极响应政府号召,过了一个充满温情的年。以技术为手段,传统文化以互联网为载体,文化和旅游部非遗司联合各知名新媒体平台策划举办“视频直播家乡年”活动,实践着网络过大年,旨在引导全民参与文化实践,强化文化共识,凝聚国人精神力量。④ 杭州市委网信办更是联合《都市快报》,推出“很杭州 · 云春晚”的网上过年活动。政府的有效引导,配合媒体的线上助力,既切合人民群众的精神需要,更助燃了缤纷年味。

(七)2022~2023年:年味的回归

2023年的春节,人们明显感知到了年味的回归。一方面,多地颁布了烟花限放令。北京、辽宁、山东等发布燃放烟花爆竹政策,限时限点燃放烟花。重庆的春节烟花秀,让人们享受年味,并被年味所感动。另一方面,多地政府牵头举办春节相关活动。例如湖北省恩施土家族苗族自治州宣恩县举办看花灯、猜灯谜、览非遗等活动,22支当地民间灯班走街串巷,带来舞龙、舞狮、蚌壳灯、滚龙连厢等宣恩民俗特色表演。民众直言:“年味回来了!”

文化和旅游部统筹各地在春节期间组织开展非遗传承实践相关活动,支持与春节相关的各级非遗代表性项目全面开展非遗传承实践相关活动。据初步统计,2000余项省级及以上与春节相关的非遗代表性项目按照传统

---

① 盛玉雷:《在年味中感受文化的魅力——新春之际话新风》,《人民日报》2020年1月21日。
② 黄嘉宇:《年味,从弄堂里开始》,《解放日报》2020年1月17日。
③ 孙小二:《年味淡化呼唤年俗创新》,《南通日报》2020年1月21日。
④ 参见杨红:《“云上”非遗年味浓 异乡也能变吾乡》,《中国文化报》2021年2月11日。

定期举办活动，全国各地共将举办1.2万余场线上线下非遗传承实践活动，让人民群众在活动中感受中华优秀传统文化之美，共享文化建设成果，同过红火中国新年。[①]

结语

人们对于“年味”的认知与态度从来就不是一成不变的，从创造与批判，到重视与认同，再到创新与发展，这一步步的实践反映出人们对生活、对自己所拥有民俗的享用与调适。

至今为止，“年味”变化大体可分为七个阶段：1949年之前，年味流变情况和当时政局的发展有一定关系，“年味”一词于此期间诞生并流传至今；20世纪下半叶，年味随着年俗习惯的变迁经历由浓转淡的变化；2000～2005年，人们从忘记年味，到寻求年味；2006～2010年，随着春节被列入国家级非遗产项目名录，年味受到越来越多的关注与保护；2011～2019年，“非遗”传承的活态性强调年味的动态传承，呼吁持续发展与创新的灵感与力量；2020～2021年，大众对传统文化的自觉加深，更加坚定地守望年味；2023年之后，大众过了近几年来最团圆、最热闹的一次年节，对生活的感恩，对节日的喜悦，让年味在癸卯到来之际变得尤其浓郁。

对于年味在传承过程中发生的变化，如仪式内容淡化、网络拜年盛行、民间技艺失传等现象，是传统与现代交融下不可回避的问题。最初，春节的许多风俗习惯是建立在农业生产之上的。随着城市化的发展以及城乡文明的分割，部分传统仪式遭到消解，被具有时代特征的新元素所代替。面对春节年俗的变异性，应当以批判性目光来看待，传统文化的留存既要继承，也要创新。团圆、感恩、祈福、祝愿、交流等仪式感，是独属于春节最持久浓厚的文化内涵。而在具体的年俗活动、表演艺术方面，则可以结合现代化生活方式，在创新中提高全民参与感，重焕节日生机，实现年味的活态传承。

年味不仅仅是各种仪式的集合体，人们呼吁更多的是仪式背后深厚的

---

① 参见勾晓庆：《非遗陪你过大年》，文旅中国网，https://www.ccmapp.cn/news/detail? id=918bf71d-2f27-468e-9308-a006bc215abb，2023年1月14日（2023年4月6日）。

文化底蕴。费孝通说过,文化自觉有一个艰巨的过程,首先要认识自己的文化,理解所接触到的多种文化,才有条件在这个已经在形成中的多元文化的世界里确立自己的位置。[①] 不同阶段下集体记忆中年味流变,凸显的是人们在传统文化继承中的心理状态变化。如今的节日习俗已经从生活方式向文化方式逐渐转变,号召全民族共同参与到节日建设上来,才可真正实现“年味”文化的保护与传承。

流传至今的传统文化,一如年味,已经融入我们生活的方方面面。不过在现代化的冲击和文化危机的时代大潮下,它们有时候会被不自觉地忽视,但不论何时,它们始终存在着。任何时代的艺术都隐含着普遍的、绝对的和不变的美,但它们都需要通过现代短暂的、偶然的、变化频繁的时代性风尚来体现并彰显,因此每个时代都有它的仪态、目光和举止。[②] 年味流转也大致如此,它的文化意义日月经天、江河行地,却在不同的时代环境下有不同的主题。以创新促发展,是我们活态性传承的自觉实践。珍重历史和文化记忆,回应文化传统、形成文化自觉,保护并传承我们的节日民俗,真正地做到文化自信。

---

① 参见费孝通:《“美美与共”与人类文明》,《学习与研究》2006年第5期。

② 参见[法]波德莱尔:《波德莱尔美学论文选》,郭宏安译,人民文学出版社1987年版,第485页。

从花朝节到“花朝汉服节”：当代节日重构的主体印记与社群互动

朱乐妍*

摘　要

在当代节日重构研究中，重构者的个性特征、行为语境有待进一步发掘，重构者与节日其他参与者的互动需得到更多分析。近年来，一度淡出大众视野的花朝节重新回归人们的生活，这一定程度上是由于汉服爱好者对花朝节进行了适合当代人审美趣味的重构。汉服爱好者把旧有的花朝节习俗进行复原、调整及加工，将花朝节与汉服元素相结合，如北京第二届花朝汉服节的汉服巡游、花朝踏歌、十二花神评选、花神祭祀典礼等环节皆刻有汉服群体个性化的印记，证明趣缘群体是当代节日重构中不可忽视的力量。然而，汉服爱好者并没有把花朝节据为己有，而是在节日里与民众进行文化交流、经济往来，民众可以能动地表达对节日重构的臧否态度，促进传统节日融入现代生活。

关键词

花朝节；汉服；节日重构；趣缘群体；社群互动

传统节日重构与复兴背后的推动主体从组织到个人，不一而足，诸多因素共同促成了传统节日的重振。其中，重构传统节日的民间群体有意借助

* 朱乐妍，北京师范大学文学院民间文学研究所硕士研究生。

节日对外展示群体文化，其文化展示必然有主体的特色。在群体性文化对外展示的过程中，隐含着内外部两种话语的交流和互动。当前节日重构的相关研究成果中，学者们已经注意到了学者、民众、商家、媒体等多元的重构主体，认为多种社会力量为传统节日的重构发挥了各自独到的作用。① 然而，节日重构者似乎是较为笼统的群像，其个性化的表达并不多见，有关重构者主体与其他参与节日大众之间交流互动的论述仍有进一步丰富的空间。所以，笔者希望探究的问题是，重构节日的主体对原有的节日民俗留下怎样的个性化印记？在这一过程中，不同群体的交流互动又会怎样展现？他们如何在传统的留存与重构中保持平衡？

随着人口流动性的增强，因同处于一个固定地域而联结的地缘群体逐渐变得松散，而以职业、兴趣爱好联系起来的业缘、趣缘群体表现活跃。民众以共享的群体文化为纽带组成一个个共同体，小群体的交流表达实践成为民众日常生活中必不可少的部分。美国民俗学家丹·本-阿默思(Dan Ben-Amos)认为“民俗是小群体内的艺术性交际”②，小群体的交际互动是当今民俗学研究不可回避的话题。其中，趣缘群体间的互动引人注目，徐赣丽、滕璐阳指出：“在研究中我们将‘民’具体化，愈发重视个体、小群体的实践，因为在其中可以看到最鲜活、最富有创造力的生活文化。在各类群体中，基于趣缘建立的关系联结最活跃、最具有流动性，相应地也最有研究潜力。”③趣缘群体富有创造力和灵活性，证明了当代日常生活实践的多义性。它被纳入民俗学研究范畴，展现了民俗学对差异性的包容与理解。那么，趣缘群体能够为当代传统节日的重构贡献出怎样的智慧与力量？他们如何在节日活动中搭建与大众交流互动的桥梁？

针对上述问题，笔者认为，花朝节是一个值得分析的典型案例。花朝节原本是民众共同参与的盛大节日，在民国初期以后逐渐淡出了人们的日常生活。最近十余年，我国多地有举办花朝节的新闻见诸报端，并且这些活动

① 参见张勃：《从乞巧节到中国情人节——七夕节的当代重构及意义》，《文化遗产》2014 年第 1 期。

② 张举文编译：《民俗学概念与方法——丹·本-阿默思文集》，中国社会科学出版社 2018 年版，第 16 页。

③ 徐赣丽、滕璐阳：《当代手工艺的都市实践——现代民俗学的探索》，《民俗研究》2022 年第 4 期。

不少是由汉服爱好者参与组织的，活动照片中不乏着汉服者的倩影。有报道指出，随着汉服等国潮元素日渐受到年轻人的青睐，花朝节汉服巡游等环节增强了花朝节在年轻群体中的影响力。[①] 当花朝节再次回到公众的视野中，它成为一个带有鲜明趣缘群体印记的节日。如今，大众在花朝节节日活动现场时会发现，汉服爱好者和普通大众之间形成了明显的区分，社群成员的身份可以通过服饰明显地辨识，二者对节日活动的参与度、群体之间的互动得以较为直观地呈现。经过重构后的花朝节展现了主体的印记与群体间的互动，不失为观察当代节日重构现象的合适案例。

基于此，本文以 2022 年 4 月 5～6 日于北京市世界花卉大观园举办的"百花仙乡，汉服名园"第二届花朝汉服文化节实地调查为例，结合对组织、参加活动的汉服爱好者以及普通参与者的访谈资料，探究当代花朝节重构的主体印记与社群互动。本文将从花朝节与汉服融合的原因分析出发，梳理汉服爱好者对花朝节重构的过程，聚焦三个具体的花朝汉服节节日活动所呈现的效果、参与者的反馈等等，力图反思当代花朝节重构的成效与启示。

一、花朝节与汉服一同复归的机遇

在北京第二届花朝汉服节上，主持人曾说"花朝节因为汉服而回到千家万户，汉服也因为花朝节等传统节日而回归华夏中国"，也就是说花朝节曾是"被人遗忘的节日"，一定程度上"因为汉服而得到复兴"，成为"当今汉服同袍[②]最盛大的聚会日""当今国潮里最浪漫的青春节与文化节"。[③] 如此表述不无道理，在花朝节的诞生、兴起、衰微、复兴的轨迹中，汉服运动是重要的转折点，为花朝节的复归带来了机遇。

（一）花朝节的发展历程

作为百花的生日，民间传统节日花朝节将古往今来民众对鲜花的热爱

---

① 参见班晓悦：《重焕花朝节文化魅力》，《中国社会科学报》2022 年 3 月 14 日。

② "同袍"是汉服爱好者之间的称呼。

③ 记录于"百花仙乡，汉服名园"北京第二届花朝汉服文化节活动现场。

代代相传，地位甚至一度“足敌中秋”[①]。古诗文中不乏有关花朝节的记述，最著名的当属清代诗人蔡云的《咏花朝》，“百花生日是良辰，未到花朝一半春。红紫万千披锦绣，尚劳点缀贺花神”[②]，花朝节的内涵、节日时的自然景观、祭祀活动随着诗句流传已久，使今人得以了解古人庆祝花朝节的盛况。

花朝节的相关古籍记录，有如宋代《梦粱录》极言花朝节的盛景：

> 仲春十五日为花朝节，浙间风俗，以为春序正中，百花争放之时，最堪游赏，都人皆往钱塘门外玉壶、古柳林、杨府、云洞，钱湖门外庆乐、小湖等园，嘉会门外包家山王保生、张太尉等园，玩赏奇花异木。最是包家山桃开浑如锦障，极为可爱。此日帅守、县宰，率僚佐出郊，召父老赐酒食，劝以农桑，告谕勤劬，奉行虔恪。天庆观递年设老君诞会，燃万盏华灯，供圣修斋，为民祈福。士庶拈香瞻仰，往来无数。崇新门外长明寺及诸教院僧尼，建佛涅槃胜会，罗列幡幢，种种香花异果供养，挂名贤书画，设珍异玩具，庄严道场，观者纷集，竟日不绝。[③]

再如《清嘉录》“百花生日”条目下罗列数条各地地方志中有关花朝节的记录。[④] 刘晓峰认为，花朝节至宋代才成为民间大节，一直到清末民初还是一个重要的节日。[⑤] 具体而言，其节期因地而异，主要有二月初二、二月十五两种说法，如姚燮写道，“二月初二花朝日”[⑥]；《梦粱录》有云，“仲月十五日为花朝节”[⑦]。节日传统习俗有祝神庙会、游春扑蝶、种花挑菜、种谷祈丰、制作花糕、赏红护花等等，以祝福春日百花，花开延年，福佑安康。

由于战乱、西方文化冲击等社会因素，花朝节于清末民初衰弱。[⑧] 面对花朝节的一度衰微，刘晓峰不禁反思：“逢此强调人与自然、人与环境和谐共处的新时代，我们是否应该给这个由‘爱花爱到何等彻底的民族’所创造的

---

① (明)谢肇淛撰:《五杂组》,上海书店出版社 2009 年版,第 22 页。

② (清)顾禄撰,来新夏、王稼句点校:《清嘉录 桐桥倚棹录》,中华书局 2008 年版,第 71 页。

③ (宋)吴自牧著,张社国、符均校注:《梦粱录》,三秦出版社 2004 年版,第 15 页。

④ 参见(清)顾禄撰,来新夏、王稼句点校:《清嘉录 桐桥倚棹录》,中华书局 2008 年版,第 71 页。

⑤ 参见刘晓峰:《花朝节:最浪漫的节日》,《紫禁城》2021 年第 5 期。

⑥ (清)姚燮:《西沪棹歌一百二十首》,钱仲联主编:《清诗纪事》第 14 册,江苏古籍出版社 1989 年版,第 9803 页。

⑦ (宋)吴自牧著,张社国、符均校注:《梦粱录》,三秦出版社 2004 年版,第 15 页。

⑧ 参见周武忠:《中国花文化史》,海天出版社 2015 年版,第 243 页。

百花生日重新定位？是否应该让花朝节这个中国古代最浪漫的节日，在未来中国人的生活中重新焕发灿烂的生机呢？”[①]答案是肯定的，然而民俗节日的兴衰并非个人意愿所能掌控，时代的浪潮、民俗传承变异的规律会将民俗节日重新带回到民众的日常生活中。

如今，花朝节乘传统文化复兴之风重新回到民众视野，重振态势明显，生存状态得到逆转。仅 2022 年 1～9 月，潍坊、焦作、洛阳、宜昌、襄阳、扬州、宁波、慈溪、建德、福州等地均有举办花朝节的新闻报道刊出。足见，当今的花朝节契合了人们的审美趣味和时代需求，传承群体得以发展壮大。

（二）花朝节与汉服的契合点

顾名思义，如今的“花朝汉服节”是借用了明确的民俗传统，将花朝节与汉服文化经过人为整合形成的节日。“花朝汉服节”可视为花朝节的再次命名，这丰富了原有的内涵，吸引着人们参与带有花朝节与汉服文化双重特色的节日活动。张勃、王改凌指出传统节日被重构再命名的意义，“它既是一种文化唤醒机制，也是一种文化转换机制，它是当下一种激活传统，并有助于其实现代转换的重要方式”[②]。面对这一新兴的民俗事象，人们不禁思索，为什么花朝节能够与汉服结合在一起？二者的契合点在哪里？笔者采访了花朝汉服节的组织者、参与者，将他们的解释进行整理、归纳，认为花朝节与汉服的结合是基于相通的传统和现实的需要而有的，这一融合具有现实合理性与正当性。

一方面，花朝节与汉服的契合点在于二者都具有传统文化属性，传统节日与传统服饰有着天然的相通性，二者都曾有过逐渐没落的历程，因为汉服的兴起，花朝节自然也被带动。花朝节经历了唐宋时期的繁荣、元明清的延续、民国时期因社会动荡而导致的没落、当代的复兴，千古流传，底蕴丰厚。而汉服是汉民族传统服饰，虽然人们已经不在日常生活中普遍地穿戴汉服，但 2003 年左右兴起的汉服运动使越来越多的人关注到了这一服饰传统。汉

① 刘晓峰：《花朝节：最浪漫的节日》，《紫禁城》2021 年第 5 期。

② 张勃、王改凌：《再次命名与传统节日的现代转换——基于重阳节当代变迁的思考》，《西北民族研究》2015 年第 4 期。

服爱好者大力宣扬传统礼仪，主张“中国有服章之美谓之华，有礼仪之大故称夏”[①]，传统的花朝节显然契合了汉服爱好者的倡导。一位汉服爱好者说：“传统节日穿传统服饰，节日仪式感罢了，找个理由穿汉服。……复兴传统服饰的同时再复兴一下传统节日。”[②]可见，花朝节与汉服承继着相通的中华文化传统，汉服爱好者借传统节日的由头来穿汉服，为花朝节赋予了别样的意义，实现二者共同的复兴。

另一方面，花朝节为汉服爱好者提供了集体穿汉服的机会，满足汉服爱好者的实际需要。一位受访者表示：“由于时代更迭，现代服装融入我们的生活日常，汉服就显得像是奇装异服，汉服爱好者着汉服出门就容易被议论，其他同袍没有好友陪伴的也不大敢穿出去，于是（可能）就选择花朝节这个日子一起穿汉服。”[③]全球化背景下，大众穿着现代服饰，汉服显得格格不入，而汉服同袍一起穿着汉服参加活动，形成群体凝聚力，就不易因为与众不同而承受非议。在花朝节共同身着汉服的时机下，汉服爱好者可以认识更多同袍，拓展自己的交友圈，增强趣缘群体的影响力。再有，花朝节适合女性汉服爱好者的需求，唯美浪漫。一位受访者认为：“可能是因为花朝节是百花生日吧，也算女儿节，穿汉服的女孩子会多一点，寓意比较好。人们在阳春三月穿汉服游春踏青也很合适。”[④]花朝节的相当一部分传统习俗有着浓重的女性色彩，古代女性在节期享有一定的出游自由，可以参与各类活动，如参加“扑蝶会”、簪花祈巧等等，以庆祝百花生辰。[⑤] 清代女子们更“剪彩为花，插之鬓髻，以为应节”[⑥]。花朝节的节日属性比较偏向女性，适合穿汉服的女孩的心理和审美需求，其柔美的意趣被放大。

花朝节与汉服的相互带动、一同复归看似是机缘巧合，实际上并非毫无

---

① 卞向阳、崔荣荣、张竞琼等：《从古到今的中国服饰文明》，东华大学出版社 2018 年版，第 276 页。

② 访谈对象：昕（网名）；访谈人：朱乐妍；访谈时间：2022 年 4 月 10 日；访谈地点：微信线上聊天。

③ 访谈对象：烨（网名）；访谈人：朱乐妍；访谈时间：2022 年 4 月 11 日；访谈地点：微信线上聊天。

④ 访谈对象：昕（网名）；访谈人：朱乐妍；访谈时间：2022 年 4 月 10 日；访谈地点：微信线上聊天。

⑤ （明）张岱著，罗旭舟编著：《夜航船》，黄山书社 2016 年版，第 19 页。

⑥ （清）顾禄撰，来新夏、王稼句点校：《清嘉录　桐桥倚棹录》，中华书局 2008 年版，第 72 页。

来由、任意为之，而是具有逻辑上的关联。除服务于趣缘群体的实际需要之外，花朝汉服节帮助人们重新认识花朝节蕴含的民间文化，与“国潮复兴”的时代背景不谋而合，符合全球化的现代语境下弘扬民间传统文化的时代主题，受到人们的欢迎。

二、汉服爱好者对花朝节的重构印记

从2013年起，汉服社团华研会开始组织花朝节活动，为了适应活动规模逐渐扩大、面向的群体从汉服同袍逐渐变为各界人士的趋势，华研会不断对花朝节活动进行加工、遴选（见表1），使其“逐渐从小型雅集慢慢转变为适合大众欣赏和体验的内容”[①]。花朝节文献记载中的种花挑菜（即栽植花草、采摘野菜，故花朝节又被称为“挑菜节”）、晒种祈丰（是日天晴，农家要齐集、摊晒各类种子，以祈五谷丰登[②]）、劝农务本（《梦粱录》载：“此日帅守、县宰，率僚佐出郊，召父老赐酒食，劝以农桑，告谕勤劬，奉行虔恪。”[③]）等和农业有关的习俗因为现实条件的局限而没有被组织者选用和继承，另一些与花有关的带有审美性和观赏性的节日习俗和文化内涵被强化。

表1　近年华研会组织花朝节的主要活动

年份	主要活动
2014	参与者身着汉服祭拜花神（往后每年都有）、分花糕、品花酒、组织才艺表演
2015	增加猜花迷、赏红活动
2017	增加汉服展示、汉服体验活动，十二个小组中各选一名代表竞选花神
2018	增加公开投票评选花神环节、汉礼教学、风筝制作比赛环节
2020	组织“云上花朝”活动，征集汉服照片打卡、与“花”相关的道具打卡、国风舞蹈打卡
2021	首届“百花仙乡·汉服名园”花朝节，吸引六七千汉服爱好者、三万余名游客参加，开展线上直播

① 访谈对象：北京汉服群群友；访谈人：朱乐妍；访谈时间：2022年4月7日；访谈地点：QQ群线上聊天。

② 参见周武忠：《中国花文化史》，海天出版社2015年版，第246页。

③ （宋）吴自牧著，张社国、符均校注：《梦粱录》，三秦出版社2004年版，第15页。

2014年，华研会组织的首届花朝节活动主题是“节日复兴计划——花朝节”，初步显示了组织者复兴花朝节的意图。最初，组织者参照文献资料以及其他地方举办的花朝节活动，拟构了活动流程，彼时的活动主要是穿汉服祭拜花神、才艺表演等等，祭拜花神仪式成为此后每年的必备环节，仪式流程及意义基本不变。从上表中可见，花朝节活动不断有新增项目，比如2022年深受大众喜爱的十二花神评选源于2017年华研会内部成员的十二个小组，每个小组推选出一位花神的活动。后来，十二花神评选越来越公开化，面向社会所有的汉服爱好者，增添了网络公开投票环节、公开才艺比赛环节等，直至今日，十二花神评选已成为主办方极力推介的招牌活动。

花朝汉服节与华研会以往组织的单纯的汉服文化节不同，嵌入了花朝节的传统元素。华研会组织的花朝汉服节活动经历了不断筛选、加工、剪接的过程，在传统花朝节习俗的基础上经过了人为的复原、建构、加工和整合，下文选取三个代表性活动环节进行分析。

（一）着汉服巡游踏歌

花朝时节，民众纷纷外出踏青，欣赏奇花异木，这一赏花习俗历史悠久。据主办方华研会介绍，花朝汉服节的汉服巡游是把传统习俗中三五好友相约踏青赏花的习俗进行创新，改成众多同袍在园区一起巡游，既是游园，也是对汉服文化的宣传。此外，花朝踏歌也是花朝节的传统习俗，三五好友相伴踏歌起舞，华研会的活动设计则是扩大了规模，同时把展示和互动结合起来，让更多的普通游客也能参与进来。[①] 活动现场，汉服爱好者们组成队列，孩子们走在前，举着“百花仙乡、汉服名园”“风华绝代”旗帜的人身着甲胄随行，大家伴着古风音乐成群结队巡游园区，并在广场踏歌舞蹈。在春意正浓的广场上，汉服爱好者们两两相对，身体的舞动带起飘逸的汉服，衣袂翩跹。汉服巡游、花朝踏歌活动极具感染力，激活了人们参与节日的热情。汉服爱好者与普通大众共处在同一个节庆文化场域里，喜悦的情绪彼此激发，营造了充满活力的节庆文化氛围。

---

① 访谈对象：昕（网名）；访谈人：朱乐妍；访谈时间：2022年4月10日；访谈地点：微信线上聊天。

此时，身着汉服者似乎才是人群中的主流，而穿日常便装的人们反而成了旁观者。此情此景与现代日常生活状况形成背离，说明节日重构主体在活动中的影响力、控制力。游春踏青本没有限制服饰着装，汉服爱好者将本群体的特色服饰引入其中，赋予游春踏青更强的观赏性。

（二）依汉韵评十二花神

据考，传统的花朝节上，有的地方有由十二优伶分扮每年各月花神故事、演戏娱神的习俗。[①] 如今，花朝汉服节的十二花神评选是整个节日活动的亮点和高潮，备受瞩目。主办方说："花神评选是因为花朝节是百花生日，百花的代表则是十二花神，我们评选十二花神其实就是这个传统习俗的衍生。"[②]在北京世界花卉大观园入口处有十二花神汉白玉雕像，园区里也有十二花神的宣传栏，当天主持人结合实际景观一一介绍了梅花花神梅妃、杏花花神道觐、梨花花神虢国夫人、牡丹花花神杨贵妃等十二花神的特点，向大众"科普"十二花神的所指和意蕴。

原本十二花神没有评选一说，只是现代组织者运用这个名号设计了评选花神的比赛。十二花神评选具有现代人为建构的成分，重视包装和表演，全程有网络报名、现场初赛、决赛等线上线下联动的环节。现场，参选的汉服爱好者展示了走秀、古典乐器演奏、舞蹈等才艺。评委会特别注重选手舞台展示时的妆造、礼仪、气质，要求选手符合所着汉服的精神气质与所扮演花神的神韵。例如，牡丹的富贵、兰花的淡雅、梅花的高洁等等，以至于选手发出"菊花花神能文能武的，我努力吧"[③]的感慨。汉服爱好者把传统引进现代生活，令大众对于"花神"产生了浓烈的兴趣，人们会数着最终的获奖选手说："还真是十二位，你猜她扮的是哪位花神？"[④]可见，契合大众审美的十二花神评选能够调动大众参与度、吸引大众目光，并引导大众欣赏汉服的韵味。

① 参见周武忠：《中国花文化史》，海天出版社2015年版，第244页。
② 记录于"百花仙乡，汉服名园"北京第二届花朝汉服文化节活动现场。
③ 记录于"百花仙乡，汉服名园"北京第二届花朝汉服文化节活动现场。
④ 记录于"百花仙乡，汉服名园"北京第二届花朝汉服文化节活动现场。

(三)以汉礼行花神祭祀

元代之后，花神庙大量兴建，农人于花神庙祭拜专管植物的花神，为花祝寿，以祈求好收成。北京花朝汉服节上，十二花神评出后是花神祭祀典礼。祭祀活动极大限度地恢复古礼，古韵浓厚。主办方说："花神祭祀则是基本复原，古代便有女子相约踏青并祭祀花神的习俗，祈求美好姻缘和感恩大自然恩赐的春日盛景。"①现场选出的十二花神分别担任主祭、亚献、终献、读祝官、赞礼、执事等等祭祀角色，祭花神的流程是迎神—奠帛—初献(祭品有彩带、丝帛、香、灯、花果、茶等等)—亚献—终献。十二花神随着执事"拜""兴""再拜""兴""复位"的指示，面向百花花神之神位行礼。与此同时，执事朗诵祭文。执事朗声说道："女同袍们身着彩衣，祭祀花神，祈求姻缘，这是一个美好的祝福。欢迎大家一起加入。"②随之邀请在场的女同袍加入队列，随着十二花神一起行礼。

美中不足的是，这些仪式流程如果缺乏解释，普通的参与者难以理解，尤其是晦涩难懂的祭文，现场听得并不清晰。有一个参与者说："不一定能学到东西，但传统文化的氛围是在的。"③也就是说，人们不是很理解祭祀花神仪式每个环节的含义，但能感受到传统的氛围。现场向大众开放了祭拜花神的机会，但是因为供桌、牌位、香炉等等设置可能令人产生了隔膜感，再加上祈求姻缘的祭祀目的，大部分人并没有真正加入祭祀仪式之中。

祭祀花神的仪式出现在了其他地方的花朝节活动中，但实际表现方式却存在差异。2022年，"花朝节传统习俗"入选福建省第七批非物质文化遗产名录，福州市政府参与举办的花朝节活动同样有祭祀花神环节。或许由于官方的在场，现场并没有行跪拜礼、摆设供桌、邀请民众一起参与，只是由舞台上的献官鞠躬展示礼仪，仪式更侧重于弘扬非遗文化。这类似于浙江衢州九华立春祭，官方的在场可能使得仪式中民间信仰色彩相对减弱。④ 可

---

① 记录于"百花仙乡，汉服名园"北京第二届花朝汉服文化节活动现场。

② 记录于"百花仙乡，汉服名园"北京第二届花朝汉服文化节活动现场。

③ 访谈对象：北京汉服群群友；访谈人：朱乐妍；访谈时间：2022年4月7日；访谈地点：QQ群线上聊天。

④ 参见王霄冰：《民俗文化的遗产化、本真性和传承主体问题——以浙江衢州"九华立春祭"为中心的考察》，周星、王霄冰主编：《现代民俗学的视野与方向：民俗主义·本真性·公共民俗学·日常生活》，商务印书馆2018年版，第705～723页。

见，同样是祭祀花神仪式，官方的主导与趣缘群体的组织形成差异，不同组织者的安排、剪接反映出自身的个性和目的。

从上述三个案例中可知，当代节日重构中诸种活动环节的受欢迎程度不一，大众的体验感存在差异。无论重构者对节日传统的加工、改造程度如何，大众能否真正理解、融入活动语境，是节日重构是否成功的重要因素。当花朝节重新回归大众的生活，节日重构者需要弥补大众节庆知识、文化记忆一度断裂的缺憾，顾及大众的认知和感受，促使大众具身地体验到参与节日的喜悦，从而自觉地遵循、践行节日的习俗规范。

在汉服爱好者的重构过程中，花朝节在保留部分传统的同时，逐渐被打上了浓厚的汉服文化印记。从花朝节到“花朝汉服节”，节日名称的叠加亦是两种传统文化的碰撞，节日活动环节的传承、嫁接和发明，唤醒了人们对传统的记忆和参与，激活了花朝节的生命力。民众对于重构后的节日活动环节反响不一，重构者改编原有传统的程度、为原有传统注入新要素的多少影响着民众的评价和态度，活动环节是否简明易懂、主题鲜明与民众参与积极性的高低息息相关。

三、花朝汉服节的社群互动

北京第二届花朝汉服文化节举办地点是北京市世界花卉大观园，活动的主场地是一个开放的大草坪，场地中活动着汉服爱好者和大量普通游客。他们共同参与到节日的庆祝中，共享庆贺花朝节的喜悦，不同的文化在此接触、碰撞。由此，花朝汉服节既是汉服同袍的集体庆典、趣缘群体的集会，也成为汉服社群对外展示和互动的窗口和大众共享的节日展演。

（一）花朝汉服节中汉服爱好者和大众的互动

由汉服爱好者设计的节日活动大多欢迎大众参加，不同的人群得以更多地交流互动。具体而言，花朝汉服节中汉服爱好者和大众的互动存在文化层面的交流。花朝汉服节的主办单位华研会主要研究和宣传汉服汉文化知识，承接汉文化培训、演出、礼仪等活动，每年组织100余场汉服活动，是全国汉服汉文化复兴的重要力量之一。他们希望通过花朝节等汉族传统节日宣传汉服及汉族传统文化，让更多群体外部的人了解传统文化和悠久的华夏文明，唤醒人们对于花朝节的意识，复兴花朝节日和汉民族服装。在花朝汉服节现场，主题曲《汉服之歌》被反复播放，其中“悠悠五千载，中华何煌煌……仙服始再昌”的歌词，同样证明着花朝汉服节的举办目的是将群体文化传递给多样化的公众。在场的民众纷纷拿起相机记录各式各样别致的汉服，连连赞叹。现场的一位普通参与者认为，参加花朝汉服节能够“体验古代传统文化，丰富生活”①。汉服爱好者也从普通大众的欣赏与赞叹中，获得了文化自信，因为花朝汉服节过后，汉服爱好者们仍在 QQ 群中继续讨论节日活动设计的优缺点并计划来年更好地推广。汉服爱好者和普通大众借由节日的平台，快捷地实现了文化的交流与互动。

此外，汉服爱好者与大众的互动涉及经济往来、商业目的。花朝节活动自古便是商业活动的平台，各色民俗表演、物品售卖令人目不暇接。例如，《陶庵梦忆》有“西湖香市，起于花朝，尽于端午”②的记载。近现代的武汉新洲旧街花朝节上，四乡民众交易生活物资，购买农具、竹雕、剪纸、河灯等物品。③ 华研会组织的花朝汉服节同样处在消费的环境中，汉风集市的体验项目大都是收费的，包括射艺、书法、活字印刷、造纸、灯笼制作、团扇绘制、手工纺织、汉服租售及摄影等。集市的摊主多是汉服爱好者，热情地欢迎人们去观赏、体验，为客人们讲述花朝节与汉服的知识。笔者注意到，当一位老年观众询问汉服的图样时，主办方人员建议他到邻近的摊位去换一身汉服：“汉服特别适合上岁数的人，能穿出气势。您穿个雕龙画凤的斗篷，气场就出来了。您到旁边摊位去换一身，穿上拍个照。”④现场有不少民众租借汉服，在场地中观赏、游玩、拍照，相信这种切身体验会融入他们的节日记忆中。除此之外，传统节日重构的商业化存在着复兴本土地域文化的潜力。花朝汉服节上的展演富于地域特色，舞台上的北京叫卖表演、集市上的北京捏面人和绒花摊点，展示着地方性的艺术传统，蕴藏着推介本土文化符码的意图。在传统基础上重新包装设计的花朝汉服节给普通大众体验本地传统

① 访谈对象：小杨（化名）；访谈人：朱乐妍；访谈时间：2022 年 4 月 10 日；访谈地点：微信线上聊天。

② （明）张岱著，梵一编著：《陶庵梦忆》，黄山书社 2016 年版，第 156 页。

③ 参见周武忠：《中国花文化史》，海天出版社 2015 年版，第 247 页。

④ 记录于“百花仙乡，汉服名园”北京第二届花朝汉服文化节活动现场。

文化的机会,向外推介了地方民间文化。在花朝汉服节上,商业经济效益与民俗文化并不抵牾,而是达成合作共赢。主办方敏锐地捕捉商机,借助节日契机获利,同时,他们的造势、推广扩大了节日的影响力。主办方获益之后,能够以更好的条件继续投入节日的组织中,为民众提供节日里的视听享受,形成良性循环。

花朝汉服节中汉服爱好者和大众的互动主要有文化、经济两个层面,皆强调交流与整合。不同群体的交流互动使得花朝汉服节不仅仅是趣缘群体的集体娱乐,更拓展出多元功能,使趣缘群体文化得到大众认同。

(二)经由"小众",回归"大众"

所谓"大众"不是均质化、扁平化的集体,而是由众多个性化的生活在当下的小群体组成,而各式各样的小众群体有其独特的民俗。如今,民俗之"民"不仅是居住在异域他方的原始乡民,具有共同点的小群体也被视为"民",因此,普通人小众的文化实践越发受到民俗学者的青睐。然而,小众群体不能在自己的一方小天地中自娱自乐、自说自话,"小众"们要将自己的文化与外界衔接,寻找文化共性,凝聚成社会"大众"。

在花朝节的案例中,重构节日的主体将原有的民俗打上了主体文化选择的烙印,改变了花朝节的"传统",带来了新"传统",节日参与者有着从"大众"到"小众"再回归"大众"的变化过程。可喜的是,花朝节并没有因为汉服爱好者的重构,而被汉服社群据为己有,大众仍能够在节日重构中拥有主动性。汉服爱好者有意让大众共同参与、亲身体验,比如参与汉服巡游,参加花神投票等。大众通过现场或者事后的评价、选择是否参与节日、传承节日等行动,表达自己的态度。此外,花朝节已经列入湖北省、浙江省、福建省等地的非遗名录,这为花朝节赋予了官方的认可,大众可以通过与官方的联系表达他们的意见。花朝节本身就来自民间,重构后的节日理应向大众开放,倾听大众的意见,努力回归大众。

把握"小众"与"大众"共同的生活愿景是花朝汉服节延续的动力。实际上,"小众"与"大众"都是民间文化中的成员,有着相通的期许。花朝汉服节上,汉服爱好者和普通大众纷纷参与赏红护花活动,在花枝上系有彩帛、福签，一如文献中所载“剪五色彩缯，黏花枝上”[①]。远远望去，树上鲜红的丝带飞扬在空中，表达着所有参与者对美好的共同向往。在和睦的节庆氛围中，花朝汉服节重构中的主体印记和商业化色彩便能够让大众不至于反感，甚至乐于接受。

在多元文化背景下，节日重构中趣缘群体的参与并不是洪水猛兽，他们对节日传统进行再加工、再创造，主动谋求文化的展示和推广，重振传统文化，融合传统资源与现代资源，刺激大众重新发现、深入了解传统。可以作为例证的是，花朝汉服节的组织者着力于营造传统文化的氛围感，将开笔礼、民间舞等民俗文化搬上舞台。趣缘群体个性化的重构并不是对原有传统的“侵蚀”，而是激活本土传统的钥匙，趣缘群体自身的文化也成为传统复兴过程中可以取用的宝贵资源。传统节日自其产生以来就一直处于不断的重构之中，其中既有普通俗民的自发调整（这种自发调整是民俗事象开放性的表现，也是其得以长期传承的重要原因），也有官方或精英人物出于种种目的对节俗的自觉改造。[②] 小群体创造性的节日重构应被予以正视和包容，其重构的成效理应被客观地评价。

民俗文化始终处在流动、变迁和重构中，经由“小众”、回归“大众”的传统节日重构呈现出个性化与大众化的双重特点。作为“民俗”之“民”，人们需要意识到自己是民间文化的主人，享有节日传统，在节日参与中消除隔膜感，体验到满足感、归属感。

结　语

花朝节的重归与汉服的复兴息息相关，汉服爱好者为花朝节留下了趣缘群体的痕迹。一方面，花朝节的重构彰显汉服爱好者的个性，增强重构者主体的文化表现力。另一方面，花朝节的重构吸引广大受众，促进不同群体的沟通交流。从实际调查中不难发现，汉服爱好者重构的诸种花朝汉服节节日活动环节得到的反响不一，通俗易懂、主题鲜明的环节使民众沉浸其

① （清）顾禄撰，来新夏、王稼句点校：《清嘉录　桐桥倚棹录》，中华书局 2008 年版，第 71 页。
② 参见刘魁立、萧放、张勃等：《传统节日与当代社会》，《民间文化论坛》2005 年第 3 期。

中，而晦涩难懂、程序烦琐的环节令民众望而却步。可见，节日重构者须重视民众对于民俗事象的反应和接受程度，尊重民众的审美偏好和能动选择。

值得反思的是，由于不同地区之间联系的增强，很多地方的花朝节活动形成了相当大的共性。在全国性的节日文化推广之下，如何实现节日共性与个性的并存是亟待解决的问题。文献记载中各地花朝节风俗各有不同，在湖南攸县，民间男女一岁多的要蓄顶发，十二三岁的则蓄鬓发；在浙江乌程县，士女皆摘蓬叶插于头；大理城内，人们身着民族盛装，精心装饰盆花；壮族男女对歌求爱，互抛绣球，赠送信物。[①] 如若各地能够打造具有地域特色的花朝节品牌，将会有力促进花朝节的多样发展。

总而言之，趣缘社群主导的传统节日重构需要在本群体与大众的交流中磨合，寻找到二者之间的平衡点。节日重构不必拘泥于传统的原封不动、固守社群的边界，而应重视大众的审美意趣和情感体验，调动人们交流互动的积极性。学术研究须倾听重构者的观点，观察群体的交流互动，更好地理解民众的生活世界，在当下动态的日常生活语境中考察传统节日的重构实践。

① 参见周武忠：《中国花文化史》，海天出版社2015年版，第249～250页。

记忆、精神与资源：作为公共仪式的东北满族节日重建*

邵凤丽**

摘　要

社会转型时期，中国乡村社会出现了村落公共精神和公共道德式微的“个体化”现象。与此同时，一些大型公共节日也在悄然兴起，甚至成为一些乡村中新型的生活方式与发展资源。作为村落公共仪式，东北地区满族节日的重建是满族民众传承民族集体记忆、强化自我身份认同的重要方式，也是他们建构村落公共精神的过程。在此基础上，部分村落对传统节日习俗进行创新，试图将节日转化为村落发展的有效资源。作为公共仪式的满族节日重建，是社会转型时期东北地区乡村生活变迁的直接反映，也是满族民众适应外在生活变化的应对之策。

关键词

满族节日；公共仪式；重建

作为“一宗重大的民族文化遗产”，传统节日既是民众年度生活中的重要节点，在传统社会生活中发挥着极为重要的作用，又是民众精神信仰、伦

* 本文系2018年辽宁省社科基金青年项目“社会治理视域下辽宁满族节庆仪式的重建与创新研究”（项目编号：L18CMZ002）阶段性成果，2020年辽宁省教育厅科研经费项目“社会转型时期东北地区家谱新修与区域社会治理关系研究”（项目编号：LJC202028）阶段性成果。

** 邵凤丽，辽宁大学文学院副教授。

理关系、娱乐休闲、审美趣味与物质消费的集中展现，具有丰富的历史文化内涵。[①] 然而，随着时代的变迁、社会的转型发展，当下传统节日正面临复兴与重建的重要问题。

传统节日的复兴与重建，直接受到乡村社会结构和文化观念的影响。20 世纪 80 年代以来，在现代化、城镇化、市场化等诸多外力的促动下，传统乡村社会结构和文化观念都发生了极大变化，甚至出现村落公共精神和公共道德式微的"个体化"现象。[②] 与此同时，一些大型公共节日也在悄然兴起，甚至成为一些乡村中的新型生活方式与发展资源。事实上，两种截然不同的生活状态正反映出处于转型时期中国乡村社会的多面性与多元化特征。对大型公共性节日仪式的关注，也为当下节日研究的日常生活转向提供了鲜活个案，同时也为乡村振兴研究提供了新课题。

近年来，民俗学界开始转向日常生活研究。譬如，刘晓春指出，民俗学的日常生活研究，不是以日常生活为对象，而是以日常生活作为目的和分类的方法，重新把握现代社会中的民俗现象，在流动的、意向性建构的"共同体"中探究民俗的意义。[③] 在具体的操作过程中，要回到民俗的实践主体，探究在不同语境中，不同的实践主体传承民俗、跨媒介传递民俗、跨语境转换民俗的动机、需求与目的，且在这一过程中，民俗发生了怎样的变化，生成了哪些新的意义。[④] 萧放和鞠熙也强调："以实践为中心的民俗学研究，不是极其细致地描绘具体事件或个人行为，而是发现事件之中各类因素在时间与空间中的联系，并描摹这些联系变化的轨迹。这些联系及轨迹都通过身体性的行动展现出来，但同时也被话语所讲述和反思。"[⑤]因此，实践民俗学要求我们通过民俗现象去倾听实践主体自己的解释，理解他们的生活世界。秉承上述研究路径，本文通过对辽宁、吉林两个省份五个田野点的调查，呈现东北地区满族大型节日的重建状态，分析作为公共仪式的节日属性，探究

---

① 参见萧放：《传统节日：一宗重大的民族文化遗产》，《北京师范大学学报》(社会科学版) 2005 年第 5 期。

② 参见阎云翔：《中国社会的个体化》，陆洋等译，上海译文出版社 2012 年版。

③ 参见刘晓春：《探究日常生活的"民俗性"——后传承时代民俗学"日常生活"转向的一种路径》，《民俗研究》2019 年第 3 期。

④ 参见刘晓春：《探究日常生活的"民俗性"——后传承时代民俗学"日常生活"转向的一种路径》，《民俗研究》2019 年第 3 期。

⑤ 萧放、鞠熙：《实践民俗学：从理论到乡村研究》，《民俗研究》2019 年第 1 期。

大型节日重建与乡村生活变迁之间的内在关联。

当代重建的大型满族节日，按性质差异可以分为两类。一是传统的内聚型节日。这类节日重在对传统节日的传承，以神灵信仰、血缘伦理为精神核心，以本地民众为主要参与群体，形式上沿袭传统的节日仪式。二是新型的开放共享型节日。此类节日突破地域、民族限制，并在传统节日神灵信仰、血缘伦理等精神核心基础上，重点将传统节日作为独特的地方文化资源，通过对节日仪式的建构，旨在将节日打造成展现满族文化的象征场域，以此推动民族文化、乡村社会的发展。

一、传统内聚型节日的现代传承

当下的乡村社会正在经历着剧烈的转型，大量人口外流，村落出现空心化、老龄化现象，加之现代科技改变了原来的劳作方式，网络信息技术又不断带来信息冲击，这些都直接影响了乡村社会的发展。在这种情况下，作为村落岁时生活的重要构成，传统节日能否继续保持新鲜活力、服务于村落社会的发展呢？对此，萧放指出："中国传统节日近代以来经历了从衰微到复兴的过程，当代传统节日处在复兴与重建的历史关口，如何使传统节日成为传承民族文化的载体，并适应现代社会的需要是我们必须回答的问题。"①

节日的重建首先需要依赖相对稳固的村落空间。辽宁P村是一个具有300余年历史的满族村落。20世纪70年代，因当地修建水库的需要，P村整体进行了迁移。村落搬迁后，部分村民外迁，现在村子里约有住户300户，其中满族约占总人口的70%。这些满族家庭基本都是爱新觉罗·密雅纳的后裔。

满族历史上十分崇拜关帝，据邓子琴考证，满洲尚跳神，无论富贵贫贱，皆于室内供神牌，最尊处所供奉之神为观世音大士，次为关帝，次为土地，故用香盘三也。② 满人从前只知祭天、祭朱果仙女、祭长白山神，并不知道祭别的神。清太祖建国之后，满人向明朝要神像，明朝送来观音菩萨、关帝、土地

① 萧放：《传统节日的复兴与重建之路》，《河南社会科学》2010年第2期。

② 参见邓子琴：《中国风俗史》，巴蜀书社1988年版，第326页。

三尊神像，满人才开始信仰关帝。受历史传统的影响，P村人信仰关帝，且没有因为社会转型、村落搬迁而中断。

对于P村人来说，村落中最神圣的空间要数关帝庙，村民称为家庙，庙门口的石坊上写着“祭祖祠”。P村原有关帝庙，村子搬迁后，经过村民们多年的努力，现在又重新修建了一座关帝庙。该族族谱《爱新觉罗宗谱·密雅纳支》记载，家庙位于P村西北，面积约600平方米。建筑主体位于水沟边，不占耕地面积，后东殿主体关帝庙一间，西殿菩萨一间，东南角有钟楼，前殿祖先堂子一间，西间是看护舍，还有没建完的满族历史文物馆，道前建有牌坊一座，气势宏伟。[①] 这座家庙在2003年建成，主要建筑、供奉神灵与宗谱中的记述略有差异，现在家庙的东殿报恩堂里供奉关帝，西殿菩萨殿供奉华严大师、南海大士，在西殿南侧是坐西朝东的祖先堂，供奉满族八位祖先。祠堂大门外的西南方还有一个较小的屋子，里面供奉胡三太爷、子孙娘娘、十不全三位地方神。除了这些房屋建筑外，小广场上主要是钟楼和索罗杆，钟楼上悬挂的是一口已经残破但却能证明家庙二百多年历史的古钟。另外，祠堂墙外东北方有一个小庙，里面供奉着城隍、土地。宗谱中所说的满族历史文物馆目前还未建造。

这座家庙占地面积虽然较小，房屋建筑也较为简易，但这已经是肇氏族人多年努力的成果。当初，为了筹集修建家庙的经费、争取土地，以肇江耀[②]为主要带头人的肇氏族人花费了大量的时间和精力，协调各种关系，从最初的一间房子，后逐年修建，扩展到现在的四间房子，一个小院子。对于一个经济并不富裕的东北乡村来说，建造这样的家庙非常不易。庙里的功德碑上记载了历年来捐资者的名字和捐资数额，多是50元、100元和200元，捐500元以上的人很少。可以看出，这个家庙虽然占地面积较小，修建得也十分简单，但已经是倾全族之力而建造了。

家庙建筑虽然简单，且建在村外，却是最聚人气的地方。每年有三次大型活动，分别是阴历正月初五（接五路财神节）、五月十三日（祭关帝日）、八月十五日（关帝诞辰日），其中五月十三最热闹。

---

① 《爱新觉罗宗谱·密雅纳支》上册，肇氏族人提供，第20页。

② 肇江耀，男，曾主编《爱新觉罗宗谱·密雅纳支》，也是肇氏家庙重建的核心人物。

对于P村人来说，五月十三既是祭祀关帝的重要日子，也是肇氏族人祭祖的重要日子。每次活动之前，为了保证仪式顺利进行，村民会自发进行任务分工。主要祭祀活动都由肇江耀负责，他的儿子、侄子等年轻人帮衬。村里女性主要负责打扫院子、看护各处的香火，部分年轻女性充当司仪。近年来，他们自发从网上购买了满族服饰，女性服饰主要是旗袍、花盆底鞋和旗头，男性主要是长衫马褂，他们认为这样的服饰不仅好看，而且能显示出自己的满族人身份。来祭祖祠参加活动的人除了P村本村人外，还有很多外来人。一是外迁到沈阳、辽阳、鞍山等地的P村人，常常要赶回来参加仪式；二是周围村落的满族人，还有非满族人。在当地，人们认为关帝很灵，五月十三许愿更灵，所以大家都要在这一天来祭拜关老爷。

来祭拜关老爷首先要给关老爷献祭，即领牲仪式，这是五月十三最核心的仪式活动。目前村内只有肇江耀老人能完整地操持所有环节。按照满族传统，祭祀关帝要用猪做牺牲，且是无杂毛的黑色公猪。以前祭祀猪要由专人饲养，现在则从市场上购买，但一定要求是无杂毛的黑色公猪。仪式大致流程如下：众人先将黑猪抬到关帝庙门前，猪头朝东，肚子朝北，背朝南；猪左前腿系上红绳；助祭用笤帚在猪身上来回扫几下；全体族人跪下，由祭主[1]领牲，即将热酒灌入猪的左耳朵，待猪用力摇动耳朵即为领牲成功；这时，助祭人恭读祭词，众人磕头行礼；领牲之后，村民将猪抬下去宰杀，等收拾完毕后，再次拿到供案上"摆件子"，即用猪头、猪蹄、尾巴等摆成猪的形状，供奉给关老爷；最后放鞭炮，村民们陆续祭拜关帝、祖先。近年来，族人创作了一首族歌，名为《长白山与布勒湖》，祭祀期间用广播循环播放。

五月十三的最后一个高潮是集体聚餐——吃福肉。按照满族的传统，祭祀猪的肉必须吃掉，不能卖掉，否则是对神灵的不敬。所以人们要做福肉，大家一起分享。人们相信只有吃了福肉，才会得到关老爷、祖先的庇护，一年福顺安康。有时，为了让远来的族人能够早点吃上福肉再返程，祭祀仪式在清晨三四点钟就要开始。以前，聚餐的菜品没有特殊规定，主要是吃福肉。近年来，为了突出满族特色，聚餐的菜品改为满族八大碗。

① 按照P村的传统，祭主要负责出钱购买一头或三头祭祀猪。通常情况下，某人在关帝庙里许愿，待愿望实现后，他要作为祭主回来还愿。

人们对生活的看法并不是受特定的物质条件决定的，相反，人们对生活的看法（即人类学者眼中的“文化”）决定着人们物质生产、交换和消费的方式。[①] 在社会发展中，尽管外在的生活环境会发生种种变化，但是作为一种传统，节日习俗会比较稳定地被人们不断重复实践着。其在现代生产生活空间中得到传承，并被赋予新的时代功能，以新的方式和途径进行再生产。作为村落公共仪式，重建后的五月十三基本活动都是对传统的沿袭，杀猪祭神、祭祖的节日仪式被较为完整地保存下来。整个过程也都是村民自发组织和参与，没有受到过多外部力量的干涉。对于P村人来说，五月十三是他们祭神、祭祖的大日子，对神灵的信仰和强烈的伦理意识，促使他们自然而然地将这一传统延续下去。五月十三的主要活动就是祭祀，虽然近年来也增加了穿满族服饰、跳满族舞蹈、播放满族歌曲等新的活动，但是祭祀活动无疑是这一天中最神圣的仪式。中国传统节日的精神核心是神灵信仰与家族伦理，这是传统节日的魂灵。[②] 正因如此，五月十三才能在中断之后，克服重重困难顺利重建，并继续对P村人的生活产生影响。同时，对关帝、祖先的信仰，也是P村人处理现实生活问题的一种历史资源。P村人相信关帝、祖先十分灵验，生活中遇到问题时会来祈求保佑。这种“民俗性”[③]的思维方式，不仅在P村内部得到了传承，即使是那些已经外迁的人们，也会按照这样的思维方式处理他们的生活问题。在长达300余年的村落发展历史中，曾有大量族人外迁，尤其是20世纪70年代村落搬迁时，外迁的村民很多，但是这些人在五月十三还会回到村里参加活动。在他们遇到困难时，会去关帝庙许愿，等愿望实现后，他们会非常高兴地出钱购买祭祀猪，自己作为祭主，参加领牲仪式，向关老爷还愿。

克利福德·格尔茨（Clifford Geertz）曾言：“我以为所谓文化就是这样一些由人自己编织的意义之网，因此，对文化的分析不是一种寻求规律的实验

① 参见王铭铭：《萨林斯及其西方认识论反思——〈甜蜜的悲哀〉代译序》，王铭铭：《非我与我——王铭铭学术自选集》，福建教育出版社2000年版，第161页。

② 参见萧放：《传统节日的复兴与重建之路》，《河南社会科学》2010年第2期。

③ “民俗性，就是实践主体在意向性生成的语境中，运用既有的心理图式（民俗知识与传统，以及现代社会图式化的媒介知识）感知、表象现实生活世界，并且赋予其意义，即通过神话化、传说化、故事化、寓言化、谚语化、仪式化等民俗化方式建构一种现实感，这种通过各表象建构起来的现实感，虽然与现实之间存在着距离，却具有其社会文化意义。”（刘晓春：《探究日常生活的“民俗性”——后传承时代民俗学“日常生活”转向的一种路径》，《民俗研究》2019年第3期）

科学，而是一种探求意义的解释科学。我所追求的是析解（explication），即分析解释表面上神秘莫测的社会表达。"[①]对于P村村民来说，作为公共仪式的五月十三是他们祭祀关帝、祭祀祖先的重要节日，重建五月十三就是他们的"社会表达"，他们正在进行自己的文化再生产。在当下P村村落生活中，五月十三的重建具有延续历史记忆、凝聚族人、增强个体身份认同、促进村落和谐等多方面的社会功能，同时也是P村人充实自己的精神世界、应对现实生活的重要支撑力量。

二、开放共享型节日的建构与发展

当下满族节日发展中，出现一种新的发展趋势，即将传统的节日打造成极富满族文化特色的开放共享型节日，突破原有的民族与村落限制，在更加广阔的空间中推动满族传统节日的重建与发展。

（一）村落空间中的开放共享型节日

村落是节日仪式举行的重要空间，满族节日也成为很多满族村落寻找自我发展道路的重要选择。当下，民俗传统是乡村振兴的重要文化资源。开展乡村集体活动是增强乡村团结的重要方式，也是乡村治理的有效手段。如果一个乡村没有集体活动，没有公共活动，它不可能凝聚起来。[②] 合理发掘传统节日资源，可以促进乡村社会发展，也能助推乡村社会治理。

1.传统节日的转型发展

Y村是传统的满族村，也是辽东地区唯一的爱新觉罗后裔聚居村，被市旅游局批准为满族民俗旅游定点村，也是第四批国家级历史文化名村。该村满族人口占全村人口总数的95%以上，肇姓（爱新觉罗氏）人口最多，约占总人口的40%，还有佟姓（佟佳氏）、富姓（富察氏）、关姓（瓜尔佳氏）、那姓（纳喇氏）、李姓（李佳氏）等满族姓氏。

① [美]克利福德·格尔茨：《文化的解释》，韩莉译，译林出版社1999年版，第5页。
② 参见萧放：《民俗传统与乡村振兴》，《西南民族大学学报》（人文社会科学版）2019年第5期。

Y 村历史悠久，1686 年，与努尔哈赤同宗的爱新觉罗·阿塔受命从北京回永陵任职，途经 Y 村时，将随行的六个儿子安顿在此定居，后来子孙后裔不断繁衍。Y 村从阿塔六子自康熙年间落籍于此，历经 300 余年，始终以肇姓为主。他们目睹了清王朝的兴衰盛败，经历了荣耀与没落，是关外满族以及清皇族发展变迁历史的活见证。①

Y 村是一个农业村，在社会转型过程中，村落经济发展较为缓慢。近年来，为了谋求 Y 村的未来发展，村委开始着手进行历史文化资源的开发。其中一项活动是举行大型清明祭祖活动。因为 Y 村是阿塔后裔的祖居地，又是历史文化名村，拥有特殊的历史资源。清明活动由村委会和沈阳市满联联合举行，并通过微信群、公众号等媒介，发出邀请函，广邀各界人士齐聚 Y 村，共谋村落发展。

清明节是满族的大节，主要活动是上坟插佛托。Y 村清明节祭祀的对象是 Y 村的三位重要祖先，即阿塔、阿塔的父亲龙锡及哥哥阿哈。为了让祖先得到更好的祭祀，也为了将清明祭祀活动办得隆重，有影响力，肇氏族人于 2013 年清明节集资将龙锡、阿哈、阿塔的墓地培修完整。2014 年清明节，族人又为龙锡立碑。之后，又陆续为阿塔、阿哈立碑。作为举行清明祭祀仪式的空间场所，肇氏族人首先要对祖先的墓地进行修整，然后在此举行祭祀仪式。

2019 年清明节祭祖活动分成两个环节。前一天是不允许外人参加的肇氏族人祭祖，第二天是公祭活动，允许并邀请众多其他姓氏和民族的人前来参加、观礼。其中，公祭仪式主要包括两个环节，先在村委会的广场举行的纪念活动，由负责人主持，并邀请喜登萨满②进行祈福。之后，前来参加活动的满族人拿着佛托，到墓地祭祀。到了墓地之后，人们将佛托插上。肇氏族人先向族人讲祖先历史，主要是阿塔的做官经历；接着宣读祭文，讲述祖先的丰功伟绩，表达族人对祖先的崇敬之情；最后再行跪拜之礼。

祭祀队伍从山上墓地回来之后，开始进行下一个仪式环节——分享福肉。仪式的最后是聚餐，品尝满族传统特色美食——传统酿酒、自制大酱、

① 参见张晓琼、何晓芳主编：《满族——辽宁新宾县 Y 村调查》，云南大学出版社 2004 年版，第 4 页。

② 喜登萨满，即公共萨满，近年来出现的一种职业萨满。

酸菜、黏火勺、苏耗子、驴打滚、黏豆包、酸汤子、杀猪菜、满族八大碗等。

在Y村,传统的清明节没有集体祭祀活动,都是村民以家庭为单位自行上坟插佛托。现在,转变为由村委会和满联一起组织大型集体祭祖,参与群体除了肇氏族人外,还有很多其他姓氏及民族。Y村是历史文化名村,村委有意把清明节打造成为一个开放共享型的新型节日,将节日作为该村的一项文化资源予以开发,希望借此机会提高Y村的知名度,发展旅游、招商引资,进而实现乡村振兴。

对于Y村村民来说,清明节有历史传统,是他们一直在过的节日。但是,近年来的公祭仪式对他们的影响也十分明显,有了公祭仪式,村落历史得以重现,民族身份更加被重视,仪式确实产生了实际影响。但是与组织者的初衷相比还相差较远,清明节外来参与群体的数量并没有达到他们的预期,也没有给村子的发展带来显著的效果。对于未来的清明节要如何举行,Y村人也较为迷茫。

上述现象反映出节日的重建不仅是仪式和物质层面的重建,更重要的是精神内核的重建。具体看来,阿塔、龙锡和阿哈是Y村肇氏族人的祖先,对祖先的祭祀能够起到慎终追远的作用。但是对于非肇氏后裔,尤其是非满族人来说,阿塔、龙锡和阿哈只是历史人物,并没有太多的特殊意义。插佛托作为一种独特的文化形式,可以被观看、消费,但是参观者无法体会里面蕴含的祖先信仰、血缘伦理的深刻内涵。因此,初次的新鲜感过去之后,他们很少会再次选择来这里过清明节。从Y村清明节的建构可以看出,当下节日的建构需要重视精神核心的有效传递。

2.传统节日的展演式发展

在传统社会,节日属于具体的一个村落或数个村落,具有鲜明的内聚性,节日的传承以满足村落内部民众的需求为直接目的。但是随着社会的不断发展,当下满族节日正在逐渐发展成为全体满族人回忆过去、重拾民族身份的一种仪式行为。

J村是传统的满族村落,近年来被市民委批准为少数民族村、满族文化传承保护区,正在参加建设满族特色小镇。为了彰显满族村落特色,J村在村内修建了一处神堂。这个神堂不同于某个家族用来祭祖、祭神的神堂,里面供奉着所有新旧满洲各姓氏各家族的祖宗、神灵和《八旗满洲氏族通谱》。

按照满族传统，神堂原来只是皇族的祭祀场所，而J村的神堂是所有满族人的祭祀场所。

神堂建好之后，在村民NY[①]带领下，J村逐步恢复了满族传统节日，按照时间序列，依次是春节、正月十六放偷日、填仓节、二月二引龙、清明插佛托、五月节、乞巧节、八月节、颁金节等，且对每一个节日习俗都进行了重建。如2019年五月节共有十余项民俗活动，折艾草、绣荷包、剪葫芦窗花、挂葫芦、系五彩线、包苇叶粽子、撞蛋、骑马射柳、斗草、拉地弓、投壶、捕鱼、祭祖、歌舞、品尝六套碗等。这些活动一部分在神堂里面举行，另一部分在村落周围的场地进行。参与的人除了十几位村民外，还有前来采访的电视台记者和高校调研团队。据NY讲述，他以前也不知道五月节有这么多活动，平时家里只有包粽子、折艾草、挂葫芦等几项民俗活动，后来经过查阅文献资料，向学者咨询，才发现满族五月节节俗活动丰富。经过细致查找资料之后，加之电视台要来拍摄五月节活动，他们便开始着手准备，要举办一个活动丰富的五月节。

J村村民主动恢复传统满族节日习俗，在重建满族节日方面做出了诸多努力，也产生了一定的积极影响。尤其是对外宣传方面，通过报纸、电视台等媒介，J村已经被打造成为典型的满族村落。但是从村落内部的参与人群方面看，目前仅限于以NY为首的少数村民，其他更多的村民并没有参与到节日当中。即使是对参与的村民来说，这些节日都是发生在神堂或其他公共空间，而不是发生在自己家、墓地等节日的原初空间。尤其是当很多外来人在观看他们的节日仪式时，他们自己就成为仪式的表演者。虽然他们自身都是满族人，但是对很多满族节日活动并没有生活体验，而是通过书籍、网络等方式获取节日知识，然后再将这些知识转化为行为。

J村重建满族传统节日，具有一定的积极意义。节日重建能够为满族民众提供记忆历史的场域，有利于满族民众增强自身的民族身份认同，也能彰显J村的村落文化特色。但同时，由于空间的替换、仪式的移植，一些传统节日的精神核心还没有被实践主体所领悟、深植于内心，展现在人们面前的更

① NY，男，满族，近年来积极参与满族传统文化重建，曾主持修建J村神堂、组织各种满族文化活动。

多的是作为民族文化标志的物质符号。因此，在现代生活中，传统节日需要现代转型，也需要被更多的人关注，但是作为民族文化的重要载体，传统节日的精神核心还需要精心呵护、培养和传承。

（二）都市空间中的新节日——颁金节

在满族节日序列中，颁金节是一个新的节日，但是近年来得到了较快的发展。“颁金节”在每年的农历十月十三日。“颁金节”源自满语“颁金札兰”，“颁金”满语为“生”“生成”的意思，“札兰”满语为“节日”“喜庆之日”的意思。“颁金节”还有“诞生日”“命名日”“纪念日”等多个名称，是庆祝满族族名诞生的节日。这一节日称谓最早始于1989年。当年在辽宁丹东召开了中国首届满族文化学术研究会，会上学者倡议将农历十月十三日定为满族的诞生纪念日，源于皇太极在1635年农历十月十三日发布谕旨，正式改族名“女真”为“满洲”。从那年以后，每年农历十月十三日，辽宁、吉林、黑龙江、河北、天津、北京、新疆等满族聚居地区，满族民众都会举办丰富多彩的颁金节庆祝活动，至今已有40年的发展历史。

从节日内容上看，颁金节时满族民众欢聚一堂，通过举办满族传统祭祀活动、传统娱乐与竞技活动，品尝满族传统饮食以及举办满族书画艺术展活动，重温自己的民族文化，增强对满族文化的认同和喜爱。

按照参与群体分类，颁金节主要有两种模式。一是以满族精英为主体的大型庆祝活动。如2017年11月12日，长春市满族第23届颁金节庆祝活动在长春市吉食吉宴酒店举行。2018年11月18日，来自多省地的数百名满族人齐聚长春，共同欣赏了长春市第二十五届满族颁金节文艺演出，主要有满族歌曲《子孙万代歌》，满族舞蹈《祈福中华》《满风神韵》，还有旗袍秀等节目。二是以普通满族民众为主体的体验式庆祝活动。如吉林市满族博物馆举行的颁金节庆祝活动。该馆从2015年承办了满族颁金节380周年活动之后，每年都举行满族颁金节主题的活动。活动都在博物馆内进行，主要有满族文化历史讲解、满族说部讲唱、满族服饰展示、满族文字书写、满族剪纸展示、满族歌曲表演、满族游戏体验以及萨满祈福活动。活动的表演者主要是博物馆工作人员，还有部分外请的非遗传承人。在一些地方，也有将两者进行融合的形式，如2016年新宾满族颁金节既有喜塔腊氏（图氏）祭祖仪式，也有满族传统秧歌展演、满文书法笔会和新宾满族自治县2016年颁金节联欢会。

对于满族民众来说，颁金节是不是传统节日其实并不重要，重要的是通过这种仪式化和制度化的节日活动，民族曾经辉煌的历史能够得以追溯，民族身份得到确认，民族认同得以加强，民族文化得以传承。可以说，举行颁金节仪式活动，不仅唤醒了参与者的民族意识，也增强了他们的民族认同感，而节日现场的满族文化因子和活动展演中的满族文化元素更强化了他们的深层记忆。所以，节日内容是否具有传统性是次要的，重要的是节日中所体现的民族情感与象征意义。[①]

结语

在社会转型时期，节日研究要回归日常生活。回归日常生活的节日研究要求将节日实践主体的生活诉求作为节日问题讨论的出发点与终点。我们应从节日实践主体的角度出发，理解当代节日重建的动因、具体实践的过程以及作用，还要总结节日重建的特征与存在的问题，这或许可以为理解"个体化"时代里作为公共仪式的大型节日活动的存续动力提供一种合适的思路。

通过调查发现，在"个体化"时代，一些东北满族村落正在积极推进作为公共仪式的节日重建。在村落精英、村民、村委等多元主体的共同努力下，P村、J村和Y村等已经陆续开始了传统节日的重建活动，并取得了一定的成效。究其原因，一是节日传承惯性的推动。近年来，随着外在宽松的社会文化氛围，民俗节日传统得到重建的机会。在拥有节日传统的村落中，人们自然而然地利用已有的节日传统，延续自己的生活。二是彰显民族文化特色。为了凸显自己的民族身份和文化，满族民众会主动地选择过满族节日，确认自己的民族身份。三是谋求村落发展的直接目的。随着时代的发展，村落面临着如何发展的难题，满族村落需要找到可以发掘的资源，服务于村

① 参见谢红萍：《节日的构建与都市的想象——以北京市满族颁金节为例》，《满族研究》2017年第3期。

落发展的现实需要。

在具体的节日重建过程中，主要是恢复节日习俗，并增添一些具有满族文化特色的物质符号，如旗袍、马褂、旗头、花盆底等满族服饰，还有驴打滚、萨其马、八大碗等满族饮食。这些传统习俗、民族符号是满族民众传承民族集体记忆、强化自我身份认同的方式，因此会得到满族民众的选择。在当下村落生活中，大型公共集体节庆仪式的重建过程还是村落公共精神培育的过程。诚如王霄冰所言："过节既费事又花钱，从平日的生活逻辑来看一点也不经济实惠，但节庆活动所取得的公共效益和文化效益却是不可低估的。过节的真正意义，并不是为了物质的增值，而是为了精神文明的建设，为了统一人们的礼仪规范与道德价值观念，为了建立一个美好和谐的社会环境。"[①]清明祭祀祖先，告诉人们要重伦理、守孝道；五月十三祭祀关帝，告诉人们要忠勇、仁义；春季填仓，告诉人们要感恩自然……正是通过这些传统节日的重建，伦理孝道、忠勇仁义等村落精神才得以再现，并为"个体化"时代的日常生活提供绵绵不断的精神动力。

尽管当下东北满族传统节日重建发挥了积极的作用，但是传统节日要想在当下得到更好的传承与发展，必须遵循节日发展的内在逻辑。当下节日的重建，既是历史传统得以传承的过程，也是不断自我创新发展的过程。传承与创新无疑是当下满族节日发展过程中的两面性。在社会转型时期，节日重建需要注重三个主要方面，即节日物质体系、节日仪式活动和节日精神核心。[②] 当下，满族节日重建，人们将重点放在了外显的物质体系和仪式活动的重建方面。其中，在物质体系重建方面，满族旗袍、马褂等民族服饰，八大碗、萨其马等满族饮食已经成为节日的必备要素；在仪式重建方面，清明插佛托祭祖，端午包粽子、挂艾叶，春节杀黑猪祭祀……可以说，物质体系已经在节日重建中得到了较为充分的体现，仪式活动也按照传统的方式得以恢复。与之相比，节日精神核心的重建与发展却较相对滞缓。信仰和伦理是传统节日的精神核心，如何将其与现实生活结合，是当下满族节日重建的一个难题。尤其是那些脱离了原来的生存环境的开放共享型节日，如何

① 王霄冰：《节日：一种特殊的公共文化空间》，《河南社会科学》2007 年第 4 期。

② 参见萧放：《传统节日的复兴与重建之路》，《河南社会科学》2010 年第 2 期。

让实践主体深刻理解节日的精神核心，并让外来的参观者也了解、体会传统节日的核心精神，而不仅是参观、消费外在的物质体系和节日仪式，尚任重而道远。因此，作为公共仪式的东北满族节日重建，还需要在实践中不断摸索经验，寻找更加合适的方式，实现节日精神核心的有效传承与发展。

礼俗互动视角下地方节庆的建构实践
——以中国（象山）开渔节为例

杨　涛*

摘　要

海神祭祀在我国有着悠久的历史。浙江省宁波市象山县作为全国重要渔区，在民间有着上千年的祭海开洋传统。1998年起，象山县政府开始举办开渔节，将民间开船仪式、祭海仪式等开洋活动纳入官方话语体系，建立起独特的海洋节庆品牌，成功带动地方经济发展。在开渔节兴起的同时，民间积极扩大开洋活动规模、举行妈祖如意信俗活动，使相关项目入选国家级非物质文化遗产代表性项目名录，并被吸纳到开渔节活动中。随着相关非遗保护工作的落实和开渔节民众参与度的提升，民间不仅获得了仪式和信仰活动的正当性，而且达到了提高社区知名度、增加收益的目的。在礼俗互动机制的作用下，政府与民间形成合力，促使开渔节不断发展壮大，成为象山县对外宣传的名片。

关键词

礼俗互动；地方节庆开渔节；渔文化

* 杨涛，浙江师范大学国际文化与社会发展学院硕士研究生。

在中国几千年的历史发展进程中，民间信仰和祭祀仪式一直在人们的生产生活中扮演着十分重要的角色，而海神崇拜和祭祀恰是其中传承较广、影响较深的一种。浙江省宁波市象山县作为全国渔业大县，在民间有着上千年的海神祭祀传统。1998 年，象山县政府以民间传统的、自发的开洋活动为基础，首创集仪式、文体、旅游、经贸、论坛为一体的综合性节庆活动——开渔节。经过 25 年的发展，开渔节已成为闻名全国的品牌节庆。从开洋活动到开渔节，这不是一个自然演变的过程，也不是一个节庆活动被另一个节日完全继承、覆盖，仅发生名称变更的过程。在开渔节的建构过程中，可以看到民俗作为文化资源在政府主导、各方参与的开发利用之下，从“俗”到“礼”的变化，同时也可以看到这个过程中“礼”与“俗”之间互相吸收、折中、融合又相互独立的文化现象。本文试图对开渔节仪式活动从“开洋节”的诞生衍变进行梳理，分析开渔节建构过程中地方政府与民间的合力作用，借此探讨礼俗互动机制对地方节庆建构的意义。

关于礼俗互动，社会学、历史学、民俗学等不同学科背景的学者在近年的研究中多有论述。[①] 其中，张士闪的观点颇具代表性。他指出，在中国社会语境中，“礼”“俗”既是一种社会现象，又是一种话语形式，二者之间的互动实践奠定了国家政治设计与整体社会运行的基础。[②] 针对礼俗互动的社会内涵，张士闪认为“礼”“俗”二者既可分开单用，也可合为一词。分开单用时，“礼”是指制度化的国家礼仪，“俗”是指民众自然生成的生活习惯；合为一词，“礼俗”特指中国传统社会中礼俗相交、以礼节俗的一种社会状态或文化特质。溯其源流，“礼”本是先秦时期上层社会的建构，“俗”则是各地民众长期形成的生活习惯，但在中国社会语境中，二者之间的联系似乎从未割断，而一直是互动互补的关系。[③] 因此，礼俗互动并非要强调“礼”与“俗”的差异和对立，而是重在关注两者之间的联系，其精髓在于“互动”二字。关于礼俗互动的研究，其目的并不是要去分清彼此，也不是以说明“互动”为结论，而是以“互动”作为当然的前提展开论述，在梳理互动过程的基础上，揭

① 关于这一部分内容的学术史梳理，可参阅张士闪：《礼俗互动与中国社会研究》，《民俗研究》2016 年第 6 期。

② 参见张士闪：《礼俗互动与中国社会研究》，《民俗研究》2016 年第 6 期。

③ 参见张士闪：《礼俗互动与中国社会研究》，《民俗研究》2016 年第 6 期。

示事物现在所呈现的状态，以此来认识和理解现今的社会。[①] 在此基础上，李向振讨论了礼俗互动作为一种中国社会研究范式的可能性。他认为，作为学术概念的“礼俗互动”，不仅是一个描述性概念，同时还是一个分析性概念与解释性概念。[②] 简言之，借助礼俗互动的分析框架，有助于认识事物的变化过程以及社会结构与运行机制。

基于礼俗互动作为分析框架所具有的独特学术价值，学界除了从学理上对礼俗互动的概念进行探讨外，还以礼俗互动为视角开展了大量的个案研究，如张士闪[③]、赵世瑜[④]、龙圣[⑤]等学者都对某一具体的民俗事象或民俗事件展开过讨论。然而，综观目前礼俗互动的个案研究，其研究对象较多集中在华北地区。有鉴于此，本文以上述观点为主要理论参考依据，破除“礼”和“俗”二元对立的传统观念，将在东南沿海地区举行的开渔节作为研究对象，通过观察、梳理开渔节建构过程中“礼”与“俗”的互动融通，对以开渔节为代表的地方节庆的建构问题展开探讨，试图借此扩大礼俗互动个案研究的讨论范围。

一、开渔节的建构基础：民间开洋传统与东海伏季休渔

如前文所述，开渔节是继承象山东门岛原有的开洋活动，对其进行文化资源开发建构而来的仪式再生产。从历史脉络考量，象山的民间开洋活动建立在舟山的渔业生产传统和海神信仰与祭祀活动上。

在象山县，海神祭祀活动已有上千年的历史，其中又以东门岛的祭祀活动为代表。东门岛是象山县重要渔区，地处浙洋中路，南濒猫头洋，东靠鱼山渔场，北临大目洋，为东海渔场之中心，与舟山渔场一棹相通，海域辽阔，故而渔业资源丰富，岛上居民在隋唐时便以渔为业，有着悠久深厚的海神崇

① 参见陈志勤：《礼俗互动与民间信仰内涵置换的逻辑——“孝女”的曹娥和“水神”的曹娥》，《民俗研究》2016 第 6 期。

② 参见李向振：《礼俗互动：作为一种中国社会研究范式的可能性分析》，《民俗研究》2023 年第 1 期。

③ 参见张士闪：《礼与俗：在田野中理解中国》，齐鲁书社 2019 年版。

④ 参见赵世瑜：《二元的晋祠：礼与俗的分合》，《民俗研究》2015 第 4 期。

⑤ 参见龙圣：《多元祭祀与礼俗互动：明清杨家埠家堂画特点探析》，《南京艺术学院学报》(美术与设计)2018 年第 1 期。

拜和祭祀文化传统。据《象山东门岛志略》记载:“宋乾道《四明图经》载,东门山上有东门庙[①],唐贞观、永徽年间(627~655年)有会稽贾贩,‘每经庙下,无不祈祷牲礼’。”[②]由此可知,至晚在唐代,象山东门岛已经有了祭祀海神的习俗,其影响甚至超出了东门岛当地渔民之间。而到清代,东门祭祀海神妈祖的风俗已颇为盛行。清代诗人钱沃臣在《蓬岛樵歌·十三》中写道:“抹额垂红衫著绯,天门荒后崇天妃。文章信亦关司命,南阁星辉映紫微。”[③]民国《象山县志》引清代文人倪象占所作的《蓬山清话》:“天后宫,在石浦城南门外,又一在南田外,大约海裔皆祀之。”[④]可见当时地方百姓祭祀妈祖的活动已成为普遍现象。

海神祭祀活动的形成与象山渔民的生产生活密不可分。中华人民共和国成立以前,由于捕捞设备和技术的限制,象山渔民通常遵循鱼汛汛期来进行捕捞活动。农历三月二十三至六月二十三的黄鱼鱼汛作为一年中捕鱼的黄金季节,最受渔民重视。据《象山渔业志》介绍,南宋宝庆年间编纂而成的《四明志》便对象山渔民在鱼汛期捕捞黄鱼的活动有所记载:“象山多鱼盐之利……三四月,业海人每以潮汛竞往采之,曰洋山鱼。”[⑤]清雍正年间,象山东门岛渔民开始仿照福建船式样打造大捕船,每年农历三月二十三妈祖诞辰或四月初八佛祖诞辰(闰年),北上岱衢洋一带洋面,采用大捕抛椗张网作业,捕“洋山”黄鱼,至农历六月二十三日,渔船才返洋回乡进行休秋。[⑥] 其时,渔民一年的生计几乎全部仰仗于黄鱼鱼汛期间的所得所获。由于生产工具和通信技术的落后,渔民的海上作业受自然条件限制严重,存在极大风险。在无法掌控自己命运的情况下,只能寄希望于神灵,在农历三月二十三日前后通过法会、祭祀、演开洋戏等活动请求神灵保佑出洋平安、渔业丰收,而在农历六月二十三日左右顺利返乡后,渔民会再次举行祭祀活动,上演谢

① 据《东门岛志略》介绍,此庙建置在唐前,神号天门都督,宋建炎四年(1130),高宗赵构赐“祚圣庙”额。参见象山东门岛志略编纂委员会:《象山东门岛志略》(内部资料),2000年,第369~370页。

② 象山东门岛志略编纂委员会:《象山东门岛志略》(内部资料),2000年,第6页。

③ 转引自解亚萍:《象山渔民开洋节》,浙江摄影出版社2014年版,第61页。

④ 陈汉章编纂,重刊民国《象山县志》整理委员会点校:《象山县志》,方志出版社2004年版,第838页。

⑤ 象山县海洋与渔业局渔业志编纂办公室:《象山县渔业志》,方志出版社2008年版,第167页。

⑥ 参见象山东门岛志略编纂委员会:《象山东门岛志略》(内部资料),2000年,第100页。

洋戏，向神灵表达庇佑自己平安归来的感谢，同时祈求下次出洋能够一如既往的有所收获，由此逐渐形成了以祭祀仪式和演庙戏等活动为主要内容的“开洋”“谢洋”习俗。①

在经历了清雍正年间到民国时期的鼎盛期后，这一传统在1951年前后遭到了一定程度的破坏。以东门岛为例，岛上各大庙宇的菩萨、神像被捣毁，庙宇也变成学校或另作他用，一些村民只能将神像偷偷运出藏好，在需要时再进行秘密祭拜。② 之后这一情况进一步加剧，“开洋”“谢洋”的传统也被迫转入“地下”。③ 1984年以后，渔区部分渔村的开洋祭祀活动从个体的“地下”祭祀逐渐转为统一、公开的祭祀仪式，活动内容以出海前祭祀神灵为主，有的也会请戏班子演戏。④ 东门岛作为象山县重点渔区之一，较早恢复了公开的开洋活动。1984年农历三月二十三，当地举办开洋活动，内容有法会、祭祀仪式和做庙戏等。之所以将时间定在农历三月二十三，是因为这一天既是传统黄鱼渔汛开始之日，同时也是岛上保护渔民生产生活安全的海神——“妈祖娘娘”的诞辰。⑤ 由此，东门岛延续了旧时传统的开洋活动，并成为当代象山县民间开洋活动的代表。

20世纪70年代以后，随着改革开放政策的落实，我国渔业领域率先实行市场化改革，大大激发了渔业从业者的生产积极性，海洋捕捞业得到空前发展。但与此同时，毫无节制的捕捞导致海洋环境日益恶化，传统经济鱼类资源日渐衰竭。1995年，为改变海洋渔业资源持续恶化的局面，农业部正式宣布对黄海和东海海域施行伏季休渔制。该制度规定，每年7月1日至8月31日在东、黄海域实行全面休渔制度，禁止拖网和帆式张网渔船进入27°00′N—35°00′N东、黄海域生产；9月1日至10月31日拖网渔船可以在机动渔船拖网禁渔区线向东平推30海里线以东的海域作业，但须实行幼鱼比例检查制度。⑥ 同一时期，象山渔民发出了“保护海洋”的强烈呼吁，率先向国家有关部门提出延长东海渔区休渔期的建议，并被采纳。1998年，农业

① 访谈对象：韩素莲；访谈人：杨涛；访谈时间：2022年7月23日；访谈地点：韩素莲家中。

② 参见解亚萍：《象山渔民开洋节》，浙江摄影出版社2014年版，第66页。

③ 访谈对象：蒋大叔；访谈人：杨涛；访谈时间：2022年7月23日；访谈地点：东门岛景区入口。

④ 参见解亚萍：《象山渔民开洋节》，浙江摄影出版社2014年版，第67页。

⑤ 访谈对象：韩素莲；访谈人：杨涛；访谈时间：2022年7月23日；访谈地点：韩素莲家中。

⑥ 参见岳冬冬、王鲁民、熊敏思等：《完善海洋伏季休渔制度的探讨——基于东海与浙江省的实践》，《农业现代化研究》2016年第2期。

部在总结伏季休渔三年经验的基础上，对 1995 年的伏季休渔制度进行了适当调整，把东海区休渔范围扩大到 26°00′N－35°00′海域，休渔时间调整至每年 6 月 16 日至 9 月 15 日三个月。[①] 此后，东海伏季休渔制度又经历了包括休渔时间、休渔作业类型、休渔海域等方面在内的数次调整，最终形成了如今自 5 月 1 日 12 时开始，最长可达四个半月的休渔期。在东海伏季休渔制度的大背景下，象山渔民仍保持着原有的习俗，在休渔期结束，再次开船出海前，渔民们会举行相应的祭祀、祈祷等开洋仪式来求取平安和丰收。

1996 年休渔期，北京世界公园的策划者看到石浦港万艘渔轮泊岸的盛况，便建议举行以渔民为主的开船活动，时任象山县石浦镇政府党政办主任的顾德威随即将此信息传递给镇长杨继光。1997 年 8 月，有“亚洲第一飞人”之称的演员柯受良在飞跃黄河后回到出生地石浦镇探亲，表示愿意为家乡做点事，作陪的杨继光镇长便邀请其为开船活动开枪发令。同年 10 月，柯受良作为形象大使出席宁波国际服装节，向时任宁波市市长张蔚文提及此事，希望得到其支持。随后，张蔚文召集有关人员商讨相关事宜，明确表态支持，并要求有关部门尽快落实。[②] 1998 年，恰逢联合国大会命名的首个“国际海洋年”，象山县委和县政府决定借此东风，将善待海洋与唱响渔文化理念相互融合，在民间开洋传统的基础上利用官方力量进行塑造，于当年休渔期临近结束之际首创中国(象山)开渔节。[③] 首届开渔节于 1998 年 9 月在石浦镇举行，由县长出任组委会主任，县委副书记、宣传部部长陈秀忠任组委会常务副主任，宣传部常务副部长沈需范任办公室主任，具体负责实施各项筹备活动。[④]

---

① 参见岳冬冬、王鲁民、熊敏思等:《完善海洋伏季休渔制度的探讨——基于东海与浙江省的实践》,《农业现代化研究》2016 年第 2 期。

② 此说法根据时任象山县石浦镇政府党政办主任顾德威的口述整理。参见中共宁波市委党史研究室，甬派传媒编:《东海潮涌:宁波改革开放 40 年口述史》,宁波出版社 2018 年版，第270～271 页。此外，还有一个说法称举办开渔节的建议最早由柯受良在 1998 年向时任石浦镇镇长杨继光提出，随后才得到象山县委和县政府的支持。参见象山县海洋与渔业局渔业志编纂办公室:《象山县渔业志》,方志出版社 2008 年版，第 570 页。考虑到顾德威是开渔节创办时期的亲历者，故在正文中采用第一个版本，特此说明。

③ 访谈对象:冯益;访谈人:杨涛;访谈时间:2022 年 7 月 26 日;访谈地点:象山县文化建设管理科办公室。

④ 参见中共宁波市委党史研究室，甬派传媒编:《东海潮涌:宁波改革开放 40 年口述史》,宁波出版社 2018 年版，第 271 页。

二、礼俗互动：从开洋活动到开渔节

（一）以俗入礼：开船仪式的收编与改造

开洋，即意味着开船远洋，因此在旧时，开船仪式乃是民间开洋活动的重要组成部分。据《象山东门岛志略》记载，旧时东门渔船北上岱山之日，“街头巷尾，人声鼎沸，船头大红旗招展，船埠头边，送行人群如潮，鼓乐阵阵，鞭炮声声，犹如战舰出征”[①]。由此可见过去象山民间开船场面之盛大。随着生产设备和通信技术的发展，渔民捕鱼不再受鱼汛的制约，出海时机的选择更加自由，往来所花费的时间也大大缩短。因此，20 世纪 80 年代以后恢复的民间开洋活动已不再举行事实上的集体开船仪式，转而以观光船绕港巡游作为代替，传统开船仪式已经“名存实亡”。但是，1998 年创办的开渔节却恢复了开船仪式，并始终将开船仪式作为其主体活动之一。开渔节对开洋活动中开船仪式这一旧传统的恢复，不仅再现了旧时民间的开船盛况，还赋予开船仪式以新的功能。

同传统的开船仪式相比，开渔节开船仪式的最大变化在于由民间自发转变为政府主办，参与主体由单一转向多元。除传统仪式的参与者渔民外，渔区群众、政府领导、专家学者、企业代表、媒体记者以及游客等不同行业、不同性质的群体也加入进来，成为仪式主体的有机构成部分。作为地方政府在东海伏季休渔背景下举办的活动，开渔节的开船仪式在表达政府和社会各界对渔民渔业丰收、平安归来的美好祝福外，还重在传达保护海洋资源的可持续发展理念。此外，开渔节的开船仪式也成为政府对外宣传地方风貌的重要平台。

以 2022 年 9 月 16 日举行的第 25 届开渔节开船仪式为例，在仪式开始之初，宁波市人民政府副市长、象山县委书记等各级领导出席致辞，对象山县在近年取得的发展成果进行总结，并强调象山县未来的发展规划。及至仪式中段，各级政府领导共同启动开船仪式推杆，随后由民间文艺表演队、

① 参见象山东门岛志略编纂委员会：《象山东门岛志略》（内部资料），2000 年，第 100 页。

渔区渔民代表和渔姑渔嫂[①]代表带来渔灯、渔民号子、壮行酒等民俗表演，突显象山的渔文化特色。仪式最后，宁波市人大常委会主任发出开船指令，中国渔政执法船作为领航船带领首发船队驶出石浦渔港，港内红旗飘扬、千帆竞发，展现了象山县美丽壮阔的自然风光。可以看到，在整个开船仪式的过程中，政府始终以核心主体的身份贯穿其中。无论是各级领导的发言致辞和推杆发令，还是渔政执法船领衔船队出发的地位，都表明了这是一场以官方话语为导向的仪式活动。此次开船仪式通过抖音、微信视频号、电视台等多个渠道进行现场直播，不仅让远在千里之外的观众一览仪式盛况，了解象山的自然与人文风情，也为地方政府搭建起了有效的宣介平台。

综上可知，象山县政府作为国家在地方的官方代表，在东海伏季休渔制度的时代背景下对当地民间原有的开洋传统进行甄别、遴选和调整，通过拓展活动参与主体、改造活动形式和调整活动内容，将民间传统开洋活动中的开船仪式纳入地方社会公共文化体系之中。值得注意的是，在这个“以俗入礼”的过程中，象山县政府并没有将开船仪式仅仅视作一种可以直接利用的资源，从而漠视文化的真实性和整体性价值。相反，象山县政府力求扎根于民间自身的土壤，避免文化发生脱离常态的转变。乡土社会的组织系统原本是传统社会运作的机制和保障，是民众在长期的社会生活中产生、传承的一种集体性智慧。[②] 旧时民间之所以组织举办开船仪式，除了适逢鱼汛期渔民集体出海外，最重要的是为出海者送行并求取平安丰收。这种民众传统心理的惯性驱动并未随科学技术的发展而迅速消失，也正因如此，当代的民间开洋活动才会通过观光船绕港巡游的方式来填补传统开船仪式的空白，反映的是民众集体性智慧的灵活应用和对民间传统的延续。而象山县政府把开船仪式纳入开渔节活动，既保留了传统开船仪式所具有的祈福祝愿的内涵，符合民众的心理期望，又拓宽了仪式的功能边界，将其塑造为政府政策的“传声筒”和地方形象的“放大镜”，借此向外界传递政府的施政理念、树立地方形象。在充分尊重民间传统的基础上，以象山县政府为代表的官方

① 当地旧时对渔家女性的称呼，未出嫁的渔家女子为“渔姑”，婚后即为“渔嫂”。现在这一叫法的语义并未改变，但多见于文艺表演等正式场合，而不再流行于日常交流中。

② 参见赵世瑜、李松、刘铁梁：《“礼俗互动与近现代中国社会变迁”三人谈》，《民俗研究》2016 年第 6 期。

话语,也就是“礼”,成功实现了对民间开洋活动,也就是“俗”的收编与改造。

(二)以礼化俗:两种祭海仪式

何斯琴认为,民俗礼制化与礼制民俗化是礼俗互动的两条基本路径。唯有深入观察传统礼仪在当下的传承与实践,才能更清晰地思考传统礼仪对于当代中国社会的重要意义,找到延续传统的可能路径。[①] 然而在实际生活中,这两条路径并不会简单地以平行状态存在,而是错综交织,变化出上行、下行、顺行、逆行、错行、平行乃至颠覆、反转、越界、无序等等不同的运动轨迹。[②] 将这一思路带入对开渔节发展过程的观察,可以看到开船仪式所呈现的上行的“以俗入礼”现象同样也见于祭海仪式。不同之处在于,政府作为主办方对开船仪式所做的是单向利用,而开渔节对传统祭海仪式的收编和改造又反过来下行至民间,表现出“以礼化俗”的特点。

与开船仪式在民间开洋活动中呈现“名存实亡”的态势不同,祭海仪式在成为开渔节的活动项目之前仍盛行于象山民间,是当地开洋活动的必要组成部分。在象山县,民间祭海仪式通常于农历三月二十日至三月二十三日举行,可以分为个体祭拜和集体祭拜两种形式,前者由渔户在渔船中以家庭为单位开展,后者则集中在东门岛天后宫举行。1999 年 9 月,象山县政府以集体祭拜为基础,在第二届开渔节中首次举行祭海仪式。从此,祭海仪式和开船仪式一同构成开渔节的两大主体活动。2008 年,象山县政府基于“还节于民”的考虑,将开渔节祭海仪式交由渔区民众主办,由此使得开渔节祭海仪式分化出公祭和民祭两种形式。其中,公祭由象山县政府主办,举办地点位于石浦镇皇城沙滩;民祭则在东门岛妈祖神像广场举行,由渔区民众负责筹办。每年,政府会根据当年开渔节的整体规划,结合活动主题、活动经费、群众参与度等因素决定以何种方式举办祭海仪式。某些年份,如 2017 年第二十届开渔节,不仅举办了公祭仪式,还以“东门岛渔民祈福仪式”为名进行了民祭。

除去举办地点和仪式主体的变化,公祭和民祭还在两个方面存在异同。

---

① 参见何斯琴:《当代传统婚礼的礼俗再造与价值重建》,《文化遗产》2018 年第 4 期。

② 参见刘铁梁、黄永林、徐新建等:《“礼俗传统与中国社会建构”笔谈》,《民俗研究》2020 年第 6 期。

一方面，相较于传统的民间祭海仪式，开渔节两种祭海仪式的参与者除了渔民和渔姑渔嫂外，通常还包括政府领导、专家学者、媒体记者、文艺工作者和游客等多元主体。有所不同的是，公祭以政府为核心仪式主体，由专业团队负责场景布置、流程设计、服饰音乐等，仪式规模庞大，加之举办地皇城沙滩为象山县著名旅游景点，因此公祭仪式的形式更类似于一场面向外来者的渔区民俗文化展演。而民祭仪式除个别年份邀请了福建、台湾等地区的渔民作为陪祭团参与外，主要还是以象山县渔区群众，尤其是东门岛渔民为主体，相关流程全部由当地渔村代表及民间文艺表演队负责，仪式规模相对较小，形式上也更贴近民间传统的祭海仪式。民祭举办地东门岛妈祖神像广场虽然是当地的观光点，却承载了民众的民俗信仰，带有一定的神圣性。故而与公祭相比，民祭更好地平衡了对内与对外的需求，不仅较好地保留了社区传统，还能够达到宣传展示的目的。另一方面，在活动程序方面，公祭和民祭的流程编排虽然略有差异，但基本延续了民间集体祭拜的传统，都有奏乐、打铳、读祭文、施祭礼、进五果、献三牲、敬祭酒等内容。由于政府的在场，两种祭海仪式都摒弃了传统的念经、烧经行为，转而增加放海生和渔家文艺表演等环节。如果说公祭仪式做出这种改变是政府有意为之，是官方意识形态对民间传统的改造，那么由民众筹办的民祭仪式则是自觉接受政府的影响，随之做出了相同的变化。逐渐地，即便是开渔节期之外的民间祭海仪式，也将放海生视作必要的仪式环节，借此表达对大海的感谢，同时传递保护海洋的可持续发展理念。由此，传统祭海仪式在经历开渔节的收编和改造后，又再次回到民间，以一种“礼化之俗”的面貌存在于民众生活之中。

此外，值得注意的是，传统的民间集体祭海仪式通常由渔村村长等社区内成员担任主祭人，而在开渔节的祭海仪式中，无论是公祭还是民祭，都由政府官员作为主祭人宣读祭文。这一差异看似微不足道，却恰是地方政府“以礼化俗”的体现。由于举办主体的不同，开渔节公祭可以看作象山县政府“以俗入礼”的产物，而民祭则是在“礼”影响下发生了新变化的“俗”。一方面，象山县政府希望提高开渔节的群众参与度，故而选择将祭海仪式分为公祭和民祭，动员渔区群众充分参与到开渔节活动中，以展现当地的渔俗风貌。另一方面，祭海仪式作为开渔节的核心活动有着举足轻重的地位，因而即便是举行民祭，象山县政府同样需要委派代表参加活动，以显示政府对此仪式的重视。而由政府领导出面担任主祭人，除了表达政府及社会各界对渔民出海的美好祝愿外，还体现了政府在民祭活动中所具备的强大影响力，表明了政府仍在这场仪式中占据一定的话语权。相应地，民祭中仪式地点的转移、放海生环节的增加以及文艺表演的举行，皆是在官方话语影响下民众之“俗”发生的新变化，反映的是民间对政府在海洋可持续发展、民间文艺等领域所做工作的呼应。在政府的介入和引导下，祭海仪式以公祭和民祭两种方式存在于开渔节中，呈现出礼中有俗、俗中有礼的特点。

（三）礼俗共建：妈祖巡安仪式与妈祖如意省亲迎亲仪式

开渔节的举办很快为象山县在经济和旅游方面带来一系列成果。以2001年第四届开渔节为例，在节日期间，象山县签订各类经贸项目39个，其中外商投资项目20个，总投资6286万美元，协议利用外资3.5亿元，利用县外资金3.2亿元，技术合作项目5个。同时，象山县人民政府与宋城集团总投资5亿元的“中国渔村”项目在开渔节期间奠基。仅在第四届开渔节期间，象山县游客就达8万多人次，旅游收入2500万元。[①] 反观此时的东门岛，在经历了20世纪80年代初至90年代中期海洋资源的过度捕捞后，面临着捕捞无鱼、种地无土的危机，岛上渔民开始转产转业，部分迁居石浦、丹城等城镇。[②] 但是，如张士闪所指出的，国家政治与民间社会并非水火不容，而是进退容与，民间社会依然有一定的自治空间来显示民间之“俗”对国家之“礼”的应变活力。[③] 当象山县政府借开渔节发展地方旅游和经济的举措大获成功后，东门岛的有识之士便意识到了当地开洋传统的潜力和可塑性。于是，在岛上退休教师丁爵连和天后宫当手人[④]韩素莲的建议下，东门岛人随即有计划地扩大民间开洋活动规模，试图借此发展当地旅游业，顺应当时象山县

① 参见象山县海洋与渔业局渔业志编纂办公室：《象山县渔业志》，方志出版社2008年版，第572～573页。

② 参见文君：《东门岛妈祖诞辰庆典、开洋巡游仪式与音声》，《大音》2009年第2期。

③ 参见张士闪：《“借礼行俗”与“以俗入礼”：胶东院夼村谷雨祭海节考察》，《开放时代》2019年第6期。

④ 当手人，即庙宇负责人，为当地人的常用口头表达。

的旅游经济浪潮。2003 年，适逢岛上妈祖塑像[①]到来，东门岛人决定借沿海信众熟悉的妈祖娘娘进行宣传，举行妈祖诞辰、开洋巡游仪式，但由于当年的“非典”疫情，活动被迫推迟至农历六月二十三的谢洋日，举行了大型的“谢洋妈祖赛会”。活动内容除传统的法会、祭祀仪式和庙戏外，还增加了踩街、妈祖金身上船绕石浦港、东门岛巡游一周等内容。[②] “谢洋妈祖赛会”的举办吸引了众多专家学者和媒体记者的关注，在展现丰富渔俗文化资源的同时，极大提升了东门岛的知名度。[③]

同一时期，非物质文化遗产保护工作在我国逐渐兴起，各地政府开始将目光转移到地方传统文化的挖掘和保护中。2006 年，第一批国家级非物质文化遗产名录公布，福建省莆田市申报的“妈祖祭典”赫然在列，表明了国家对民间祭祀活动和民间俗信的尊重与保护，使身处妈祖信仰圈的沿海各地掀起一股“妈祖文化热”。同年，第九届开渔节顺势吸收东门岛妈祖赛会的相关内容，于石浦渔港举行妈祖巡安仪式，将其纳入开渔节活动中。每年开渔节的妈祖巡游队伍由“回避肃静”“妈祖巡安”“安澜赐福”“一帆风顺”“年年有余”等数条不同主题的巡安船组成，从东门渔村出发，按照指定的路线绕石浦港巡安，每艘船上有船员、信众以及各式各样的文艺表演队相随。

除了东门岛的妈祖信仰活动，象山民众与台东民众的妈祖—如意俗信交流也在这一时期逐渐形成规模。[④] 2003 年 9 月，柯受良率台东县富岗新村村民代表 10 余人，赴渔山岛祭祖、祭庙。此后，两岸民众的俗信往来日渐频繁，并得到了象山县台办的支持。2007 年 7 月 27 日，在象山县台办与台东县富岗新村的共同努力下，离别五十多年的“如意娘娘”第一次踏上回家认

① 2001 年，东门岛人定制了一尊 9.9 米(妈祖升天日为 9 月 9 日)高的缅甸玉妈祖塑像。该塑像于 2003 年完成制作，并竖立于东门岛门头山(现东门岛景区妈祖像广场)。访谈对象：韩素莲；访谈人：杨涛；访谈时间：2022 年 8 月 10 日；访谈地点：韩素莲家中。

② 访谈对象：韩素莲；访谈人：杨涛；访谈时间：2022 年 8 月 10 日；访谈地点：微信访谈。

③ 参见顾希佳主编：《中国节日志 · 渔民开洋谢洋节》，光明日报出版社 2014 年版，第 222 页。

④ 关于象山与台湾的渊源，需要追溯至 1955 年。彼时一江山岛解放，盘踞在大陈岛上的国民党部队失去了防守屏障。同年 2 月，在美国第七舰队护航下，国民党陆续将大陈岛上(包含大陈、竹屿、披山、渔山等浙江沿海岛屿)的“国军”和当地居民全部“撤退”到台湾。象山县石浦渔山岛上的 93 户居民 487 人便由此来到了台湾，定居在台东县的富岗新村。由于难忘故土，民众就将富岗新村称为“小石浦村”。石浦渔山岛村民迁居台湾时，虽然没有带走多少家当，但将岛上“娘娘庙”里的“如意娘娘”等大大小小神像悉数“请”到了台湾，并完整沿袭了过去的信仰传统。参见吴伟峰：《台湾小石浦村的如意信俗》，《宁波通讯》2013 年第 6 期。

亲的道路。柯受良之父柯位林率富岗新村祭祖团一行54人，奉持“如意娘娘”小塑身从台湾转香港飞至宁波，来到石浦渔山岛认亲省亲，与渔山岛村民一起举行盛大的祈福祭典活动，开创了两岸如意娘娘省亲迎亲习俗。[①] 同年9月，第十届开渔节期间，40余位台东富岗新村代表护送着如意娘娘真身来到石浦，与东门岛天后宫的妈祖娘娘举行了盛大的省亲迎亲仪式，并参与了开渔祭典、两岸娘娘巡安暨焰火大会等有关活动。相传妈祖娘娘和如意娘娘在神界以姐妹相称，于是如意娘娘以妹妹的身份进驻东门岛天后宫做客、省亲，并参加历时3天的开渔节渔港巡游。由此开始，妈祖如意省亲迎亲仪式成为开渔节的主要活动。

2006年底，象山县以东门岛开洋活动为基础，与同省的岱山县以及山东省的荣成市、日照市和即墨市以“渔民开洋、谢洋节”为名联合申报国家级非物质文化遗产。2007年，象山县还在两岸民众俗信交流活动的基础上对“石浦—富岗如意信俗”进行了申报。最终，这两个项目一同入选了2008年公布的第二批国家级非物质文化遗产代表性项目名录（以下简称“国家级非遗名录”）。其中，“石浦—富岗如意信俗”是目前国家级非遗名录中唯一由海峡两岸共同传承的遗产项目。对于象山县政府而言，东门岛的开洋活动以及象山—台东的民间交流有其历史渊源和地方特色，既符合当时的“非遗热”和“妈祖文化热”，又有利于对台交流工作的开展。因此，象山县政府一方面在开渔节中增加两大仪式活动，进一步丰富开渔节的活动内容，赋予其更多的民俗文化内涵，以吸引更广大的受众，从而提高开渔节影响力；另一方面则通过申报国家级非遗项目，将相关内容纳入国家文化保护体系。而对东门岛民众而言，他们自发扩大开洋活动规模的举动以及同台东信众的交流活动成功引起了外界的关注，并受到政府有关部门的重视。随着“渔民开洋、谢洋节”和“石浦—富岗如意信俗”入选第二批国家级非遗名录，东门岛民众不仅获得了开展祭祀仪式、信仰活动的正当性与合法性，并凭借非遗之名，进一步扩大了东门岛知名度，助推当地旅游业的发展。开渔节中妈祖巡安仪式与妈祖如意省亲迎亲仪式的举行，也让当地民众有更多机会投身到开渔节活动中，东门岛随之成为开渔节活动的主要举办地之一。

① 参见史亚萍：《石浦——富冈如意信俗》，《浙江档案》2013年第2期。

由此可知，开渔节的建构基础乃是地方民俗文化，而象山县政府对民俗文化的转化应用以及由此产生的经济效益，为地方民众带去启迪，使他们开始有意识地“借礼行俗”，在达到提高地方知名度的目的外，最终推动其“俗”为政府认可，成为“礼化之俗”。政府又从发展地方经济、保护传统文化等角度出发，在意识到民间之“俗”的价值后，便立刻“以俗入礼”，从国家层面将相关活动以国家级非物质文化遗产之名进行保护，在地方层面则对民俗文化进行转化发展，将其吸纳到开渔节活动中。如李松所言，这是“利益诉求方的多元存在”所进行的“关于文化权力的博弈过程”。[①] 政府和民间出于各自不同的利益需求展开活动，适当地让渡仪式的主办权与参与权，使双方得以在同一空间中共享资源，在“礼俗共建”中促成妈祖巡安仪式和妈祖如意省亲迎亲仪式的诞生，共同推动开渔节的不断壮大。

三、余论：礼俗互动与地方节庆建构

本文所讨论的开渔节，是典型的由政府主导，按照“文化搭台，经济唱戏”模式所打造的现代节庆。在此模式下建构起来的现代节庆，往往把促进地方经济发展作为主要目标，将文化视作实现目标的平台和工具。这种现象虽然从动机上看有明显的功利化成分，但却在某种程度上强调了文化资源对于现代社会发展的重要性，并在事实上推动了地方文化挖掘与保护工作的开展。正如周星所说：“现代社会的民俗文化未必就一定是和商业文明及消费主义水火不容，恰恰相反，民俗文化要在现代社会的日常生活中生根存活，反倒是借助商业消费的路径才较有生机与活力。”[②]就本个案而言，象山县政府以开渔节的举办为契机，在实现以文促旅、带动地方经济发展目标的同时，为地方传统文化提供了更广阔的展示和传承保护的平台。在开渔节发展到一定规模后，象山县政府认识到“文化搭台，经济唱戏”模式所存在的不足与局限，有意地强调了“社会参与”的重要性，通过将祭海仪式分为公祭和民祭等举措，提高了开渔节的群众参与度。而“社会参与”和“还节于

---

① 赵世瑜、李松、刘铁梁：《“礼俗互动与近现代中国社会变迁”三人谈》，《民俗研究》2016 年第 6 期。

② 周星：《民俗主义、学科反思与民俗学的实践性》，《民俗研究》2016 年第 3 期。

民”等口号的提出，反映的恰是地方政府对近年来各地节庆建构过程中忽视民众主体性问题的反思。

一方面，节庆作为一种活态的民俗活动，产生根源于人类社会的精神生产活动，其创造者和享有者是广大民众。[①] 而另一方面，由政府主办的以经济效益为主要目标的现代节庆，尽管注重对地方民间文化的汲取和创新，却往往削弱了民众在节庆活动中的主体地位，使民众由原本兼具组织者和参与者身份的主位视角转变为旁观者的客位视角。于是，现代节庆的建构便出现了一个悖论：节庆本为民众之“俗”，而当政府成为现代节庆的主办者后，虽然仍旧试图保持“俗”的基本内容，但与主体之“民”的关系却渐行渐远。在这种情况下，现代节庆的建构仅仅呈现了以政府为代表的官方话语，即“礼”对“俗”的收编、借用，民间对政府行为的态度却被忽略甚至遮蔽了。而一旦节庆活动失去了“民心”，当政府出于种种原因退出时，其影响力和生命力也就难以维系。从这个角度回看开渔节的发展过程，我们或许可以更进一步地理解礼俗互动机制在其中所发挥的重要作用。

礼俗互动的核心要义在于借助全社会的广泛参与，将国家政治与民间“微政治”贯通起来，保证社会机制内部的脉络畅通，以文化认同的方式消除显在与潜在的社会危机。[②] 综观开渔节二十五年的成功之路，除了归功于象山县政府基于民间开洋传统所做的种种创造性举措外，还得益于民间的自觉参与和主动贴近。其中，地方精英又在民间展现自觉的过程中扮演着重要角色。如东门岛退休教师丁爵连，是当地德高望重的文化精英，曾在20世纪末组织编写了宁波市首部海岛志书《象山东门岛志略》，此书至今仍是东门岛地方文化研究最为重要的文献资料。以丁爵连为代表的地方精英，除了熟稔民间文化外，还有着相对宏大的视野，对于国家、政府的政策导向以及地方发展情况都有所关注。他很快意识到了开渔节背后所隐含的建构逻辑以及开渔节为象山发展带来的契机，便建议通过扩大民间开洋活动规模来提升东门岛知名度，推动当地旅游业发展。而当丁爵连、韩素莲等一批具有一定影响力的地方精英达成共识并展开号召后，后续工作在民间的落实

---

① 参见范建华：《论节庆文化与节庆产业》，《学术探索》2011年第2期。

② 参见张士闪：《礼俗互动与中国社会研究》，《民俗研究》2016年第6期。

便水到渠成。于是,以地方精英为纽带,政府与民间的沟通渠道得以贯通,二者就开渔节的发展以及地方节庆的建构形成良性对话,建立起以礼俗共建、礼俗共处、礼俗融合为主要内容的礼俗互动机制。在这一机制的背后,体现的是"礼"与"俗"在实际社会运行过程中的相互认可和彼此需要,以及地方精英作为"礼"与"俗"的中间结构所具有的能动性和灵活性。

借由开渔节的个案反思当下地方节庆的建构问题,笔者认为,政府在节庆中占据主导地位并非限制现代节庆发展的原罪。相反,政府作为节庆主导者,在资源整合、组织协调等方面有着民众难以比拟的优势。问题的关键在于如何把握政府主导的"度",以及明确民众在节庆活动中所扮演的角色。恰如乌丙安所提倡的"政府在节日文化活动中的主导作用首先应当在保护民众享有节日文化权益上充分体现"①。在政府主导的前提下,节庆的建构应充分尊重和保障民众的主体性,激发民众的创造性,通过建立礼俗互动机制,让各主体发挥各自的长处,共同参与到节庆文化的建构过程中。而礼俗互动机制的建立,重在找到"礼"与"俗"相互契合之处,找到政府与民间彼此需要且相互认可之处。如韩若冰所言,"礼俗互动是以人们在物质生产及其社会交往活动中形成的文化差异性为基础的"②。为了建立良好的礼俗互动机制,就需要将主体间的文化差异性转化为彼此沟通、合作的基础共识。正如开渔节的建构与发展,唯有形成"礼"与"俗"的合力,节庆文化才能够经受时间的考验,产生持续的影响力,而不再只是昙花一现。

① 乌丙安:《关于节日民俗的文化记忆、文化修复和文化主体地位》,李松、张士闪主编:《节日研究》第1辑,山东大学出版社2010年版,第96页。

② 韩若冰:《礼俗同构与礼俗互动传统的当代价值》,《民俗研究》2023年第1期。

非遗时代韩国民俗节庆的发明

——以“恩山别神祭”为核心的田野考察*

高　静**

摘　要

韩国《文化财保护法》颁布后，扶余地区的“恩山别神祭”作为百济文化的象征符号，被指定为首个“民间祭祀类无形文化财”。然而，恩山别神祭中所呈现的百济元素，其实是20世纪50、60年代国家、民族、地区意识交互作用下“传统发明”的产物。由于“慕华思想”的影响，被改造之前的恩山别神祭以中国古代名将为主要祭祀对象，只是朝鲜战争爆发后，中华文化的痕迹被全部抹消。20世纪80、90年代恩山别神祭一度受到政府权力与商业资本的青睐，进而被试图打造为地区代表性旅游节庆。迈入21世纪，随着资源开发热潮的退去以及农村老龄化的出现，恩山别神祭回归到凝聚共识、集体祈福的原初功能。

关键词

韩国民俗；恩山别神祭；传统发明；文化政策

* 本文系“广西高等学校千名中青年骨干教师培育计划”人文社会科学类立项课题《韩国无形文化遗产的保护与活用研究》(项目编号：2022QGRW032)阶段性成果。

** 高静，民俗学博士，广西科技大学人文艺术与设计学院副教授、硕士研究生导师。

霍布斯鲍姆(Eric J. Hobsbawm)曾指出:“当社会的迅速转型削弱甚或摧毁了那些与‘旧’传统相适应的社会模式时,传统的‘发明’则会频繁出现。”[①]韩国的“非遗时代”始于20世纪60年代的社会转型期。1961年,朴正熙发动“五一六”军事政变上台执政,为了确立政权的合法性,经济上提出“祖国近代化”口号,全面推进韩国社会从农业国向工业国的转型;政治上则积极宣扬“民族主义”,通过挖掘传统文化与重塑历史人物,激发民众的民族自豪感。[②] 几乎同时,1962年,韩国正式颁布《文化财保护法》。一方面为了抢救在近代化与产业化进程中濒临毁损的文物古迹,另一方面也为了发挥传统文化的政治宣传作用。这部文化法规首次将“有形文化财”与“无形文化财”共同纳入国家制度性保护之中,韩国的“非遗时代”正式开启。在这样的社会转型期,政府权力、商业资本、知识精英等多元主体纷纷介入传统文化的重构与创造过程之中。

“恩山别神祭”正是韩国非遗时代“传统发明”的典型之一。恩山别神祭于1966年被指定为第9号“重要无形文化财”(2016年更名为“国家无形文化财”),是韩国《文化财保护法》实施后指定的首个民间祭祀类文化遗产。[③]兼任文化财委员会委员的民俗学者任东权撰写的《重要无形文化财指定理由书》中指出:“恩山别神祭是全国规模最大的别神祭,也是土俗的‘守护祭’(山神祭)与‘将军祭’相叠合的综合祭祀仪式,具有极高的学术价值。同时,恩山别神祭的历史起源与百济的灭亡有关,具有重要的史料价值。因此,为把这一民俗祭仪从传承危机中拯救出来,建议将其指定为重要无形文化财。”[④]恩山别神祭的学术价值、乡土价值、历史价值成为无形文化财指定的主要依据,“重要无形文化财”名号的赋予无疑是国家对恩山别神祭“原真性”的权威认证。然而,富于戏剧性的是,恩山别神祭的祭祀主神在20世纪50、60年代,却经历了“去中国化”与“地方化”的巨大变化。

① [英]E.霍布斯鲍姆、T.兰杰:《传统的发明》,顾杭、庞冠群译,译林出版社2008年,第5页。

② 参见[韩]吴明锡:《1960～70年代的文化政策与民族文化谈论》,《比较文化研究》1998年第4期。

③ 恩山别神祭被指定之前的8项国家级无形文化财分别为宗庙祭礼乐(1964年)、扬州别山台游戏(1964年)、男寺党游戏(1964年)、纱帽制作技艺(1964年)、盘索里(1964年)、统营五广大(1964年)、固城五广大(1964年)、羌江水月来(1966年)(韩国无形文化财的指定数据参考韩国文化财厅官网,https://www.heritage.go.kr/,2022年11月7日)。

④ [韩]任东权:《无形文化财调查报告书8——恩山别神祭》,文教部,1965年,第5页。

目前已知最早的恩山别神祭仪式祝文(1936年)如下:

维岁次丙子正月,乙巳朔十一日乙卯,将帅□□□敢昭告于将军列座之位。东方青帝将军,南方赤帝将军,西方白帝将军,北方黑帝将军,中央黄帝将军。晋将军郤縠,楚将军子玉,赵将军赵奢、赵括,蔡将军甘茂,赵将军廉颇、李牧,卫将军吴起、乐羊,齐将军孙膑、田单,燕将军乐毅,秦将军白起、王翦、章邯,汉将军纪信、韩信、樊哙、彭越、灌婴、英布、季布、魏尚、周亚夫,韩安国李陵、赵充国、冯异、吴汉、贾复、耿弇、寇恂、蔡遵、王霸、来歙、马武、马援、岑彭、耿恭、班超、关羽、张飞、赵云、马超、黄忠、姜维、麋竺、马谡、诸葛亮、周仓、关兴、张苞、庞统,吴将军周瑜、鲁肃、陆逊、陆抗,晋将军、羊祜、杜预、王浑、祖逖、周处、刘琨、陶侃、温峤、王猛、刘牢之、桓石虔、王玄谟、谢玄、庾翼,晋将军李靖、李绩,唐将军尉迟敬德、薛仁贵、王思礼、郭子仪、李光弼、李愬,明将军常遇春、张辅、李文忠、李成栋、邓愈、李如松、李如柏,朝鲜将军林庆业、李舜臣、柳成龙、金德龄、郭再佑、李浣、张鹏翼。谨以清酌,庶羞敬伸。①

以"山神""89名中国古代名将""7名朝鲜名将"为祭祀对象。其中,中国名将是春秋战国到明朝时期的历史人物,征讨高句丽的唐朝将军薛仁贵与"壬辰抗倭援朝战争"中的明朝将军李如松都包含在内。朝鲜本土名将则主要是"壬辰倭乱"与"丙子之役"时期的历史人物。然而,经历朝鲜战争后,1956年的恩山别神祭所用的仪式祝文发生了变化。

维岁次丙申正月,乙酉朔十七日乙丑,将军□□□敢昭告于将军列座之位。东方青帝将军、南方赤帝将军、西方白帝将军、北方黑帝将军、中央黄帝将军、乙支文德将军、金庾信将军、金德龄将军、李舜臣将军、林庆业将军、李浣将军、郭再佑将军、张鹏翼将军、金应瑞将军、姜弘立将军。谨以清酌,庶羞敬伸。②

中国名将被全部删除,只罗列了山神与10名朝鲜本土将军,灭亡百济的新罗将军金庾信也赫然在列。直到1961年恩山别神祭的仪式祝文中才正式

① [韩]金善丰:《恩山别神祭的民俗学考察》,《民俗研究》1992年第2期。
② [韩]金善丰:《恩山别神祭的民俗学考察》,《民俗研究》1992年第2期。

凸显“百济元素”：

维岁次辛丑正月辛卯朔十四日，甲辰，恩山洞头将军□□□敢昭告于将军列座之位。东方青帝将军、南方赤帝将军、西方白帝将军、北方黑帝将军、中央黄帝将军、福信将军、土进大师外、三千神位。谨以清酌，庶羞敬伸。[①]

百济复兴运动中的将领“福信将军”与“土进大师”取代之前的朝鲜名将。他们与山神共同成为祭祀主神，此后这一组合随着无形文化财的指定逐步固化。由此可见，恩山别神祭的仪式内涵在短暂的十年间，伴随着“国家意识”“民族意识”“地区意识”的注入而被不断建构。

恩山别神祭被指定为无形文化财以后，政府资助取代了民间筹款，恒时性的“保存会”组织取代了临时性的祭祀筹备组织“期成会”，恩山别神祭逐渐由民间仪式演变为官办节庆。20 世纪 70、80 年代，为响应政府打造“百济文化圈”的号召，恩山别神祭参与人员的服饰调整为百济时期的着装。20 世纪 90 年代，在“观光资源化”的浪潮下，恩山别神祭的祭祀时间由农历二月择吉日举行，调整为每年阳历三月的最后一个周末举行，以此吸引游客。[②] 尽管传承主体、仪式元素、祭祀时间等发生变化，但由于程式化仪式结构的反复展演而获得的集体认同，恩山别神祭已成为当地民众引以为傲的“悠久传统”。

目前国内从宏观角度考察韩国非遗制度的学术积累较为丰富[③]，但基于个案深描探讨韩国文化政策影响下文化重构的研究尚不多见。以往研究尝试从微观个案角度探讨韩国无形文化财制度的运作原理，但由于微观个案的民俗志式深描略显不足，所以问题的提出呈现现场剥离感。[④] 笔者于

① [韩]恩山别神祭保存会：《恩山别神祭》，内部资料，出版日期不详。

② 参见[韩]成基荣：《恩山别神祭的历史性展开与传统的创出》，安东大学硕士学位论文，1998 年，第 38～39 页。

③ 参见张世均：《韩国民族文化遗产保护与利用及其对我国的启示》，《西华大学学报》（哲学社会科学版）2011 年第 2 期；[韩]田耕旭：《韩国非物质文化遗产的保护与传承》，《浙江艺术职业学院学报》2016 年第 3 期；[韩]丁秀珍、孟石峰：《韩国文化遗产保护法的发展历程》，《遗产》2019 年第1 期；高静：《韩国无形文化财制度的重大改革》，《文化遗产》2020 年第 1 期；郝达、夏元勇：《韩国“无形文化财”的名录制度建设与启示》，《文化遗产》2022 年第 4 期。

④ 参见倪彩霞：《韩国法圣浦端午祭申遗经验对我国的启示》，《文化遗产》2013 年第 2 期；钟芳芳、[韩]沈智宇：《韩国无形文化财的传承人体系研究——以江陵端午祭为例》，《文化遗产》2020 年第 2 期。

2022年3月22日至3月29日对恩山别神祭进行了田野调查，详细记录了仪式过程。其间，与该项目的保有者、保存会会长、保存会事务局长、村民等人进行了深入访谈。[①] 本文在描述仪式现场的基础上呈现韩国民间节庆的独特性，同时聚焦恩山别神祭在文化政策影响下的重构过程，特别是无形文化财制度介入过程与作用原理，以期为中国民俗文化保护制度的建立提供借鉴和参考。

一、恩山别神祭的历史起源

恩山村位于韩国百济古都扶余以北，地势相对平坦、交通便利，高丽时期到朝鲜时期设有驿站。18世纪，随着商业的兴起，逐步发展成为商品交易市场，至今每逢一、六日为“圩日”。恩山村现为扶余郡恩山面事务所所在地（韩国的行政单位“面”类似于中国的“乡”）。截至2022年10月，面内总人口为1940户，3651名。其中，65岁以上人口占比43.93%。居民主要以种植葡萄、栗子、蘑菇等经济作物，或饲养韩牛和经营商铺为生。“百济遗都”“交通要道”“商贸集市”等三大地理标签成为孕育恩山别神祭的关键性要素。

恩山别神祭是恩山村及其周边数个村落共同参与的大规模乡土祭祀，“山神祭”与“将军祭”叠加的双重结构是其显著特点。韩国境内2/3为山地，因而将山神奉为村落或地区保护神进行祭祀的情况较为常见，中国较熟知的江陵端午祭就属于此类。然而，恩山别神祭在山神祭的基础上，将战死沙场的将士慰灵祭融入其中，通过对排兵布阵等战争场面的仪式性再现，慰藉冤魂进而驱邪祈福。这种山神祭与将军祭相叠合的祭祀仪式在韩国极为罕见。

① 2022年恩山别神祭调研主要访谈人有：宋炳镒，男，1950年出生，2016年3月被韩国文化财厅认定为恩山别神祭项目的“保有者（统合）”，负责统筹整个仪式；崔炳润，男，1958年出生，1986年4月获得韩国文化财厅颁发的履修证，现担任恩山别神祭仪式中的“化主”角色，2016年11月被推选为保存会会长；李在明，男，1956年出生，2015年7月获得韩国文化财厅颁发的履修证，现担任恩山别神祭仪式中的“大将”角色，担任保存会事务局长，负责仪式的具体执行；李一九，女，1947年出生，2001年6月被韩国文化财厅认定为传授助教，是恩山别神祭中的巫女；黄寅龙，男，1956年出生，1991年7月获得韩国文化财厅颁发的履修证，现担任恩山别神祭仪式中的“都别座”角色；赵福万，男，1953年出生，2017年3月被韩国文化财厅认定为恩山别神祭传授助教，负责恩山别神祭中的纸花制作。

恩山别神祭的相关古文献极少，韩国学界只能借助当地的口传资料追溯其历史起源。据兼任文化财委员会委员的民俗学者任东权1965年收集的田野资料记录，恩山曾是百济时期的古战场，大量兵卒横尸于野、无人收殓。因而，传说当地怨气凝集、病魔肆虐，年轻人与家畜时常染病而亡。直至某天一位百济将军托梦于村中老人告知："如果村民将战死兵卒的尸体收殓安葬并举行慰灵祭的话，村落病魔会自行消散。"此后，恩山村在每年举行山神祭的同时，每隔两年举行别神祭。[①] 这一起源传说对恩山别神祭双重结构的形成，特别是将军祭的起因进行了说明。

1947年当地民众重修山神堂（后更名为"别神堂"）时撰写的匾文中也有类似的描述：

> 恩山里者，古百济时战场地，其战亡将卒冤魂愤魂久而不散，往往作不时之风雨、不正之疠疫……人畜或罹其灾，故建此神堂。以土地神簇子主壁而奉安之配，以古名将画幅于东西壁而祭之镇之。每岁元正必致虎而祭之，三年而一大祭，设兵马旗帜，鼓噪内喊俨如战阵行事，以宣慰其潜藏郁抑之气……[②]

由此可见，恩山别神祭的起源传说与山神堂匾文中都将慰藉百济战亡兵士冤魂作为仪式成因。

然而，目前备受学界关注的三份恩山地区祭祀祝文，即1936年恩山别神祭祝文、1956年恩山别神祭祝文、1961年恩山别神祭祝文，却勾画出恩山别神祭的重构轨迹。20世纪30年代，日本统治当局为了缓和殖民地矛盾，在朝政策由全面管控的"武断统治"调整为相对宽松的"文化统治"，因而1936年恩山别神祭得以举行；20世纪40年代，日本殖民当局为储备侵华战备物资，以"维持治安""浪费粮食"等理由，对恩山别神祭予以取缔；20世纪50年代至1969年由于朝鲜战争及战后贫困的影响，恩山别神祭一直未能恢复，只是在1956年与1961年举行了小规模的儒教式祭祀。[③]

1936年所用的仪式祝文是目前已知最早的恩山别神祭仪式祝文，"山

---

① 参见[韩]任东权:《恩山别神祭》,《文化财》1966年第2期。

② 匾文《山神堂重修记》是1947年7月7日李义纯撰写，现保存于恩山别神祭保存会会馆。

③ [韩]李弼泳:《恩山别神祭》，花山文化出版社2002年版，第31～35页。

神”与“96 位古代名将”(89 名中国将军合并 7 名朝鲜本土将军)为主要祭祀对象。然而,1956 年所用的仪式祝文中,祭祀对象调整为“山神”与“10 名朝鲜本土将军”。1961 年的仪式祝文中“百济复兴运动中的将领福信将军与土进大师”与“山神”成为新的祭祀对象。三份祝文内容的变化,折射出中韩关系与韩国内部政治文化的变迁。1950 年朝鲜战争爆发之前,韩国盛行“慕华思想”,中华文化受到统治阶级的普遍推崇。1936 年恩山别神祭祝文以祭祀中国历代名将的名义慰藉本土冤死战魂,一方面是当地民众认为中国将军具有更大的驱邪祈福能力,另一方面也是为了减少统治阶级对民间祭祀的阻力。1953 年朝鲜战争结束后,韩国国内的“亲美思潮”逐渐取代“慕华思想”,随之 1956 年的恩山别神祭祝文中中国将军的名字销声匿迹。20 世纪 60 年代,随着“百济文化圈”的打造,1961 年恩山别神祭祝文中所罗列的献祭对象转变为极具地域特色的百济复兴运动将领——福信将军与土进大师。

百济复兴运动是指公元 660 年百济被唐朝和新罗联军灭亡后的三年期间,百济旧部福信与僧侣道琛联合起兵,拥立百济王子——扶余丰璋(曾作为人质被送往日本)为新王,试图重建百济政权的历史事件。然而,三股势力发生严重内讧。先是,福信与道琛之间发生内讧,福信将道琛杀死;之后,福信为全面掌握军权,又与丰璋发生矛盾,丰璋将福信杀死后投靠高句丽,福信的儿子集斯则逃亡日本。至此,百济复兴运动落下帷幕。1990 年山神堂扩建时,在原有的山神图基础上增加了福信与道琛(恩山别神堂牌位中写为“土进大师”,韩国学者考证“土进”是“道琛”的民间误传①)的画像,二者分列于山神画像的右侧与左侧。虽然从供奉山神与将军神的别神堂布局来看,山神处于主神地位;但从仪式内容来看,将军祭则占据主导地位。究其原因,场面宏大、持续数日的将军祭,客观上发挥着积聚人气、繁荣市场的重要功能。②

① 参见[韩]任东权:《恩山别神祭》,《文化财》1966 年第 2 期。

② 参见[韩]李弼泳:《恩山别神祭》,花山文化出版社 2002 年版,第 231 页。

二、恩山别神祭的传承现场

恩山别神祭原每三年举行一次。1976年，社团法人“恩山别神祭保存协会”（1978年正式成立，1986年更名为“恩山别神祭保存会”）筹备过程中更改为隔年举行，单数年举行“小祭”（儒教读祝式祭祀），双数年举行“大祭”（儒教读祝式祭祀及巫俗歌舞式祭祀）。1992年之前，恩山别神祭于阴历二月择吉日举行，之后为吸引游客调整为阳历三月最后一个周末举行，持续6～10天，参演人员百人以上。举办别神祭当年的正月初三，恩山村及周围几个村子共同召开会议，成立“期成会”负责筹办祭祀费用与物品、动员参与人员等。当地商户是仪式的主要捐助者。1978年后，恩山别神祭的筹备活动由“恩山别神祭保存协会”负责，政府资助成为主要祭费来源，民间祭祀逐渐转变为官办节庆。

恩山别神祭的参与人员分工明确，主要分为祭官、武官、巫女、农乐演奏队、管弦演奏队、行军队列等。“祭官”细分为负责仪式整体流程的“化主”，负责置办荤腥类祭品的“肉化主”，负责仪式所用素食祭品与酒类的“都别座”及其辅助者“别座”，负责诵读笏记的“执礼”，负责诵读祝文的“祝官”。“武官”细分为“大将”“中军”“领将”“先陪裨官”“后陪裨官”“司命执事”“通引”。“巫女”则主要负责巫歌吟诵与巫舞表演。其中，“化主”与“大将”是仪式中最重要的人物，旧时多由当地威望高的乡绅或商贾担任，现在分别由恩山别神祭保存会的会长和事务局长担任。受传统儒家观念影响，恩山别神祭的参与人员除巫女以外均为男性。农乐演奏队是当地村民组成的锣、平鼓、长鼓等打击乐器演出队伍；管弦演奏队则是从外地邀请来的专业乐师，负责演奏管弦乐器①。行军队列主要包括24名举旗手（当地称作“24方旗”方阵）、祭具与祭品的搬运人员、兵卒等，所需人员众多。

恩山别神祭的仪式内容主要由取水酿酒、农乐巡访、上山取木、迎花仪式、上堂仪式、本祭仪式、上堂巫舞、下堂巫舞、独山祭、长生祭等环节构成。

---

① 恩山别神祭中的管弦乐器是按照“三弦六角”编成形式进行，由觱篥2支、大笒1支、奚琴1付、长鼓1支、平鼓1面构成。

2022 年恩山别神祭的具体日程安排如表 1。

表 1　　2022 年恩山别神祭日程

活动时间		日程内容	地点	备注
日期	时段			
3 月 23 日	07:00～08:00	取水酿酒	恩山川,化主家	酿制祭祀用酒 制作长生柱
3 月 23 日至 3 月 25 日	19:00～21:00	农乐巡访	保存会会员家中巡访	祈福奏乐
3 月 24 日	09:00～16:00	上山取木	募军席与附近山林 之间往返	
3 月 25 日	09:00～16:00	迎花仪式	募军席与附近会馆 之间往返	
3 月 26 日	16:00～17:00	上堂仪式	化主家与别神堂 之间往返	搬运祭品
	21:00～24:00	本祭仪式	别神堂	主要祭祀
3 月 27 日	10:00 开始	上堂巫舞	别神堂	上午
	14:00 开始	下堂巫舞	下堂巫舞舞台	下午
3 月 28 日	19:00～20:00	独山祭	独山祭坛	化主与别座
	19:00～21:00	长生祭	东、西、南、北 长生柱安设处	别座与农乐表演队

取水酿酒

恩山别神祭举行的首日清晨,负责祭祀饮食的“都别座”带领两名“别座”,斋戒沐浴后跟随农乐演奏队,到别神堂附近的恩山川取水,酿制祭祀用酒。此时祭官先在取水口拉起禁绳,行三拜九叩之礼后在禁绳的上游取水,别神祭举行期间村民只能在禁绳下游取水。恩山别神祭的三拜九叩之礼是对中国三拜九叩礼法的沿袭与简化,即每跪一次点头三下,共拜三次点头九下,用“点头”取代了“磕头”。别座与化主在化主家中用所取之水和预先准备好的酒曲酿制神酒。这一神酒用于三日后的本祭环节。当地村民至今坚信，神酒之所以能在三天内迅速发酵，仰赖于神灵保佑。[1]

农乐巡游

恩山别神祭的前三天傍晚，别座在农乐演奏队的伴奏下，拜访恩山别神祭参与人员所居住宅院。农乐演奏队在所到住宅的厨房、水龙头、酱菜储藏处、室内等处表演节奏不同的曲调，分别致祀灶王神、龙王神、宅神、家神，为主家驱邪祈福。只是，随着时代的变迁，当地民居的空间格局大多已由旧时的庭院式建筑改变为复式楼房结构，新式民居中酱菜储藏处大多消失，厨房多与客厅连接在一起，所以农乐表演队有时只在门口进行简单表演。主家作为答谢会给农乐表演队提供饮料、白米、钱等。农乐巡游一度发挥着募集祭祀物资的“乞粒”功能，但恩山别神祭被指定为无形文化财后祭祀费用多由政府资助，乞粒功能逐渐成为点缀。表达对仪式参与人员的感谢，增进恩山别神祭保存会成员之间的凝聚力成为农乐巡游的主要功能。

上山取木

恩山别神祭的第二天，在“大将”的带领下，百余人的祭祀队伍到事前商定的山上砍伐四棵橡木。当天清晨，五名巫女带领管弦乐演奏队先后将大将、司命执事、先陪裨官、中军、领将、后陪裨官从各自家中迎请到指定的舞台“募军席”，待24方旗方阵、农乐队伍、兵卒队伍、神木搬运队伍等人员集结完成，一行人沿恩山面主干道浩浩荡荡巡游一圈之后朝山中行进。[2] 到达预定地点后，三名别座带领六名武将在系有红绳的四棵橡树前依次行三拜九叩之礼。之后，别座砍伐所选之木，并交于专门人员将其拿回仪式现场。韩国民间信仰中盛行“神木崇拜”，将树或竹视为神灵降临人间的通道，或将神木所处的空间视为神圣区域。恩山别神祭中砍伐的四棵橡木被称作“阵竹”。“长生祭”仪式环节中，“阵竹”与长生柱共同安置于村子东南西北四个入口处，用于阻挡杂鬼邪神的侵入。

行进队伍回到募军席后，表演仪式剧《大将死而复还》。除大将和后陪裨官之外的四名武将安坐于舞台之上，24方旗方阵与兵卒队列在舞台前布阵而立。后陪裨官在阵外高喊：“大将活着回来了，赶快开门!”舞台上的武

---

① 笔者在现场调研时宋炳镒(恩山别神祭保有人)、崔炳润(恩山别神祭保存会会长)等人都提起过这种说法。

② 2019年之前，六名武将均骑马行进，近三年改为步行。

将回应道:“大将已战死,如无证明,不予进入!”后陪裨官手持写有“大将”两字的旗子再次高喊:“这是大将的信物,赶快开门!”之后,众武将迎请大将归来。韩国学者认为这幕演剧是百济复兴军战场失利的仪式呈现。① 虽然神木崇拜本身与战争并无逻辑关联,但募军席的设定与仪式剧的呈现,使“上山取木”成为百济复兴战争的隐喻。

迎花仪式

恩山别神祭的第三天,百余人的祭祀队伍将六个插有纸花的花瓶与六盏纸制花灯从指定地点迎请到别神祭仪式现场。韩国民间信仰中,纸花常常既被当作装饰祭坛取悦神灵的道具,又被视作神灵的归依之处。花瓶与花灯由纸花匠沐浴斋戒后精心制作而成,被安放在别神堂附近的寺庙或专门的花房之中,以此来确保周围环境的洁净。花瓶中的纸花种类主要包括莲花、牡丹、菊花、芍药等“吉祥花”,村民视之为除厄招福的吉祥之物。仪式结束时,巫女将花枝分发给村民。迎花仪式的队伍与上山取木的队伍一样,从募军席出发,当浩浩荡荡行进至花瓶与花灯安置处后,三名别座带领六名武将行三拜九叩之礼后,由专人将花瓶与花灯搬运到化主家中。

上堂仪式

这是准备本祭仪式所需祭祀饮食的环节。当日凌晨4点左右,化主与别座一行开始制作年糕,制作完成后装罐并用韩纸封口。吃过早饭后,化主与别座等人首先用染料和面粉制作青、黄、红、白、黑的传统祭祀食品——“花煎”,再将五色花煎串成一串插入米罐之中。然后,将恩山别神祭首日酿制的神酒装瓶,坚果、蔬菜、柿饼等装入食盒,再用光洁的韩纸封口。祭品准备完成后按固定顺序摆好,三名别座带领六名武官朝祭品行三拜九叩之礼,之后百余人的行进队伍将祭品、花灯、花瓶等从化主家中搬运至别神堂。待祭品按顺序摆放好以后,所有祭官带领武官在别神堂前再次行三拜九叩之礼。

与此同时,负责置办荤食祭品的“肉化主”开始在家中杀猪,并在众人的协力下将屠宰好的整头生猪搬运至别神堂内的山神画像前供奉。待祭官与武官行三拜九叩之礼后,撤掉生猪,上堂仪式结束。当地人认为,山神喜食生食,所以需用生猪供奉。笔者在调研中发现了一个有趣的现象:恩山别神

① 参见[韩]李弼泳:《恩山别神祭》,花山文化出版社2002年版,第133页。

祭仪式中的祭品都由男性置办，女性不允许介入，究其原因在于女性不洁观念的影响。然而，供奉山神时所用的却是母猪，原因在于母猪的生产性。[①]也就是说，“女性/雌性”与“母性”在民间祭祀中基于功利性而被人为剥离。

本祭仪式

本祭仪式在上堂仪式当日的晚上举行，此时需要将煮熟的猪肉与鸡肉献祭给两位将军神及其他众神。本祭仪式按照儒家祭祀方式进行，由担任执礼的祭官诵读笏记，参与人员按顺序祭拜。首先，化主带领两名别座在别神堂内焚香行三拜九叩之礼后，化主将密封的祭品打开并向神灵敬献第一杯酒。其次，祝官诵读《山神祝》《将军祝》歌颂神灵功德，大将与村长先后进入别神堂内向神灵敬献第二、三杯酒，化主除外的祭官与大将除外的武官依次进入别神堂内敬酒。再次，祝官诵读《洞民祝》，为全体村民以及仪式的捐助者祈福。然后，全体祭官与武官在别神堂门前行“百拜之礼”，即33次三拜九叩加1次跪拜。最后，村民自由进入别神堂内向神灵敬酒，化主将《山神祝》《将军祝》《洞民祝》焚烧祈福。祭拜仪式结束后，将所有祭品从祭桌撤掉，全体参与人员共同享用。

上堂巫舞

本祭仪式结束后的翌日上午，全体祭官与武官在巫女的协助下，向神灵询问是否对祭祀满意，这也是恩山别神祭中扣人心弦的“神灵显现”环节。仪式开始前，别神堂前放置着一只装满白米的木桶，桶内斜插着“神竿”[②]的一端，神竿的另一端则斜靠在别神堂的屋顶。巫女在鼓乐伴奏下吟诵巫歌，迎请神灵降临。化主、别座、武官等人手扶神竿绕圈站立，共同将神竿竖立在米桶之中。此时，如果神竿在众人手中剧烈地上下跳动则表示神灵喜悦因而显现，也就是表示祭祀成功。如果神竿一直不动，则表示祭祀过程中出现了冒犯神灵的行为，这时祭官与武官需要在春寒料峭中脱去衣物到别神堂附近的恩山川沐浴后，重新手持神竿请神降临。笔者调研时对这一现象

---

① 访谈对象：李一九；访谈人：高静；访谈时间：2022年3月26日；访谈地点：恩山别神祭仪式现场。

② “神竿”是一根直径约0.1米、长约10米的竹子，竹竿的顶端挂着写有“农者天下之大本”的白色布旗。

很困惑，曾向担任“大将”的当事人咨询其中的奥秘。[①]

笔者：局长，请问手持神竿的时候是什么感觉呢？

李在明局长：神灵降临的瞬间就如同触电一般。

笔者：局长，我只是好奇，希望不会冒犯到您。会不会存在人为晃动神竿的情况呢？

李在明局长：（微笑）不会有人敢故意晃动神竿的，那样会受到神罚。

笔者：如果神灵一直不显现怎么办呢？以前出现过一直不显现的情况吗？

李在明局长：神灵不显现说明我们不够诚心，需要反复到恩山川中沐浴净身。到目前为止，还没有发生过祭祀失败的情况。

从旁观者的角度来看，祭官与武官一行人长时间手持神竿仰面而立，不排除有人会产生眩晕感，从而导致神竿晃动。如果再加上冷水刺激，身体发生抽搐也会导致神竿晃动。在“神灵显现”的心理预期下，手持神竿者对“神竿晃动行为”极有可能产生不自主的回应。也就是说，“手持神竿的人员众多”“冷水沐浴行为的反复性”“神灵显现的心理预期”三个因素确保了“神竿晃动”行为出现的必然性。“神竿晃动”则表示祭祀成功，祭官与武官向别神堂行三拜九叩之礼后，上堂巫舞结束。

下堂巫舞

下堂巫舞在上堂巫舞结束后的当日下午举行，是为了安慰未能进入别神堂接受供奉的底层神灵与杂鬼邪神“下堂”原设在恩山村中央的古树之下，近年来由于村中教会成员的“噪音扰民”投诉而改在恩山别神祭保存会院中举行。在预先搭设好的下堂舞台之上，以大将为首的六名武官席地而坐，巫女则吟诵巫歌向六名武将依次敬酒祝福。之后，恩山别神祭保存会邀请而来的表演队伍上台表演，保存会成员与村民也可以自由上台表演。

独山祭

独山祭与长生祭是恩山别神祭最后一天傍晚同时举行的两个祭祀环

① 访谈对象：李在明；访谈人：高静；访谈时间：2022 年 3 月 27 日；访谈地点：恩山别神祭仪式现场。

节。独山祭是化主一人在位于别神堂旁侧名为“独山祭坛”的石桌上，简单地摆设祭品后向山神祭拜的过程，以此感谢山神保佑别神祭顺利举行。独山祭也反映出恩山别神祭中山神的主神地位。

长生祭

别座带领农乐表演队，将木头雕刻而成的人脸形柱状造型，依次安置到村子东西南北四个入口之处以及恩山别神祭保存会馆前。“长生柱”是韩国农村较常见的民俗造型物，用于阻挡外部的杂鬼邪神或瘟疫灾祸等侵入村内。恩山地区的长生柱由松树制作而成，均为连冠造型，柱身上分别写着“东方青帝逐鬼大将军”“西方白帝逐鬼大将军”“南方赤帝逐鬼大将军”“北方黑帝逐鬼大将军”“中央黄帝逐鬼大将军”等汉字。恩山村的长生柱每年由村民在别神祭的首日制作完成，祭祀的最后一日安置于固定地点。往年的长生柱并不被移除，而是任其自然腐烂。

恩山别神祭举行期间参与人员严格遵守各种禁忌。第一，恩山别神祭的参与人员需要保持身心洁净。家中有丧事或有产妇临盆的人不能参与恩山别神祭，而被选为祭官的人在祭祀期间禁止夫妻同房，禁止去别人家中问丧，禁止离开村子，不许做任何违背道义和伦理的事情。第二，祭祀首日至本祭前的三日间，全体参与人员不许食用荤食，否则会受到神罚。笔者在调研中听多名村民提起：“几年前，在恩山别神祭举办期间，一名祭官的孩子从外地回到村里，祭官为了欢迎孩子回家，准备了鸡汤并吃了几口，而后祭官当场晕厥。后来，化主带领农乐队伍在别神堂连续叩拜后，晕厥的祭官才得以苏醒。”[①]抛开故事内容的真伪，故事流传本身就可以窥见当地村民对于禁忌的重视。为了恪守饮食禁忌，现在别神祭举行期间，参与人员到恩山别神祭保存会馆食堂集体用餐。第三，保管祭品的化主家宅中，除化主与别座以外，其他人不允许随意出入；化主与别座在准备祭祀饮食时，也需要口含白纸或栗子，以保证环境的洁净。这些仪式禁忌的存续，反映出当地村民对别神祭神灵的敬畏与笃信。[②]

① 恩山别神祭保存会事务局长李在明先生与恩山别神祭保存会会长崔炳润先生都曾对笔者提起过这个故事。

② 访谈对象：李在明；访谈人：高静；访谈时间：2022 年 3 月 23 日；访谈地点：恩山别神祭仪式现场。

三、迭代文化政策影响下的仪式重构

20世纪40年代，由于日本殖民当局的文化高压，恩山别神祭传承中断。直到20世纪50年代朝鲜战争结束后才逐步恢复。为重塑因殖民统治与三年内战而支离破碎的民族共同体，树立民族的正统性，李承晚执政时期(1948～1960年)鼓励各地举办文化庆典，进而增强民族凝聚力与认同感。在这样的政治背景下，1955年4月百济旧都——扶余的地区精英举行了首届“百济大祭”，以慰藉百济殉国忠臣烈女之名①，借此向年轻人灌输“爱国爱乡”“服务国家”的政治理念②。受“百济大祭”举办的影响，1956年正月恩山村民自发举行了中断近20年的恩山别神祭，不过由于经费不足只举行了“小祭”，以儒教读祝的方式祭祀山神与将军神。1958年8月，为庆祝“大韩民国成立10周年暨解放13周年”，李承晚政府筹办了首届“全国民俗艺术竞演大会”，要求各地选送具有乡土性的民谣、舞蹈、演剧等节目进行舞台竞技。恩山别神祭代表扶余地区的乡土民俗参赛，但未获得名次。

1961年朴正熙上台后，基本上延续了李承晚政府的文化政策，将偶发性的全国民俗艺术竞演大会确定为每年举办的例会，并为全国民俗艺术竞演大会赋予了新的使命：“挖掘民族艺术，重新认识容易被遗忘的传统艺术，振兴承载民众情感生活结晶的艺术，营造全国和平氛围，慰劳奋进于产业革命的国民。”以此挖掘筛选用于宣扬国威的素材。③ 1962年《文化财保护法》颁布后，大量祠堂与战争遗址被指定为文化财，由政府出资进行修缮与维护。军人出身的朴正熙尤为推崇抗倭名将——李舜臣，将其视作韩国历史上从危机中挽救民族与国家的最伟大爱国将士，为其重新修缮祠堂“显忠祠”，并将其出生日订立为国家纪念日。④ 朴正熙之所以对历史名将的“救国业绩”与“忠义之气”如此重视，意在以古喻今，确立其政权的合法性。1961年，在

① “百济大祭”1965年更名为“百济文化祭”，为了纪念百济的三大忠臣“成忠、兴首、阶伯”，以及百济王都被攻陷时投身白马江的三千宫女。

② 参见[韩]尹纯贞：《百济文化祭三忠祭研究》，公州大学硕士学位论文，2016年，第24～25页。

③ 参见高静：《韩国无形文化财制度的重大改革》，《文化遗产》2020年第1期。

④ 参见[韩]吴明锡：《1960～70年代的文化政策与民族文化谈论》，《比较文化研究》1998年第4期。

中央政府掀起的“救国将领推崇之风”与地方政府推进的“文化名片打造事业”的共同影响下，当年恩山别神祭（小祭）的祝文中首次出现了极具地方性的救国将领——百济复兴运动将领福信与土进大师。韩国学者李弼泳认为，福信将军与土进大师并非突然出现的人物，而是一直沉淀于恩山别神祭基底的存在，只是20世纪60年代伴随着地域文化意识的觉醒而被赋予了主神资格。[①]

1965年《地方文化事业造成法》出台后，政府开始对各地的乡土庆典提供经费资助，于是各地方政府纷纷整合民俗资源，打造当地代表性文化庆典。同年10月，朴正熙出席了已更名为“百济文化祭”的“百济大祭”，当时的庆典内容以“三忠祭”“宫女祭”“恩山别神祭”三个祭祀仪式为中心，并增加了民俗游戏、文化体育活动、百济公主选拔大赛等联动活动。[②] 恩山别神祭也因此受到瞩目，于1966年2月被指定为重要无形文化财，成为韩国首个民间祭祀类无形文化财。恩山别神祭在指定为重要无形文化财后积极开展对外展演，1968年获得“全国民俗艺术竞演大会”的“文化公报部长官奖”，社会知名度不断提高。[③] 1969年“大祭”形式的恩山别神祭在国家资助与村民捐助下，中断近30年后终于得以全面恢复。

20世纪70年代，随着韩国经济的高速发展，国家追加了对文化保护的财政投入，预算规模达到60年代的10倍之多，文化政策的落实也因而更具实效性。[④] 1970年修订后的《文化财保护法》中正式导入“重要无形文化财技（艺）能保有者认定与解除制度”。1971年文化财管理局（原文化财厅）对此前指定的重要无形文化财进行了保有者追加认定，并为保有者发放生计补助金。保有者资格的解除与补助金的发放为重要无形文化财的传承注入新的动力。1972年，中央政府推出“古都地区遗迹整备事业”，意在整合历史文化资源，打造重要文化圈，促进旅游观光业的开发。作为百济古都，扶余成为中央政府重点打造的对象之一。恩山别神祭打出了“继承救国忠节，延续百济文化”的对外宣传口号，逐渐成为百济文化圈的名片。

① 参见[韩]李弼泳：《恩山别神祭》，花山文化出版社2002年版，第228页。

② 参见[韩]李永燮：《百济文化祭的本质与城市品牌》，《外国学研究》2020年第51期。

③ 参见[韩]李长烈：《韩国无形文化财政策——历史与出路》，关东出版社2005年版，第80～81页。

④ 参见[韩]朴光武：《文化政策的历史性变动与展望》，文友社2015年版，第359页。

1980年"文化振兴"正式写入韩国第五共和国的宪法，政府加大了对文化事业的财政支持。也因此，这一时期无形文化财的指定数量激增。截至2022年，韩国无形文化财共有155项，其中42项是20世纪80年代指定产生（见图1）。不仅如此，国家主导的无形文化财传授教育体系也在这一时期得以确立。1982年《文化财保护法》修订时，新增了"文化公报部长官为传承保存重要无形文化财，委托保有者开展技（艺）能传授教育，国家提供相应活动经费，并为接受传授教育的学徒提供奖学金，保有者具有传授奖学生的推荐权"的内容。1986年恩山别神祭保存会被认定为"重要无形文化财保有团体"，获得国家运营经费的资助。宋炳镒、崔炳润等实现恩山别神祭现代传承的中坚力量正是在这一阶段得以成长。至此，恩山别神祭正式进入体系化传承时代，即仪式的参与者只有按照《文化财保护法》的规定，依次履行完传授生—履修者—助教等各阶段的义务，才能被认可为合格的传承者。

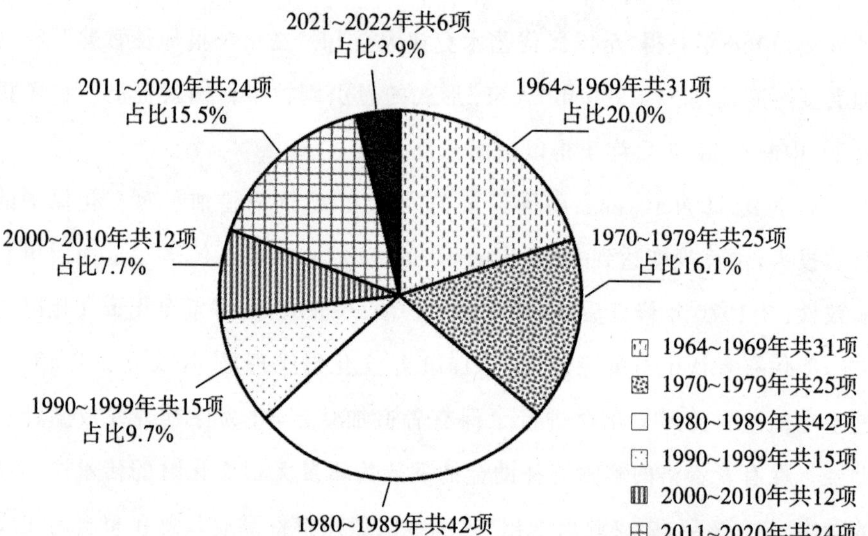

图1 韩国无形文化财指定情况（1962～2022年）

至20世纪90年代，韩国各地重要的无形文化遗产已基本做了梳理，文化财厅将工作重心从文化财的挖掘转移到资源开发。[①] 1995年韩国文化体育观光部为促进民俗文化的资源开发，出台了《文化观光节庆育成政策》，划

① 参见[韩]赵顺子：《韩国无形文化财制度史研究》，民俗苑2018年版，第117页。

分“代表节庆、最优节庆、优秀节庆、潜力节庆”的等级。同时对全国各地的文化庆典予以扶持。1996年韩国全面实行地方自治后，各地政府为发展经济提高地区知名度，也纷纷致力于重要无形文化财的旅游开发；1999年《文化产业振兴基本法》出台后，各地政府开始大力推进“民族文化原形的文创开发项目”，重要无形文化财成为主要素材。[①] 也因此，这一时期恩山别神祭受到中央政府与当地政府的共同关注，恩山别神祭的传授会馆于1991年落成。同年为扩大国际影响力，扶余郡厅与立有“福信将军之子——鬼室集斯墓碑”的日本日野郡缔结友好城市关系，派遣恩山别神祭会员赴日交流。1992年，恩山别神祭为更好吸引游客，将“本祭”的举办时间由阴历二月的不定期固定为阳历三月最后一周的周六。1997年，扶余文化馆专门召开“恩山别神祭发展研讨会”，邀请全国各领域专家献计献策。恩山别神祭逐渐由内向型的祭祀仪式转变为外向型的旅游节庆。

21世纪初，韩国各地呈现地区文化庆典开发潮，但由于内容趋同、经济效益差、过度依赖政府财政等受到社会批评。因而在2008年达到顶点后，逐渐呈现回落态势。[②] 之后，韩国政府因多种事件对聚集性活动的规模与人员数量进行严格管控，全国各地旅游业遭受重创。与此同时，这一时期韩国的城市化与工业化进程已进入尾声，城市人口饱和，农村则逐渐沦为“养老院”。这样的时代背景下，植根于偏僻农村的恩山别神祭呈现传承萎缩的趋势。2022年笔者现场调研时，恩山别神祭现场几乎没有外地游客，前来参观的当地村民也寥寥无几。受农村空心化与老龄化影响，恩山别神祭保存会成员大多是60岁以上老年人。由于村里缺少年轻人，因而需要年轻人参与的“上山取木”与“迎花仪式”环节，保存会不得不雇用周边驻军或学校学生。除人员不足外，经费紧张也是一个棘手的问题。2023年预算调整以前，韩国文化财厅对国家无形文化财公开活动的经费资助，没有考虑团体项目举办规模与持续时间的差异。持续时间近十天，动员人数百余人的恩山别神祭，当仅靠国家资助无力维持而不得不向当地政府申请经费时，地

① 参见[韩]裴永东：《文化创意化事业中文化原形概念的含义与局限》，《人文创意》2005年第6期。

② 参见[韩]李勋、金美贞：《韩国庆典史》，《观光学研究》2011年第10期。

方政府又常以"国家无形文化财应向中央政府提出申请"的说法予以搪塞。[1]

在人员不足、经费紧张等条件的制约下，恩山别神祭不得不精简仪式规模。那些主要为营造节庆气氛举办的联动活动，如明星表演、体育比赛等被压缩或取消。随着政府权力与商业资本的弱化，恩山别神祭逐渐回归到"集体祈福""凝聚共识"的最初功能。恩山别神祭保存会会员大都是热爱乡土文化的本地人，除极少部分人能每月获得生活补贴以外，大部分人都不会因此产生经济收益。保存会会员平时定期接受传授教育，学习恩山别神祭的历史知识，掌握祭祀仪式的流程与相关技能。恩山别神祭举办期间，会员们相互分工协作，遵守各项禁忌，共同祈祷地区安宁。以恩山别神祭保存会为媒介结成的文化共同体，成为增强地区凝聚力与认同感的核心载体。

结 语

霍布斯鲍姆曾指出："'被发明的传统'通常人为地与过去的重大历史事件建立联系，进而参照旧形势的方式来回应新形势。"[2]近半个多世纪以来，恩山别神祭的"遗产化"与"资源化"历程，正是韩国社会转型期政府权力、商业资本、知识精英共同介入下，"传统发明"的缩影。

恩山别神祭是韩国首个民间祭祀类无形文化财，具有罕见的"守护祭"与"将军祭"双重结构，守护祭的致祀对象是当地山神。将军祭的致祀对象则被知识精英不断重构，由折射"慕华思想"的"中国古代名将"更迭为凸现"地区意识"的"百济复兴运动将领"。20 世纪 60、70 年代，随着恩山别神祭致祀主神的变化，其仪式内涵也由原初的"慰藉战死冤魂进而驱邪祈福"，重新诠释为"继承救国忠节，延续百济文化"的新意义。

凭借"国家无形文化财"的名号，恩山别神祭在 20 世纪 80、90 年代曾一度受到中央政府与地方政府共同关注，进而成为打造百济文化圈代表性地

---

① 访谈对象：李在明；访谈人：高静；访谈时间：2022 年 3 月 28 日；访谈地点：恩山别神祭仪式现场。

② ［英］E.霍布斯鲍姆、T.兰杰：《传统的发明》，顾杭、庞冠群译，译林出版社 2008 年，第 2 页。

区旅游节庆的对象。然而，随着21世纪以来城市化与工业化的高度推进，韩国农村社会全面萎缩，以村落共同体为传承根基的恩山别神祭宣告庆典开发的失败。“遗产热”与“开发热”冷却后，恩山别神祭重新回归到村落坚守共同体凝聚共识、集体祈福、打造乡土之情的最初功能。

节目观察

鉴江下游村落的庙宇、宗族与节庆

——以广东省吴川市郑山村为中心

吴心怡*

摘 要

在乡村各种节庆活动中，往往隐藏着人群和聚落的多重历史信息，这些都是我们探究地域社会结构过程的重要线索。考察广东省吴川市郑山村的庙宇、宗族和节庆活动及其历史，有助于探究鉴江下游村落的社区发展模式。由于居住在鉴江边，郑山村先民的生活不可避免地带有水上人家的习性，甚至很多姓氏可能最初开始就是从水上搬到陆上。但是相比起疍家人的社会组织，或者由晚近才上岸的水上人所组成的聚落，祭社和长久修谱的传统又使得他们区别于明显的水上人社区。相比起宗族社会，他们生活的社区并不是以祠堂为崇拜中心，与正统礼仪有诸多不同。从社坛到沙李堂，从传说到族谱，从流动到定居，郑山村的人群和聚落历史体现出复杂的文化传统，它们彼此糅合，经由节庆活动集中表达。

关键词

水上人；年例；宗族；鉴江下游；郑山村

* 吴心怡，北京大学历史学系硕士研究生。

在村落的各种节庆活动中，往往隐藏着人群和聚落的多重历史信息，这些都是我们探究地域社会结构过程的重要线索。年例是广东鉴江流域村落的传统民间节日，集敬神、酬神、祭祀、祈祷、欢庆、宴客为一体。[①] 围绕年例，不同学科背景的研究者开展了多角度、多层次的记录和讨论，成果丰硕。[②] 其中，历史人类学者尤为关注年例的游神环节——不仅社的社主、境主，庙里的菩萨也都被村民们抬出来巡游本境。神明巡游的过程强调境的观念，巡游醮铺的路线即社的范围。考察发现，高州地区的普通村民对社的地域范围非常熟悉。年例就是将地域的界限确定化和清晰化的手段。[③] 年例与社区边界的形成密切相关，由此成为了解鉴江流域村落社区发展历史的重要线索。本文以广东省吴川市郑山村为例，考察当地的庙宇、宗族和节庆活动及其历史，从而探究鉴江下游村落的社区发展模式。

一、郑山村的年例

郑山村位于今吴川市长岐镇，滨江而立。该村由何人、何时建立，没有任何文字记载。据村民口耳相传，最早在这里定居的是郑姓人家，村落由此得名。郑姓搬走后，吴姓、李姓人家先后迁入。李姓后来居上，人数远超吴姓，成为村里的大族。通过对两姓族谱关于其先人生卒年月、坟茔葬处的记载，大致可以确定至迟在清初，吴、李二姓已在此长期定居。

---

① 参见广东省非物质文化遗产保护中心：《广东省非物质文化遗产名录图典（二）》，广东人民出版社 2013 年版，第 208 页。

② 例如，刘岚、张文江：《吴川年例祭祀活动调查报告》，《民俗研究》2002 年第 3 期；刘岚：《吴川年例祭祀风俗成因探析》，《湖南科技学院学报》2007 年第 7 期；周大鸣、潘争艳：《"年例"习俗与宗族认同——以粤西电白县潭村为中心的研究》，《文化遗产》2008 年第 1 期；周大鸣、潘争艳：《年例仪式与社会功能——以粤西电白县潭村为例》，《中南民族大学学报》（人文社会科学版）2008 年第 2 期；李常清：《粤西年例多元性祭祀形态的历史分析——以茂名联唐乡为案例》，云南大学硕士学位论文，2010 年；姚雪兰：《粤西地区年例文化研究》，广州大学硕士学位论文，2011 年；陈耀泷：《湛江市文章湾村"年例"妈祖祭祀仪式及其音乐研究》，中国艺术研究院硕士学位论文，2014 年；陈耀泷：《粤西"年例"民俗溯源》，《文化遗产》2014 年第 3 期；刘岚：《雷州半岛年例的表现类型及留存原因探讨》，《文化遗产》2015 年第 2 期；刘岚：《论节日狂欢的表现及内涵——以雷州半岛年例为例》，李松、张士闪主编：《节日研究》第 10 辑，学苑出版社 2015 年版，第 57～62 页；黄蝶：《茂名年例的文化价值研究》，广西大学硕士学位论文，2017 年；李红：《吴阳年例与乡村善治》，《文化遗产》2019 年第 4 期；郭烨佳：《节庆仪式、现代乡贤与乡村文化的互动关系——以广东湛江调顺村"年例"为中心的考察》，王加华主编：《节日研究》第 19 辑，山东大学出版社 2022 年版，第 171～184 页，等等。

③ 参见贺喜：《亦神亦祖：粤西南信仰构建的社会史》，生活·读书·新知三联书店 2011 版，第 205 页。

关于粤西年例的基本情况和功能，前人论述已相当完备，可资参看。下文通过郑山村村民吴恩光先生的口述，介绍郑山村年例的一般情况。

每年旧历二十四都做年例的，但年例必须在二十二开始。二十二在庙里接菩萨，让菩萨进来村里边，那里有专门建给菩萨居住与看戏的地方。（吴心怡：是不是菩萨厂？）是！菩萨厂。每年都是二十二接菩萨进来，此后就开始请一些当地有名气的粤剧团做戏。演戏一直会演到旧历廿五，就是过了年例第二晚，就完成了。廿四一早，就开始端菩萨出来，开始巡游，就是鉴照，游条村。

游条村是分点的，就是分片的。东边就是我们家里，在舞台那里；西头就在土地公那里，东头就在东头那个土地公那里，后边这个后背岭就有一位在，就是我们拜山那里，后面那里又有一位的。一共有13位，菩萨都要游齐这13位。游齐就劏鸡啦，摆猪肉、水果，在那里等菩萨来。游完那些菩萨就再游村，条村所有的界线都游一圈。先游了界线，再游这13个点。先跟着这条村的这些土地游一圈，就回来，回来就游13个点。鉴完这条村以后，就开始鉴照了。每个点他就来通知你，摆东西啦！游到这里啦！我们就摆东西下去。

鉴照完后，菩萨被扛回菩萨厂那里，摆住，那些人就去菩萨厂烧香。菩萨回来就不用去庙里烧了，可以直接走去里边厂那里烧香。烧香的时候那些亲戚就来了，开始摆酒，亲戚就食晚（笔者注：吃晚饭）。食晚以后，菩萨再游出，游做斋头的家。

做斋头就是他每年按你多少岁来轮，就是你一个辈分一个辈分这样轮下来的。好像我，轮到你父亲，你父亲又轮到明德叔，一辈辈这样轮下去。就这么多岁，今年的，比如说今年六十，明年就五十八，后年就五十六，这样轮下去的。

轮到斋头，那些菩萨就抄去我们房子里，就是每个斋头他都要抄，都会走到你家里鉴一圈。扛了菩萨入我们屋厅里，我们就摆好水果、供品，铺红地毯。神明坐在厅里，大家就烧香、祭拜，拜完就又抄出去，就抄去其他斋头家里。游齐那班斋头之后，菩萨又回厂里坐了。

回去厂那里坐以后，这晚就开始做一张船，就是专门一年都要给那些道公佬，就是那些和尚佬、道公佬走这条村，掕齐、收完那些不好、不等使的东西，他就写一个符，扎到一张这个船。扎到一张船，他就放这张船仔，就给人扛出去，扛到外面，就是以前种木薯的那里，放外面。之后，那些人就扛菩萨追赶那些“鬼”，一路赶出外面，赶到这张船这里。全部冲出外面，走很快的，有时候全部跌倒。这个佬是扎的，走快之后就这样的。走到外面那个流滩那里，就在水里游，在水里就转个弯，立刻有人在那里烧了那张船，烧掉那些瘟疫，那些鸡毛垃圾，那些不好的事，菩萨就倾（笔者注：拟音）它出去，走了螣（笔者：拟音）条村去，或者走到其他地方去。这时候菩萨就回来坐到菩萨厂那里准备看戏了，然后那些人就烧香祭拜，就结束了。[①]

与此同时，笔者也采访了负责郑山年例的仪式专家梁亚国先生。梁先生家6代人都从事该方面工作，保管有仪式手册《郑山年例》一种，兹摘录集中描述年例过程的内容如次：

正月廿三例诞。廿三已候到庙，请起马回厂。到头饭处，食晏，完，出厂。喃。发书，完。喃。启坛，完，喃。变符，完。起马，到香老处尝粿，开光船，喃。香老醮，完。廿四早，斋头处尝粿，完，食新，完，喃。醮，完。食晚，出厂，先遣船，转面跪，向出祷祝，设完回拜。一拜庙主列相与，仝神舟祈签押去。菩萨回，上岭烧炮。回，鉴盅。回，收兵。喃。安座。廿五早，勾销，开阳，勾销。即时挂雷府、康公。许福，完。下宵年例。

申状五：会主、庙主沙、李、境主、香火、案主。

公牒五：城隍太岁、旗头、阳界、司命、箓中官将法部吏兵。

其中，据梁亚国先生介绍，“头饭”是会首，俗称“斋头”，再次出现则称呼为“次首”。“会主”是管理郑山村内事务，及祛除邪恶亡鬼为己任的神明。“境主”是管理村庄人丁兴旺，及六畜顺利的神明，而“庙主沙、李”指的是沙李堂内沙公和李公两尊主神。

① 访谈对象：吴恩光（男，1959年生，2017年年例活动中担任斋头）；访谈人：吴心怡；访谈时间：2022年10月19日；访谈地点：电话访谈。为便于读者理解，笔者在尊重村民讲述的前提下，略有修改。

不论是村民的亲身经历，还是仪式专家世代相传的仪式手册，都在向我们展示年例背后复杂的历史过程和多元的文化传统。面对这些纷繁的线索，本文主要着眼于聚落和人群的演变历史：游神反映出定居社会的“社”的传统，而用符箓扎船，驱赶邪祟的做法则包含了水上人家的早期传统。其他内容则留待将来展开讨论。

二、沙李堂的传说与水上人家

如今，郑山村有两座社坛，东边的为“东庆境”，西边的为“西庆境”，为吴、李二姓共有。另有两座相邻的庙宇，一名“三宝堂”，供奉观音菩萨等佛教神明；一名“沙李堂”，供奉沙太尉、李大帝、康王、华光等本地神祇。郑山村内没有祠堂，据村民的说法，沙李堂就是拜祖先的祠堂。

“东庆境”与“西庆境”小庙内皆供有裹上红绸、戴上冠霞的土地婆、土地公和一块石头，是鉴江流域村落中常见的社坛形制。赵世瑜在分析明清时期“社”的演变时，将“社”的意义分为两种，一种是为了补充里甲制度而存在、具有征派赋役和基层行政职能的社，一种是作为“民俗聚落”的社，后者由于具有凝聚力量而始终存在于乡土社会之中。[①] 综合来看，郑山村的两座社庙即是作为“民俗聚落”的社。至于两个境是由于人口增多，从旧有的境滋生出新的境，还是原先本属二分，后来才进行整合，囿于材料，目前尚难断言。在日常生活中，两座坛庙与姓氏无关，村民前往祭拜时全凭居住地距离社庙的远近而定。另外，据当地老者的说法，在有事求神的时候，要讲明自己是何人，来自何处，比如自己来自“某省某府某县某乡某土地”，如果居住在东庆境旁则受东庆境管辖，要向神宣告自己来自“东庆土地”。[②] 值得注意的是，至迟在清同治年间即有“郑山堡”和“郑山”村名[③]，但据年长村民介绍，在拜神时会表明自己来自“茂名县博铺乡凭厄土地东庆境”[④]，说明在“郑山”

① 参见赵世瑜：《明清华北的社与社火——关于地缘组织、仪式表演以及二者的关系》，赵世瑜：《狂欢与日常：明清以来的庙会与民间社会》，北京大学出版社2017年版，第196～215页。

② 访谈对象：吴姓老伯；访谈人：吴心怡；访谈时间：2019年2月9日；访谈地点：吴川市郑山村。

③ 毛鸿宾等总裁著：等同治《广东图说》卷五十五《高州府·茂名县》，清同治刻本，第8a页。

④ 访谈对象：吴姓老伯；访谈人：吴心怡；访谈时间：2019年2月9日；访谈地点：吴川市郑山村。

之前还有一个尚无法明确的更为悠久的聚落历史传统。

沙李堂是郑山村最重要的庙宇：两座社坛的公告张贴在沙李堂外墙，三宝堂的各项活动也归沙李堂理事会管理。不过，郑山村各庙宇之间无固定的对应关系，譬如类似“分香”那样比较规整的层级差别在这里并不存在。据当地人的说法，沙李堂供奉的沙公和李公都是“境主”，二者共同管理郑山全境，这里的“境”指的是境份，一般一个村就是一个境份。每年做年例时，村民都要抬着沙李堂的部分神明巡游全境。在沙李堂的传说中，隐藏着郑山村的人群来历和聚落起源。

据调查，沙李堂是吴、李二姓合建，庙内神明沙太尉管文，李大帝掌武，前者的地位略高于后者。虽然吴、李两姓都在沙李堂祭祀，但总体而言，李氏更多是拜李大帝，隐约表明沙太尉和李大帝分别代表了吴、李两姓，以及二者的地位差别。关于沙李堂的神明，当地有这样一种传说：

> （你们姓吴的）那人在江边拉鱼，有两只菩萨就留到那里，他就捡起来想敬，但是都不知道安什么名字好。他就讲：“你啊这个菩萨，你姓个什么呢，我拉到什么鱼就姓什么吧。”所以他就拉到一条沙锥鱼，就姓沙，叫沙公。又拉到一条鲤鱼，就叫鲤公了。两只菩萨的来历就是这样的……其他村没有这两个菩萨。原来有只菩萨系元旦公……这只就是原来吴川的菩萨……是我们村原来遗留下来的，这两只就是新来的菩萨……是你们姓搬过来才有的。①

一位吴姓村民完善了传说的部分细节：

> 我们的祖先赶鸭子来到郑山之后，看这里风水好就留下来。我们住在西江边，当时的水还是到处流的，不像今天这样。一天，他在钓鱼的时候，看到顺水而来的菩萨……②

另外，2018 年 3 月，笔者在郑山村跟随吴姓宗亲一起拜山、祭祖时，他们提到始迁祖六龙公时也都称之为“看鸭佬”。

---

① 访谈对象：李姓庙祝；访谈人：吴心怡；访谈时间：2019 年 2 月 6 日；访谈地点：吴川市郑山村。

② 访谈对象：吴姓村民；访谈人：吴心怡；访谈时间：2019 年 2 月 7 日；访谈地点：吴川市郑山村。

与此同时，一位李姓村民补充了吴、李二姓先祖的渊源：

最开始吴氏就安在了三（笔者注：或生，拟音）龙箫（笔者注：拟音），就是一个最旺的地方，在最旺的地方住下就开始看鸭。在这住下就发达了，发达之后就李姓，李姓的长房似乎与吴姓有点亲戚关系，这个婆仔就带三个弄仔（笔者注：即小孩）过来，来到里头就帮你姓吴的煮饭，做点事情。然后你姓吴的就有好多钱哦。①

这些传说透露出不少有趣的线索。首先，结合前述社坛“某土地”的说法与郑山村的村名来历，传说中的元旦公、沙公和鲤公分别代表了三个姓氏，或者说三种人群：元旦公指向吴姓迁入前的居民，沙公和鲤公则分别指向后来的吴姓和李姓。其次，“赶鸭子”“看鸭佬”“拉鱼”“钓鱼”以及用鱼来给神明命名等信息，暗示了最初来到郑山定居的吴氏祖先可能以在江边、塘边养鸭、养鱼为业，亦有可能原本就是在水上生活的“疍民”，之后才上岸到陆地上定居，其生活环境与水域密切相关。再次，从传说中看，李姓刚开始搬过来是人单力薄，且地位低微，沙公和李公的地位差别实际上反映出吴、李二姓的历史渊源。最后，李姓是由母亲带着三个幼童，以帮佣的形式加入吴姓聚落。一方面说明一批又一批的水上人家迁入郑山定居，另一方面指向基于入住权和财富而形成的人身依附关系。

按当地的说法，郑山吴氏来自肖山吴氏，而肖山吴氏也是靠鉴江生活的人群。每年清明，郑山吴氏会前往肖山赐福古庙祭拜，双方关联紧密。甚至于，当笔者在长岐镇上的沙美村调研时，村里老人听到笔者是来自郑山吴氏时，立马反应过来说：“你是肖山吴氏的吧。”②肖山吴氏的生计可从清道光十四年（1834 年）的一块示禁碑上窥见一斑：

照得茂邑搥船埠官河鱼苗所产，因邱、吴两族私采攘命，详奉大夫转奏部咨，断埠归官饬勘，记课召承，输饷充公，不准私采等因……该埠北岸至白庙水面二十八弓，沙滩三十六弓，白庙对面至搥船埠一百九十九

① 访谈对象：李姓村民；访谈人：吴心怡；访谈时间：2019 年 2 月 7 日；访谈地点：吴川市郑山村。

② 访谈对象：梁姓老伯；访谈人：吴心怡；访谈时间：2019 年 7 月 17 日；访谈地点：吴川市沙美村。

弓，揺船埠至水路二百五十五弓，水路至牛路口六百九十六弓，牛路口至彭屋沟二百六十八弓，计积一项六十五亩零节……倘有岸民衿监强据、勒收埠钱等弊，许即禀明，严行详究等因。①

通过碑中地名，所谓邱、吴两族即今邱屋村邱姓和肖山村吴姓。上述史料不仅提示我们肖山吴姓生计模式与鉴江的关系，同时也表明，至迟在道光年间，肖山吴氏已然成为可与号称"小佛山"、粤海关下7个总口之一、有通判驻守的梅菉镇相抗衡的豪族势力。②

庙宇传说背后是人群和聚落的历史，沙李堂的故事向我们展示了一种鉴江下游地域社会的开发史，即一波又一波的水上人家上岸定居，整合或取代原有人群文化传统，创造新的社会关系和神明信仰的历史过程。

三、族谱编写与定居的历史

与沙李堂传说所反映出的流动的历史不同，郑山吴、李二姓族谱呈现的则是定居的农业社会聚落的图景，讲述着另一种历史。

现在郑山吴姓使用的是《瓛公吴氏世谱》，其最近一次编修是在1989年，由肖山村吴姓负责人带领编写。③ 据肖山村族谱管理人员介绍，之前的谱"都已经烂了"，新编本完全照搬老谱，只是添上了新家族成员的名字而已。④《瓛公吴氏世谱》开篇有吴崇义于乾隆三十六年（1771年）撰写的《续修吴氏世谱序》，虽说是"续修"，但更早的谱序已不存，且文中也未提及旧谱的情况，在此之后，乾隆四十三年（1778年）、道光十二年（1832年）、同治九年（1870年）和1941年历次增修。从这几次修谱的谱序看，作者反复强调了郑山吴氏宗族发展的几个重要节点。

首先，吴姓始祖吴廷瑜来自从福建，因故定居茂名。据1771年的谱序记

① 参见梁兆铿编纂：《梅菉志》卷五《纪事》，吴川市地方志办公室，2009，第241～242页。

② 关于梅菉的历史，参见吴滔：《清代广东梅菉镇的空间结构与社会组织》，《清史研究》2013年第2期；吴滔：《"开疆土三百余年"——吴川梅菉建镇考》，郭声波、吴宏岐主编：《中国历史地理研究》第6辑《环南海历史地理与海防建设》，西安地图出版社2014年版，第30～37页。

③ 《瓛公吴氏世谱》（广东吴川），吴川市郑山村藏，1989年。以下出自该书者俱不出注。

④ 访谈对象：族谱管理员；访谈人：吴心怡；访谈时间：2019年2月11日；访谈地点：吴川市肖山村。

载:“廷瑜公,宝元间进士,任枢密使,谪交趾令。乱,不克,回闽,遂卜居于茂名登楼村,传五代。”不过,北宋时期官至枢密使的吴廷瑜在本地吴氏宗族的文献之外,罕见相关记载。无论如何,至少对清代的吴姓族人而言,他们认可甚至是创造了其先祖来自福建,具有中原王朝官方身份的说法,以此区别于那些难以讲明祖先来历、流动的编外之民。其次,到了第五世吴监,吴姓迁入肖山。与廷瑜公一样,监公的生平存疑,但他是关联起各村吴姓族人的关键人物。到监公的三世孙时(大约在13世纪中叶),吴姓才第一次出现承田立户的记载。换言之,肖山吴氏成为王朝的编户齐民。在监公一派十二世之前,吴姓族谱的编纂信息相当简单,直到十二世时,才首次开展正式的修谱工作,由具有官身的永扬公主持。最后,大致在嘉靖、隆庆年间,十四世吴六龙迁入郑山。不过,族谱中六龙和他五个兄弟的信息有所缺漏,且存有些许疑点,不能排除后世编修族谱时对世系的特殊处理。

通过对族谱世系的分析,可以看出以肖山吴氏为核心的宗族联盟在逐渐扩大。吴姓宗族联盟的扩大大体开始于明中叶以后,从肖山开始,沿着鉴江往上,越来越多的村落里的吴姓加入族谱的编修工作。肖山、郑山以及后来的洪坡,人口众多,族谱的编修较早;大岭、梧山的吴姓人口少,族谱内信息缺漏很多,明显是比较晚近才开始系统地整理自身历史。后来,随着联盟的扩大,吴姓族谱的编写也越来越成熟,联盟内的吴姓接受了一种共同的规范。大约从康熙年间开始,梧山、大岭、洪坡等村吴姓族人及其先祖被安排进肖山吴氏族谱的世系中,但与同一时期的肖山和郑山两支派相比,他们提供的族人信息都相对简略。但不论信息多寡,各个村落的世系都逐渐完备,并在乾隆以后,大规模修谱活动逐渐增多,各支系的联系也日益增强。

在今本《瓛公吴氏世谱》八卷正本之外,还附有两卷于1997年编修的茂名上村的吴氏族谱(全名《茂名上村吴廷瑜太祖一派三房总支总谱》),两相比较,后者更加简略,应是在没有旧谱的情况下重新编写。同时,除却一份真实性待考的文章外,茂名上村族谱没有任何早于1996年的记载,并且世系部分大多数人皆无生卒年月、坟茔葬地等信息。很明显,茂名吴氏与肖山—郑山一带的吴氏分属两套不同的族谱编写传统。肖山为核心的吴姓联盟在编修自己的族谱时,特意以附卷的形式将茂名上村的族谱纳入其中,在共同尊奉吴廷瑜为始祖的理由背后,实际上反映的是继清代之后新一轮的结盟活动。

郑山李氏现在所使用的是2012年编印的《陇西郡华山李氏族谱》，该谱是吴川、化州、信宜、茂名等地部分李姓的一种通谱，内分历史篇和世系篇。[①]历史篇收录有六次修谱的谱序，分别是正德十五年(1520年)、万历五年(1577年)、乾隆元年(1736年)、1917年、1988年和2012年。据正德谱序，“余李肇大唐忠武王晟，迄今三十有六世”，此后李氏分支开派，由陇西迁入江西吉水，“二世祖明昌自吉迁虔。念五世祖仲荣由虔徙广，宅居华山，建籍茂名……不乏课读务耕，区区清白”。参照前文对吴姓族谱的分析，究其本质，李仲荣由江西迁居茂名的说法与吴姓的始迁祖故事实属同一种历史叙述。

具体到郑山村的李姓，据2012年定稿的《义桂祖定居郑山传略》：

> 十四世义桂是际毓之子，生于康熙壬寅(公元一六九二)，年方十八己丑(公元一七　九年)娶妻吴氏(则郑山吴宗孔之女)。宗孔，字希府，号国臣，科名进士，当朝名臣，累官四品。义桂生三子，长可达，次可文，三可彰，父亲是富商家庭，四海经商，外出多年，音信全无，母子四人生活无计，吴家见此情况，很为伤感，但三个甥儿，自幼聪颖，一表人才，知书识礼，甚为孝顺，深受外公称赞，所以全心关照，供予读书，课受教育。转瞬时光，甥儿成家自立，于是外公赠送民田十亩(土名江口塘，并建房一座，位于吴府前面左侧)，姻亲而此关怀，更使甥儿发奋图强，创造未来之美景。

对比吴姓族谱，吴宗孔并无科名，仅其次子吴世望为岁贡，任琼州教谕。虽然李氏的这段记载与沙李堂的传说在故事细节上存在差异，但其提供的信息，特别是李义桂“四海经商，外出多年，音信全无”，反而佐证了前文所论吴、李二姓与水上人群的特殊关系。同时，通过吴宗孔的“官员身份”、读书，以及“民田十亩”，李姓三子拥有了在郑山居住的合法性，更重要的是成为国家编户。

与吴姓的情况相似，郑山的李姓也加入华山李氏联盟，后者在长岐镇上建有华山李氏宗祠，其联盟成员的情况在《陇西郡华山李氏族谱》有清楚的记载。与此同时，和郑山村仅相隔一条马路的下坡李姓则持有《吴川三柏李

① 《陇西郡华山李氏族谱》(广东吴川)，吴川市郑山村藏，2012年。以下出自该书者俱不出注。

氏家史》，声称自己这一支系源出吴川巨姓三柏李氏。与其说两村李姓在血缘关系上存在区别，不如说他们在认同塑造和宗族建构上选择了不同的路径。

不仅是郑山吴姓、李姓和下坡李姓，在翻阅多个姓氏的族谱后，笔者发现，当地不少家族都会在谱中强调和茂名、吴川历史上的大族间的联系，这实际上是在通过血缘关系来为自己提供另外一种身份，以使自己超越本地其他宗族，提高在附近社区中的地位。比起在礼仪上强调自己是黄帝后裔、华夏子孙，这种与大族血缘上的联系在当地人的实际生活中发挥着更重要的作用。

四、年例与社区文化传统的整合

从社坛到沙李堂，从传说到族谱，从流动到定居，郑山村的人群和聚落历史里有着复杂的文化传统，层层叠叠。它们逐渐沉淀，彼此糅合，经由节庆活动集中表达。基于本文第一节内容，以下就郑山村年例若干要点加以讨论。

在郑山的年例活动中，沙李堂的部分神明被村民抬出，巡游全境。据郑山村民提供的名单，村内供奉的神明有：郑山境凭厄东、西二庆土地，庙主敕赐河南沙太尉，庙主北府通天金甲李大帝，会主金轮都督道相赵真君，移山拔树李、刘、洪三猖元帅，地祇承天车元帅，玉封康皇洪恩大帝，协天义勇关圣帝君，法主北极镇武玄天上帝，素主南无慈悲观音菩萨，敕封五显灵通华光马大帝，地祇火雷麦元帅，生身打化胡靖总管大人，境主万寿尊王太奶李、赵二位夫人。① 但在游神时，只有三尊神明参与。按庙祝的说法，“土地公不出，就这个紫轩太奶也不出”。同时，各尊神明出巡存在前后次序，“这个黑面的金轮公呢就到尾，最后一个出。走头先是白面，红面走中心”。② 亦即沙太尉（沙公）、李大帝（李公）和赵真君（金轮公、玄坛公）依次出巡。值得注意的是，在沙李堂传说中的“元旦公”很可能与“玄坛公”有关，甚至指的是同一

---

① 访谈对象：吴华新；访谈人：吴心怡；访谈时间：2021 年 10 月 17 日；访谈地点：微信访谈。

② 访谈对象：李姓庙祝；访谈人：刘志伟、赵世瑜、吴心怡等人；访谈时间：2021 年 12 月 26 日；访谈地点：吴川市郑山村。

尊神明。沙、李代表后来者，玄坛则指向更早的居民，由三者共同巡境反映出新老传统的叠加。

安置出游神明的“菩萨厂”指向的是村落的核心公共空间。2021 年 12 月，刘志伟教授和赵世瑜教授实地考察后认为，菩萨厂与他们在浙江遂昌蔡相游神活动中所见行宫相似①，即神明的歇马亭，同时也不排除其渊源是“原来的某个社”，或者是村落的水口庙。如果说游神是在维护社区的边界，那么每年正月神明从沙李堂前往菩萨厂接受村民的香火供奉，更像是在追溯古老的传统，在特定的空间中吸收这片土地深层的灵力。

关于郑山村出现上宵和下宵的原因，村民们并不清楚，只知道其与“做斋头”相关联。做斋头是粤西年例的一个环节，在郑山周边的其他村落虽然游神、大摆宴席，但基本不做斋头，郑山是周边还继续保持此传统的村庄。所谓做斋头，简单来说就是正月游神时可以带头抬着村里的菩萨，而菩萨会被依次抬到各个斋头家里鉴照，以驱邪祟。郑山村每年会选出 15 个斋头，上宵 9 个，下宵 6 个。当地人特意强调，在整套流程中，并不区分姓氏，基本上是按族谱上的次序轮转。

此外，在正月十六早上，15 个斋头都要去沙李堂里菩萨前掷杯珓，从上宵、下宵中各选出一个香老，上宵的香老负责上半年沙李堂和村里两个社庙初一、十五的烧香，并敲钟打鼓，下宵则负责下半年。当笔者询问敲钟打鼓的原因时，庙祝只说是要让别人知道。② 这种半月一次的仪式是否和更早的居民的农业活动或者日常生活规律有关，有待进一步发掘。

如果说游神、“做斋头”体现的是不分姓氏的“社”的传统，那么，年宵经费的交收则反映出宗族的组织框架。以 2018 年张贴在沙李堂外墙的公告为例：

> 本村依照历来惯例排列本年上下宵斋头人员，现公布如下，请任职责。上宵斋头：李雨龙、李志彬、李雨男、李华康、李建有、李冠群、李雨恩、李志文、李立松。上宵下次：李康生、李永华、李志得、吴亚明、吴亚

① 关于浙江遂昌蔡相的游神活动，参见李扬、徐小晴：《浙南山区蔡相信仰的创造与传播》，《民俗研究》2019 年第 4 期。

② 访谈对象：李姓庙祝；访谈人：吴心怡；访谈时间：2019 年 8 月 2 日；访谈地点：吴川市郑山村。

瑞、李观福、李文杨、李叶有、李雨得。下宵斋头：李叶慧、李立余、李进辉、李永崇、李雨兴、李其财。下宵下次：李立锋、李叶彩、吴亚福、李雨亮、李春亮、李伟文。

李姓人口远超吴姓，故名单中以李姓族人为多。排序的依据主要是辈分、年龄。又有《2018 年郑山村年宵收支表》一份，其项目名称下有“李叶彩交来人口款 173 人×10 元”“李盛帝交来人口款 258 人×10 元”“李文杨交来人口款157 人×10 元”等 16 项，外加“收到李叶春庙租金”1 项，在交收来的人口款中，最多的是“李华帝交来人口款 491 人×10 元”，最少的是“李雨恩收到人口款 30 人×10 元”。根据调查，这种对应关系的基础是宗族，各负责人对应着一定数量的村民，范围大致与“五服”相当。同时，人口款中的“人”特指家中男丁，“看家里的男丁多少，就交多少份”。[①] 换言之，年例的人口款本质上就是宗族的丁钱。

虽然郑山吴姓、李姓分别和肖山吴姓、华山李姓联宗，但沙李堂等庙宇并未因这层关系而与其他地方的庙宇建立联系，主要处理的还是社区内部的问题。据 2010 年肖山赐福古庙重建碑记，与肖山联宗的吴氏村落也踊跃捐款，在“吴氏宗亲捐资芳名榜”上有葵根德锋、鸡仔塘村、百官山村、洪坡村等题名，“郑山吴氏”与焉。而在 2003 年肖山村境庙重建碑记“捐款重建肖山境暨境主开光芳名”里，并无其他吴姓村庄参与。由此，郑山吴姓与肖山赐福古庙的联系是基于宗族的缘故，同时，两地庙宇间未建立起特定的关系。与之相反，郑山下游今博铺街道的香山祖庙显示出当地庙宇间的关系网络。香山祖庙是博铺最大且最重要的庙宇，庙里主祀北帝，北帝下还收复了众多小神，有周公、桃花女、陆将等数量众多的小菩萨，村民称这些神是从外面采木头回来请人做并请道士打醮开光过，把神都集齐了。庙内重要的佛诞北帝旦是三月初三，而这又是梅菉“爆烧火器”游神活动至博铺乡的日子[②]，二者恐怕不是简单的巧合，更可能是梅菉与周边村落合作的结果。

通过观察郑山村的年例可以看出，在这片土地上遗留下来的多种文化传统、人群关系被糅合到年度节庆活动之中，有的能够被直接辨识，如人口

① 访谈对象：吴健；访谈人：吴心怡；访谈时间：2022 年 10 月 15 日；访谈地点：微信访谈。

② 黄炉：《梅菉赋》，倪俊明主编：《广东省立中山图书馆藏稀见方志丛刊》第 27 册，国家图书馆出版社 2011 年版，第 567 页。

款与五服、丁钱的关系，有的则隐晦难解，如菩萨厂与游神时的神明排序。无论如何，通过年例这类节庆活动，历史上先后存在于社区的文化传统被不断上演、重组，展示出持久的生命力。

结　语

陈序经在《疍民的研究》中曾经以专章列出广州市人口调查委员会关于广州一带的水上居民人口情况的调查，里面详细到水上人家船的种类、数量、家庭情况、职业情况等[①]，这里面其实有一个族群识别的问题。对于近现代可见的疍户、渔户，在认定他们作为主流之外的特殊社会基础上，再研究他们的文化与社会结构，这是水到渠成的事情，但是这种方法并不能很好地用于识别历史上谁是疍民，特别是当疍民很可能并不是一个民族概念，而是指称一个内部不断变化、流动的人群范围时。

由于居住在鉴江边，郑山村先民的生活不可避免地带有水上人家的习性，甚至很多姓氏可能最初开始就是从水上搬到陆上。事实上，在传说中，我们确实可以说他们保留了在水上生活，或者即使不是住在船上，起码也是住在水边的生活的部分历史记忆。在郑山村的祭祀礼仪中，也可以看到与水上人相似的礼仪特点。虽然水上人并不排斥对男性世系的记录，但是能够联结超过邻村的同姓形成较大范围内的村落联盟，或通过编写族谱世系与当地大族建立亲缘关系，这需要一定时间才能发展、演变出来。社境与村庙的线索显示出人群迁徙历史与姓氏之间的关系，也反映了这是在有一段时间稳定的定居历史之后才有的特征。相比起疍家人的社会组织，或者由晚近才上岸的水上人所组成的聚落，祭社和长久修谱的传统又使得他们区别于明显的水上人社区；相比起所谓的宗族社会，他们生活的社区内并不是以祠堂为崇拜中心，和正统礼仪有许多不同的地方。

鉴江下游的村落提供了一种特殊的社区模式。他们自清代在此开基定居以来，很快开始构建宗族，通过虚构血缘关系去追求他们所认为的正统礼仪，并利用亲缘关系与地方大族建立联系，增强在本社区中的优势地位。与

① 陈序经：《疍民的研究》，商务印书馆1946年版，第1～44页。

血缘关系上的构建同时发生的，是每个聚落内对地缘关系的建构。他们吸收了社境这种概念，并加以创造发挥，运用在划定社区空间范围内。社境与庙共同组成了大部分村落的重要礼仪空间，在村子内部，地缘关系比起血缘联系更能整合一个乡村内部社区。尽管到目前为止，笔者仍不能仔细讨论这些聚落的人在构建与维持社区、创造与传承礼仪方面，究竟受到哪些因素、哪些群体的影响，但观察这个特殊的模型还是可以进一步了解在宗族社会与水上人家的社会之间的多样性，这些多样性在追求正统性的过程中，共同构成了一个统一的文化所在。

节日文化空间的建构与区域民族的交往交流交融
——以勐海县勐满镇“民族团结广场”为例

岩温宰香*

摘　要

在新时代背景下，傣历新年“赶摆”节庆成为各民族交往交流交融的重要载体和有效媒介，同时也被赋予了民族团结、民俗认同的新内涵。以云南省勐海县勐满镇“民族团结广场”的文化空间建构为切入点，将其置放于乡村社会治理和推进公共文化服务体系建设的大背景下，探讨族群关系和地方社会秩序的建构过程，可以为建设民族地区和谐稳定的社会环境和中华民族共有的精神家园提供富有价值的文化实践案例。

关键词

傣历新年；“赶摆”；文化空间；民俗认同；民族交往交流交融

党的十九大报告指出：“中国特色社会主义进入新时代，我国社会主要矛盾已经转化为人民日益增长的美好生活需要和不平衡不充分的发展之间的矛盾。”①当前，农村文化建设主体的空心化、政府公共文化供给失衡以及传统乡土文化价值认同危机，是乡村文化建设所面临的最突出的问题。因

---

* 岩温宰香，北京师范大学民俗学博士研究生。

① 习近平：《决胜全面建成小康社会　夺取新时代中国特色社会主义伟大胜利——在中国共产党第十九次全国代表大会上的报告》，人民出版社 2017 年版，第 11 页。

此，如何重建农村公共文化空间，是未来实现乡村文化振兴所面临的问题。[①] 乡村公共文化服务建设应以满足村民的美好生活追求为价值取向，着重于对乡村公共文化物理空间、活动空间和制度空间的重构。[②] 节日，作为一种特殊的公共文化空间[③]，在重建乡村公共文化空间的意义与实现途径方面意义非凡[④]。可以说，乡土节日传统在当代农村建设及助力国家顶层制度设计等方面发挥着重要的作用。鉴于此，本文将以云南省勐海县勐满镇“民族团结广场”公共文化空间的建构为切入点，将其置放于乡村社会治理和推进公共文化服务体系建设的大背景下，探讨当地政府是如何利用节日契机调节族群关系的。笔者注意到，当地政府在深入挖掘本土优秀传统文化资源的基础上，利用公共文化空间的生产来促进区域民族文化交往交流交融，从而重新塑造出一种崭新的族群关系和地方社会秩序。在现代国家建设理论框架的宏大叙事下，关注地方自治的多元叙事及其可能的走向，可以为探讨族群意识、国家认同等相关论题提供案例支持。本文的田野材料来自笔者长达十一年的实地调查，其中对各村寨“赶摆”仪程的展现主要以 2011 年 4 月(傣历 1374 年)的参与观察为蓝本。

一、田野点概况

云南省西双版纳傣族自治州勐海县勐满镇，位于勐海县西北部。镇政府距勐海县城 56 公里，距澜沧县城 63 公里。境内有 11 平方公里的勐满坝子，坝区[⑤]占总面积 3%，属于山坝相间的乡镇。全镇辖 7 个行政村，64 个自然村，84 个村民小组，驻有黎明农场星火生产队。“勐满”原为一土司地，明、清为一版纳地，1950 年改设勐满区人民政府，1987 年 10 月撤区建乡，正式设

① 参见陈波：《公共文化空间弱化：乡村文化振兴的“软肋”》，《人民论坛》2018 年第 21 期。

② 参见张培奇、胡惠林：《论乡村振兴战略背景下乡村公共文化服务建设的空间转向》，《福建论坛》(人文社会科学版)2018 年第 10 期。

③ 参见王霄冰：《节日：一种特殊的公共文化空间》，《河南社会科学》2007 年第 4 期。

④ 参见马永强：《重建乡村公共文化空间的意义与实现途径》，《甘肃社会科学》2011 年第 3 期。

⑤ 在西南地区，尤其是云南境内，常称山间小盆地等相对平坦的地段为“坝子”，简称“××坝”。参见童绍玉、陈永森：《云南坝子研究》，云南大学出版社 2007 年版，第 20 页。

立勐满拉祜族哈尼族布朗族自治乡人民政府。[①] 2002 年，撤销勐满拉祜族布朗族乡，设立勐满镇。该镇南麓河中游两岸约有 2.6 万亩的低山丘陵地带，是县内重点自然保护区之一。[②] 勐满镇作为一个边疆小镇，各民族在地理空间格局分布上呈现出大分散、小聚居、交错杂居的特点。特殊的地理环境和地缘关系，使其成为民族多样性、文化多样性、生物多样性相互融合的区域，这为研究本土多样态和丰富的民族文化奠定了一定的物质和文化基础。

需要说明的是，勐满虽然在某一历史时段里曾是拉祜族、哈尼族、布朗族自治乡[③]，但在很长一段历史时期内，傣族在经济文化、身份地位阶序等方面要明显高于这些民族，整个区域在族群边界问题上也存在着明显的秩序性。相对于其他族群，傣族不仅占据坝区的有利地形，而且在政治经济、社会历史文化的阶序上也一直处于高位。时至今日，族群边界的基本形貌不仅体现在村落空间性秩序方面，而且还存留于各类岁时节庆等节日传统方面。但我们无法只通过研究一个群体或者只通过其他群体来了解群体关系，必须要从它与其他群体的关系网络中，探索来自关系网络的“族群性”。[④] 因此，本文将从勐满镇傣族与其他群体的关系网络中，探索“族群性”及社会结构。

二、族群界别的历史传统

中国西南少数民族聚居地区自元、经明清至民国曾经历长达七个世纪的土司治理时期。土司辖域内，族群内部与族群之间由于政治经济上的不平等形成了地位阶序的高低之分，又因血缘、文化的亲疏不同形成了关系远近的差序之别。这种族群关系的历史，部分存留于史志文本，部分藏身于民众的口述与记忆，还有部分储存于传统节日和仪式景观之中。[⑤] 就此而言，

---

① 参见勐海县志编纂委员会办公室编：《勐海县乡镇概况》（内部资料），1992 年，第 210～211 页。

② 云南省海县地方志编纂委员会编纂：《勐海县志》，云南人民出版社 1997 年版，第 77 页。

③ 1987 年置勐满拉祜族哈尼族布朗族乡，2002 年撤销勐满拉祜族布朗族乡设立勐满镇。

④ 参见[美]霍德华·S.贝克尔：《社会学家的窍门：当你做研究时你应该想些什么?》，陈振铎译，重庆大学出版社 2017 年版，第 3～4 页。

⑤ 参见邵媛媛、彭虹：《从“族群界别”到“传统风俗”：沧源勐角乡泼水节节日秩序的涵义演变》，《民俗研究》2020 年第 5 期。

勐满亦有着丰富的历史传统。“勐”ᦵᦙᦲᧂ[məŋ^{41}]是汉语对于古傣语的音译借词，以前多写作“孟”“猛”或“茫”，其本为“部落”“国家”，过去曾是云南西双版纳傣族地区的一级行政区划单位，现仍存在于地名中，用来指代“地方”（place），如勐海县、勐遮镇、勐满镇等。“满”ᦙᦱᧂ[maːŋ^{41}]也是傣语音译借词，意为“视线模糊”。“勐满”ᦵᦙᦲᧂᦙᦱᧂ[məŋ^{41} maːŋ^{41}]意为一个模糊不清的坝子。关于“勐满”地名的传说，笔者儿时就曾听村寨里的老人们讲过，当年佛祖“帕召巩达玛”ᦘᦳᦈᧁᦂᦳᦎᦷᦎᦙᦱ[pha^{33} tsau^{13} ko^{55} ta^{55} maː^{11}]（即佛祖释迦牟尼）云游四海，每到一个地方都根据地形地貌或者佛缘给当地取一个名字。来到勐满的时候，站在高山上①举目四望，只见脚下的山谷晨雾弥漫，似梦似幻，宛如仙境一般，便轻声默念“蒙茫ᦵᦙᦲᧂᦙᦱᧂ[məŋ^{41} maːŋ^{41}]、蒙茫”。身边的随行弟子们随即记录下来，并以“蒙茫”命名此地。后来，随着时间的推移，傣族逐渐占据了坝子的大部分地方，便根据自己的习惯将“蒙茫”改成了“勐满”，把穿坝而过的河流唤做“南满”ᧅᧄᦙᦱᧂ[nam^{11} maːŋ^{41}]。从此，勐满作为一个“勐”盘踞在了河流与大山之间。传说帕召巩达玛还规定了各族群的地界：“水漫到哪里，哪里就是傣族的地界；山延绵到哪里，哪里就是卡过②目舍③的地界。”

6～8世纪（另一说法是13世纪之后）南传佛教传入西双版纳后，在与西双版纳本土原始信仰的漫长斗争与融合中，产生了许多与之相关的神话、传说与故事。佛教傣族化、傣族本土原始信仰佛教化，二者在长期的互嵌和互构中不断形塑着西双版纳文化环境的样貌。其中，“帕召”ᦘᦳᦈᧁ[pha^{33} tsau^{13}]作为傣家人心目中最为崇高、神圣的神明，一直被认为是现今世界最初秩序的奠定者。自然山川的命名、各地域的名称、各种动植物姓名的由来等等都与他有关，甚至西双版纳各地还留下了许多圣迹。这些圣迹不仅为

---

① 据说是如今的雷达山，傣名“吕班敢”ᦟᦲᧆᦔᦱᧃᦂᦱᧃ[lɔi^{33} paŋ^{55} kaːn^{41}]，今星火山村委会所在处。此地至今仍有佛教圣迹，每年周边群众都自发前去顶礼膜拜。

② “卡”ᦃᦱ[xaː^{13}]在傣语里泛指山地民族，也含有“奴隶”“野蛮人”“未开化的人”“不讲礼法的劣等品种”之意。“卡过”ᦃᦱᦂᦾ[xaː^{13} kɔː^{33}]用来指代哈尼族和爱尼人，“猛涩”（也写作“目舍”）ᦙᦴᦉᦸ[muː^{41} sɔː^{41}]是拉祜族的指称。这些称谓说明了生活在坝区的人们与生活在山地的少数族裔之间长久的分化状态，表明了族群间社会与文化的差距。当下，类似于“卡”等带有轻蔑性质的词汇已逐渐从本土用语中剔除或在日常生活用语中被弱化，表明了中华民族一家亲的观念已深入人心。

③ 拉祜族自称“目舍”“拉祜”“苦聪”“哥搓”“倮黑”等。居住在勐海县内的拉祜族自称“拉祜”“倮黑”，傣称“目舍”。1949年以后，统一定名为“拉祜族”。拉祜，意为“火烤虎肉”。拉祜族的族称当与猎虎或对虎崇拜有密切关系。

各族群间的资源竞争提供了文化心态上的合理解释,而且还为跨村落、跨地域、跨族群的交往交流交融,提供了神圣的空间场域和生存伦理。可见,通过控制地方力量来控制领土仍然是一种经常被用来使某个群体在特定领土上合法化存在的策略。①

勐满镇作为一个多民族聚居的地区,是典型的民族互嵌型地域。由于历史原因,各民族间长期存在着对抗和竞争。在历史发展的进程中,曾因统治阶级的压榨与奴役,民族间的相互仇视,山区与坝区之间隔阂较深,有"山上乌鸦不下坝,坝子鹭鸶不上山"的说法。② 20 世纪 50 年代以前,包括勐满在内的整个西双版纳地区,各民族间相互争夺生存资源,曾经发生过无数的争斗甚至战争,使得西双版纳地区族群之间的矛盾日益加剧,同时也形成了以傣族为主、其他民族为辅的地方社会阶序。他们结草为界,划定了严格的界限,严禁超越。傣族占据着得天独厚的生存环境和资源,而布朗族、拉祜族、哈尼族等只能依托山林河道等资源赖以生存。各民族间的边界划分、族群间的冲突与协调,对族群间的社会分层和生存状况产生了深远的影响。自从傣族成为勐满统治者以后,勐满傣族与其他民族的边界不仅体现在土地疆界方面,还体现在精神信仰方面。无论是祭"勐神"③仪式,还是祭"勐心"④仪式,都只有本勐的傣族才能参与,其他民族是万万不能参与的。历史

---

① Nicolas Lainé, "Phi Muangs Khamti Forces of Place in Arunachal Pradesh", *Asian Ethnology* ,Vol.79, No.2 (Jan. 2021), pp.239-258.

② 参见云南省勐海县地方志编撰委员会编撰:《勐海县志》,云南人民出版社 1997 年版,第 109 页。

③ 在勐满的傣族民众中一直流传着有关寨神和"勐神"的谚语:"家里的老人死了就会变成家神,寨子里的首领死了就会成为寨神,勐的首领死了就是'勐神'。"可见,如果说家神是个体祖先的膜拜,那么寨神、勐神就是对氏族的集体祖先的崇拜。"离乡勐神拉后腿,回乡勐神推后背""没有家神、寨神、勐神,则家不成家,寨不成寨,勐不成勐",这些谚语深刻反映了傣族民众对寨神、勐神的信仰以及浓厚的乡土观念。活态传承的祭"勐神"和祭"勐心"仪式,不仅与信奉南传佛教和本土信仰的当地整体文化有一定的内在文化逻辑联系,而且在人们的日常生活实践中发挥着重要作用。对于勐满镇的傣族而言,祭"勐神"仪式和有关"勐神"的传说,是当地人界定本族与异族的重要依据,成为区分本土族群内部阶层重要的政治机制。城子村历史悠久,傣族传统文化积淀深厚,至今仍是整个勐满镇所有傣族村寨"勐神"信仰的中心,下辖的 7 个傣族村落是其祭祀"勐神"的基层村落,这种信仰层面的隶属关系沿袭至今。

④ 傣族将村寨视为一个生命体,认为村寨不仅指客观世界里的村落实体存在,而且也指超自然的拥有"心脏"的村寨,即一个村寨就像一个人一样,拥有自己的心脏和四肢。"寨心"场域是村寨的心脏的象征,四个方向的寨门是村寨四肢的象征。村寨有"寨心",勐也有"勐心","勐心"是一个"勐"心脏的象征。一个"勐"一般有 8 个"勐"门,象征着"勐"是一个比"曼" ᦔᦱᧃ [pa:n^{33}]还要大一级的行政单位。

上，整个勐满一度成为本土“召勐” ꪹꪊ꫁ꪀꪾ [$tsau^{13}$ $mən^{41}$]（勐满的首领）的统辖之地。在“召勐”统治的年代，除了坝老傣村①为了逃避被统治的命运而主动逃到深山老林外，其他民族都是在一种被动的历史情境下远离坝区，不参加祭“勐神”和“勐心”仪式。水漫到哪里，哪里就是傣族的地界；山延绵到哪里，哪里就是卡过目舍的地界。在这样的地方神话建构下，族群的边界由此得以形塑。

三、勐满傣族“赶摆”的历史传统

在多民族国家里，许多民族尤其是少数民族为了自己不被主流社会的声音所吞没，经常会在自身的文化表达上下功夫，以期表明自身的存在。②勐满作为多民族聚集的区域，除了各民族有自身独特的传统风俗和文化表达之外，各族群间还有共同的民间习惯法（不成文的规约和制度），这些传统风俗、文化表达以及规约制度是建构地方社会良性秩序的重要方式。这种秩序与勐满的社会历史存在着结构性关联，是地方传统政治的一种仪式化表达。除此之外，由勐满镇 8 个傣族村寨组成的地缘性村落，不仅共享同一个“勐心”，而且共祭同一个“勐神”。虽然 8 个傣族村落之间也存在着一定的等级秩序，但在很大程度上却表现出较强的村落共同体特征与深厚的族群认同心理。这不仅表现在共享同一个“勐心”，共祭同一个“勐神”，还体现在共同庆祝的傣历新年泼水节的一系列“赶摆”活动中。

“赶摆”作为傣族自身文化的一种仪式表达，是在傣历新年系列活动中，对傣族人民名目繁多的各类大大小小的节日活动的一种统称。“摆” ꪜꪮꪥ [poi^{41}]在傣语里是“盛大的活动”“隆重的节日”的意思，所以“赶摆”其实类似于北方的赶集、赶庙会，或南方的赶场、赶街等。但由于历史和社会等各方面的原因，在“赶摆”活动中，除少数“赶摆”带有欢庆和祝福的成分外，多数“摆”还带有浓厚的宗教色彩，这与傣家人所信奉的南传佛教与本土原始

① 勐满的一个傣族村寨，与其他傣族村寨不同，坝老傣是一个只有 50 户人家、200 多人口的小村寨，且居住在山区。

② 参见褚建芳：《制造传统——关于傣族泼水节及其相关新年话语的研究》，《开放时代》2010 年第 2 期。

信仰密切相关。

“赶摆”在勐满镇的傣语里叫“嘎考摆”[illegible][ka：^{35} xau^{13} poi^{41}]、“嘎聊摆”[illegible][ka^{35} ʔɛu^{35} poi^{41}]、“嘎列摆”[illegible][ka^{35} din^{13} poi^{41}]，大致的意思都是“去赶摆场游玩”。但“赶摆”的叫法会随着语境的变化而变化。比如，参加“摆”的各村寨的人敲锣打鼓，载歌载舞，以群体性的方式带着各种礼物来到“赶摆”场的时候，又可以说“弄摆”[illegible][luŋ^{41} poi^{41}]、“多摆”[illegible][tok^{55} poi^{41}]。从语义学和语用学的角度来看，“摆”是名称，“摆”之前的所有词语都是动词。只是这些动词的意义指称会跟随语境的变化而改变。云南省德宏傣族、景颇族自治州傣族的“摆”的观念、概念、类属、功能等，都与西双版纳傣族有很大不同。其主要表现在做“摆”的规模、时间等方面。比如，在西双版纳，“摆”一般都不是以私人为单位所举行的个人行为，而是以村或区域为单位所举办的集体性活动，而且西双版纳的“摆”一般都集中在傣历新年期间。在云南，各地方的民族除了利用神话、传说等神圣性叙事来建构族群边界之外，土司时代划分族群高低的界限遗存，也是如今维持地方大型节日有序进行的传统风俗。①

在勐满镇，曼贺浓、大曼扁、曼赛等都是具有极大影响力的地区中心型村落，其中心地位主要反映在其有举办“赶摆”活动的传统权利上。相对于坝老傣、小曼丙、小曼俩等边缘的小村落，曼贺浓、大曼扁、曼赛三个村寨处于社会、文化的高位。在历史上，曼赛是勐满第一个建立起来的傣族村寨，作为“勐心”“勐神”主祭人的“摩勐”[illegible][mɔ：^{55} məŋ^{41}]②以及勐满的“帝娃拉陇召憨候”[illegible][te^{41} va^{33} da：^{55} loŋ^{55} tsau^{13} ha：n^{55} xɯ：^{11}]③，也出生在此寨。自南传佛教传入后，曼赛作为整个勐满傣寨的中心佛寺一直持续到中华人民共和国成立前。随着“勐神”“勐心”的祭祀方式和地点的变迁

① 参见邵媛媛、彭虹：《从“族群界别”到“传统风俗”：沧源勐角乡泼水节节日秩序的涵义演变》，《民俗研究》2020年第5期。

② “摩”，傣语，指能占卜算卦的巫师。“摩勐”是一个勐的巫师，是民间世俗的神职人员，是“勐神”祭祀仪式上的主祭巫师。家族世袭的神秘身份赋予了他能与各种鬼神交流“通灵”的本领，作为整个祭“勐神”仪式的核心人物，“摩勐”是实现交流和礼物流转的媒介。

③ 生前本勐自己部族里最为杰出的部落首领，死后其魂灵被认为能保护本勐的人，这样善的正义力量被称为“帝娃拉勐”。勐满的“帝娃拉勐”有好几位，其中最为有名的是“召憨候”[illegible][tsau^{13} ha：n^{55} xɯ：^{11}]，他被尊称为“帝娃拉陇”[illegible][te^{41} va^{33} da：^{55} loŋ^{55}]，“陇”[illegible][loŋ^{55}]在傣语里是“大”的意思，“帝娃拉陇”即勐满的大“勐神”。勐满的所有傣寨都要参加每三年一次的祭祀“召憨候”的仪式，以祈求他保佑全勐人畜平安，风调雨顺。

以及摩勐身份的祛魅化，曼赛逐渐失去了其作为中心佛寺①的地位，但基于其悠久的傣族文化历史传统，曼赛理所当然地具有举办“赶摆”场的传统权利。勐满傣族除了依据历史的文化传统阶序来决定是否有举办“赶摆”场的权利外，还会依照他们对族群文化的创新性转化和创造性运用。比如，“曼贺浓”ωɔϛeƐωɞϩ[ba：n[13] ho：[55] nɔŋ[55]]因为村寨名称里有“贺”Ɛω[ho：[55]]，所以被整个勐满傣家人认为是最应该先举行“赶摆”的村寨，因为“贺”在傣语里有“头”“首”之意，引申开来就是“第一”的意思。按照傣族对语言的文化性运用，“曼贺浓”于是便顺理成章地成了整个勐满的“头摆”，只有曼贺浓举办完“赶摆”仪式，其他村寨的“赶摆”仪式才能进行。为了凸显出勐满三个傣族村寨“赶摆”传统的特殊之处，以下我们将分别围绕各村寨“赶摆”仪式最核心的部分进行介绍。

勐满的傣历新年活动可分为各村寨自庆和全镇共庆两个时段，自庆的内容大同小异。傣历新年作为傣族最为盛大、最为隆重的传统节日，在纷繁多彩的文化事象、频繁的礼物流动与热闹的集体欢腾中，各种分明的节日秩序或隐或显地浮现于其中，主要表现在节日的启动顺序与共庆时各村寨礼物流动的仪式里。共庆的“摆”有三天，第一天是“摆贺弄”ၯၦƐωɞϩ[poi[41] ho：[55] nɔŋ[55]]（曼贺浓的“摆”），第二天是“摆曼扁”ၯၦωɔϛeωωၯϛ[poi[41] ba：n[13] pɛ：n[33]]（大曼扁的“摆”），第三天是“摆塔”ၯၦωɔʒ[poi[41] tha：t[33]]（曼赛的“摆”）。以下我们将分别简要介绍这三个村寨的“摆”。

曼贺浓的“赶摆”场位于其村寨入口大路右侧的一处田野。每年赶摆当天，各傣族村寨的老人都会自发前往田野中间那棵古老的榕树下参加献祭仪式。众人在各村寨“渡彼”Ꮆϛၯθϵ[tu[33] pi：[33]]②的引领下，先把榕树附近的杂草铲除干净，平整其根部的泥土之后，再对榕树前设立的各个龛位进行“赕”品的献祭，祭祀的对象是包括“勐神”在内的各路鬼神。该词源于佛教巴利语 Dana，在西双版纳傣族文化本土语境里，“赕”Ꮆɔϛ[ta：n[41]]有布施、施舍、供养之意，也包括对逝者亡灵的一种献供。“赕”在傣语里，是一个特殊的词

① 整个勐满中心佛寺共经历的三个村寨的变迁。历史上，勐满首个中心佛寺在曼赛，后来位移到城子村。当下，整个勐满镇的中心佛寺位于大曼扁。

② “渡彼”是当地民众对处于第二级僧阶的僧侣的本土叫法。其他学者有的写作“都比”，为了更为贴近当地傣语称谓的译法，同时也考虑到翻译为汉语时的意义，笔者在论文中通篇写作“渡彼”。

汇，可译为“布施”“供奉”“敬献”，是信奉南传佛教的民众出于做善事而以积功德所进行的一种礼物的馈赠、呈现与表达，而且这种馈赠、呈现与表达是出于“无偿”和“自愿”的。在傣语语境里，只要涉及获取功德的馈赠行为或仪式都可以称为“赕”。“赕”不仅是佛教常用语，而且也是傣族民众日常生活里的常用语。比如由“赕”与“毫轮瓦”ᨡᩮᩢ᩶ᩣᩃᩩ᩠ᨶᨷᩢ᩠ᨶ[xau^{33}lun^{11}ba:n^{35}]（做功德用的谷米）、“兴”ᩈᩦ᩠ᩃ[sin^{55}]（戒）、“帕召”ᨻᩕᨧᩮᩢ᩶ᩣ[pha^{33}tsau^{13}]（佛祖）等词合用而构成的“赕毫轮瓦”[ta:n^{41}xau^{13}lun^{11}ba:n^{13}]（向佛寺布施的稻谷）、“赕兴”ᨴᩣ᩠ᨶᩈᩦ᩠ᩃ[ta:n^{41}sin^{55}]（开斋戒时候的礼物馈赠）、“赕帕召”ᨴᩣ᩠ᨶᨻᩕᨧᩮᩢ᩶ᩣ[ta:n^{41}pha^{33}tsau^{13}]（献给佛祖的礼物）等专有名词。其含义囊括了“布施物质”“为……作布施”“向……作布施”等，并传达出了“敬献”“呈现”“供奉”“馈赠”等价值观念，这些价值观念都是出于“无偿”和“自愿”的付出，是一种利他利己、修资粮得福报的一种礼物流动的形式。更为重要的是，每个与“赕”所搭配而成的日常用语背后都有与其相对应的一套“礼”与“物”的习俗，它们一起构建了傣家人富有特色的礼物文化体系，是人、鬼、神之间的礼物交换、契约和沟通的一种形式。仪式的最后是渡彼念诵祈福经文，众人手握点燃的蜜蜡香参拜祈祷，祈求“勐神”的护佑和全镇五谷丰登，平安幸福。做完仪式后，就象征着傣历新年节庆的开始，曼贺浓作为“头摆”，其做“摆”的功能是向各路神灵“掀亚”ᩈᩮᩁᩀᩣ[sɛn^{55}ja:^{41}]（虔诚提示、呼唤）傣历新年节庆的到来，同时也开启人间庆祝傣历新年活动的序幕。每年的“赶摆”场都会吸引地方社会不同族群的人前来参与，形成了傣族过傣历新年泼水节，布朗族、哈尼族、拉祜族积极参与，汉族做生意的习惯。但在 20 世纪 80 年代前期，对于一些相对贫穷的哈尼族和拉祜族村民，他们到“赶摆”场不是为了消遣，也不是为了参与节日的庆典，而是想在人群集中的地区乞讨一些零钱或食物，以渡过自己的生活难关。生活的困顿与经济的落后，更加剧了族群间的隔阂与阶序的分化。

上午的“赶摆”场，是“渡彼”们念诵洁净经文仪式和寨老们做“赕”的仪式，琳琅满目的小摊商品，品种繁多的庆祝活动，如跳圈圈舞、章哈演唱等，形成了神圣与世俗、交互与交错的多元文化交融的时空。大约下午 3 点，各村寨的“幕冒幕哨”ᨾᩪ᩵ᨷ᩵ᩣ᩠ᩅᨾᩪ᩵ᩈᩣ᩠ᩅ[mu:^{35}ba:u^{35}mu:^{35}sa:u^{55}]们穿着节日的盛装，打扮得漂漂亮亮，三五成群赶往“赶摆”场，成了“赶摆”场上又一道道靓丽的风景线。“幕”ꩫုꩮ[mu：[35]]在傣语里是“群”或“群体”的意思。作为村落的一种组织，“幕”是指由年龄相仿或身份相同的人群自愿组成的。常见的“幕”的形式主要有“同学幕”“老庚老表幕”等。其中，“幕冒幕哨”ꩫုꩮꩀꩰꩫုꩮꩀꩰ[mu：[35] ba：u[35] mu：[35] sa：u[55]]是“幕”的一种形式，是对由年轻男女组成的队伍的一种统称。“幕冒幕哨”作为村寨里非常重要的组织，既是一种性别组织，也是一种年龄组织，是一个村寨充满活力的调和剂，在村落日常生活中扮演着重要的角色。在“赶摆”场上，除了人与“鬼神”的礼物的流动以外，还有人与人之间的礼物的流动，尤其是在青年男女之间。如果彼此中意，就将包里的礼物取出，交给自己中意的对象，开启一段段崭新的恋情。“赶摆”场最后以放高升的仪式结束。

第二天，是大曼扁的“赶摆”场，大曼扁的“赶摆”仪式主要活动大致分为上午和下午两个时间段，上午是全勐的老人进行浴佛、“赕”佛仪式。浴过佛像的圣水，老人们都会用自己带来的瓶子装满，带回家给家人洗眼睛耳朵，据说能让人耳聪目明。洒在人的身上或宅子的门头上，还可以祛除鬼魅，消除灾祸。下午是各村寨集体歌舞的展演。参与对象主要以各村寨的“幕冒幕哨”为主，其他年龄段的村民也会参与其中。

集体舞的展演也是有秩序的。一般轮到哪个村寨举办的“赶摆”场就由哪个村寨的“幕冒幕哨”群体在队伍的前面领舞，之后按照大寨到小寨的等级秩序尾随其后，具体的舞蹈位序是大曼扁、城子、曼贺浓、曼赛、曼西、曼俩、坝老傣，队伍最后是由其他民族组成的队伍。可见，在社会文化空间的“对立”关系方面，族群与族群之间，或同一个族群之间的秩序是通过特定场域中特定的象征性仪式来呈现的。近年来，村落自组织的“幕冒幕哨”会利用“赶摆”场的契机而举行“软苏”ꩻꩬꩯ[jɔn[41] su：[41]]①的礼物互动。为了获得更多的礼物，他们与馈赠者交流互动的方式也从最初的“软苏”歌谣发展到独唱、合唱、歌伴舞，甚至是喝酒等形式。

① 勐满傣族村寨里特有的一种礼物互动的活动。逢年过节，村里的年轻男女会敲锣打鼓，唱着歌，跳着舞，到每家每户去“软苏”，这是一种带有娱乐、喜庆的礼物乞讨。通常是女孩子跳傣族传统舞，男孩子唱歌，给每家每户带去了吉祥和欢乐。歌词的内容大概是：“来乞了，来讨了，我们来乞讨了，不给多，也给点，给我们买花送姑娘……”歌曲里也有希望主人家在新的一年里合家欢乐、幸福安康的祝福。“软苏”队伍到每一家，家里的主人都会高兴地送给他们一些粑粑、烟、酒以及一定数量的钱。甚至有的主人也一起参与到队伍中来。整个“软苏”活动的气氛热烈、欢快，往往会把节庆活动推向另一个高潮。

大曼扁"赶摆"结束之后，接着就轮到"摆塔"(曼赛村的"摆")了。"摆塔"的名字源于在曼赛村西北山腰上的一座白塔(现已被重新装饰成金塔)。"摆塔"赶摆场的欢庆也要持续一天。上午主要由信奉南传佛教的傣族村寨的渡彼、"布占"ᦔᦴᧈᦈᦱᧃ[pu:[35] tsa:n[55]][①]、"细梢"ᦉᦲᦉᧁ[si:[35] sau[55]][②]、老人参加祭拜白塔、佛像、各路"帝娃拉"ᦎᦵᦞᦱᦡᦱ[te[41] va[33] da:[55]][③]以及位于白塔周边的几棵被奉为神树的古木的仪式。与此同时，各民族的商品交流互动也同时在进行。下午两点后，以"幕"为单位精心打扮的各村人群纷至沓来。大家以歌舞的形式作为娱神的礼物绕着白塔表演三圈，之后再对白塔、佛像、帝娃拉龛位和神树进行跪拜，目的是求得各路神灵的护佑，让自己及家人平安度过欢乐的傣历泼水节庆。太阳偏西后，"赶摆"场上开始燃放高升，完成最后一个仪式。

值得注意的是，燃放高升也要遵循当地的传统秩序，即一般先由举办"赶摆"场的村寨放，之后再按照村寨的等级秩序来安排序位，依次为曼赛、城子、大曼扁、曼贺弄、曼西、曼俩、坝老傣。在傣历新年节庆的首尾两日日空间和仪轨等方面安排中，呈现出了显著的本土景观秩序，这是经由南传佛教的神圣性叙事和本土民间信仰再度强化后，所形成的勐满傣族与其他各民族的族群边界和阶序共识。傣族的"赶摆"与北方的赶庙会相类似，以敬拜为核心，与个体生命历程紧密关联。既是民众的日常生活方式、乡土宗教的整体体现，又是群体性或主动或被动参与，可以集中展示一个特定地域之政治、经济、文化、习俗、景观的地方性庆典、文化图示和群体心性。[④]

---

① 西双版纳傣语，也叫"波占"，是傣族村寨里的神职人员，一般由受过具足戒的出家僧人还俗后通过村民信众推选胜任。其主要的工作职责是协助渡彼做好宗教仪式，或引导村民举行日常礼仪，是协调宗教与世俗事务的重要媒介。

② "细梢"专门负责寺庙管理以及祭祀活动中的联络工作，相当于寺庙的四位护法(四大长老)。

③ 一说该词源于梵语对梵天神界各路神仙的称呼，一般与"帝娃普"ᦎᦵᦞᦱᦗᦳᧆ[te[51] va[33] but[55]]连用，两者都可以用来泛指家神、寨神、勐神等地方神和祖先神，其性别指向比较模糊。如细分的话，"帝娃拉"特指女性之神，"帝娃普"特指男性之神。第二种说法认为，"帝娃拉"是传说中继帕雅桑木底之后傣族祖先民们最崇拜的神之一，此神专门与佛祖作对，被佛祖诬蔑为"叛逆者假菩萨"。在傣族创世史诗《巴塔麻嘎捧尚罗》中，"帝娃拉"变成一条绿蛇引诱神果园的守护神偷吃禁果和疾病果，导致人类的生老病死，是一个反面角色。其读音与印度的天誓(Devarath)即毗湿摩相似。毗湿摩是古代印度史诗《摩诃婆罗多》之《毗湿摩篇》中的重要角色，因此有的学者认为这是傣族的史诗受南传佛教影响的结果。参见祜巴勐:《论傣族诗歌》，岩温扁译，中国民间文学出版社 1981 年版，第 89 页。

④ 参见岳永逸:《朝山》，北京大学出版社 2017 年版，第 125 页。

从三天共庆的“赶摆”场的礼物流动来看，具有举办“赶摆”特权的三个村寨之间存在着显著的阶序。而历史上“召勐”统治的时期所形成的族群阶序结构，正是形塑节日秩序的深层历史根由。另外，其他的族群虽然没有被完全排挤在外，但所获得的认同是最低的。“赶摆”场上，人们借助仪式让族群的历史记忆得以复原，并借助礼物的流动以及文化的展演加强村落间的秩序建构。

四、从“族群界别”到“民族团结”：“民族团结广场”的文化空间建构

自中华人民共和国成立后，随着国家民族平等政策的实施，民族团结的理念不断深入人心，各民族间的相互认同也得到了加深。特别是1978年以后，随着商品经济的不断发展，各民族间的茶叶、农产品等商品贸易往来逐渐频繁。布朗族、拉祜族、哈尼族等族群通过甘蔗、胶树种植以及出售普洱茶等手段，经济收入逐步增加，特别是在普洱茶价格日益攀升的当下，许多盛产普洱茶的寨子的经济收入甚至比坝区的傣族都要高出许多。随着经济地位的不断提高，他们的社会地位也在不断提升，加上政府的合理引导，他们的政治地位也在节节攀升。于是，这些族群与坝区傣族的各种剪刀差也逐渐减少甚至消失。上述原因，成为勐满地区各民族相互交融的基础，促进了各族群之间的相互交流与融合。各民族间通婚、结亲、交友①等，地方群体之间的相互依存越来越密切。

勐满镇城子村委会位于惠勐公路219国道旁，东至曼贺浓，南至大曼扁，西至坝老傣，北至曼赛，以种植粮食、甘蔗、茶叶、橡胶及冬季蔬果等经济作物为主。城子村不仅是整个勐满镇8个傣族村寨的行政村委会所在地。而且历史上曾经是“召勐满”（封建领主时代勐满的傣王）宫殿的所在地，集体化时期是村社的集结地，坝老傣村和其他几个村寨曾来此并社。当下，城子村作为一级村委会，下辖坝老傣、大曼扁、幸福展、曼西、曼赛、曼贺浓、小曼

① 傣族男子之间年龄相近的好朋友称为“老庚”，傣语为“波果”，意为好兄弟，在一起喝酒聚会，每逢节日和重要活动期间互相走动，互帮互助，关系密切。女性之间称呼年龄接近的好朋友为“咪果”，类似于汉语的“闺蜜”。

俩、小曼丙等24个村民小组。但城子村作为勐满地区型中心村落，却没有自己举办“赶摆”的历史传统，这是城子村一直觉得最为遗憾的一件事。为此，城子村村民一直在找寻找机会弥补这一缺憾。在国家大力提倡“民族大团结”的时代语境下，城子村两委向勐满镇政府提议，为了强化民族之间的文化交流，每年的傣历新年期间，在该村举办以民族团结为主题的“赶摆”场，即举办勐满的第四个“赶摆”场。该提议得到了勐满镇政府和城子村村民的大力支持。2011年，勐满镇政府在城子村周边一块相对平坦的田坝上建立了“民族团结广场”，并在广场最显眼的地方立起了两块高大的石碑，石碑上分别刻写着“民族团结”和“民族团结广场”两行醒目的红色大字。当地政府试图把“民族团结广场”打造成整个勐满镇各村寨、各民族间节日共庆、文化共享的公共文化空间——“赶摆”场空间。

2011年(傣历1374年)的傣历新年，镇政府在“民族团结广场”举办了一次规模盛大的“赶摆”活动。为了办好这次“赶摆”活动，镇政府在节前就下达通知，要求各村寨以村小组为单位，准备1～2个文艺节目，要尽最大努力把本村寨最有特色的民族文化展现出来，与大家共享。同时，还委派镇文化站的工作人员提前到各个村寨蹲点，协助村民们排练节目。“赶摆”当天，人山人海，盛况空前。前来“赶摆”的村寨除了8个傣族寨子以外，还有关双、吉良等布朗族村寨，班倒、大旧笼等哈尼族村寨和那包、幸福展等各少数民族村寨。他们身着崭新的民族服装，以主人的身份出现在“赶摆”场上。“赶摆”场中，各种商品展示琳琅满目，各种特色小吃应有尽有。然而，最引人注目的还是各村寨表演的文艺节目。

坝老傣村作为勐满镇8个傣族村落之一，按理说应该表演傣族文化相关的节目，但由于坝老傣村地处半山区(当地傣族一般在平坝定居)，无论外形、服饰装饰还是说话的语调等都跟周边的布朗族有些相似，坝老傣村的村民一般都会被外人误认为是布朗族，就连乡镇的有些领导也觉得坝老傣村的村民应该是布朗族。面对这一尴尬的处境，坝老傣的村民在跟外人打交道的时候偶尔也会自称“布朗傣”，以化解这种尴尬。

“布朗傣”，顾名思义，是对兼具傣族和布朗族文化属性的“民族”的一种俗称。“布朗傣”的文化在外人看来是介于傣族和布朗族之间的，因而有两可性和混溶性。被外人认为是“布朗傣”的村寨，不仅只有坝老傣村，邻近的勐囡村也同样面临着这种情况。勐囡村地处傣族和布朗族文化的中间地带，加之各种其他因素影响，也呈现出“布朗傣”的文化特性。在国家民族识别发端的第一阶段（1949～1954 年），勐囡村被认定为是傣族。后因其居住地域、外貌特征、语言、服饰、习俗等比较接近布朗族，加上一些村民有布朗族民族认同和意愿的心理，当地政府向上级有关部门请示后，于 2007 年同意其修改民族成分，于是一些村民就把民族变更为布朗族。所以，现在该村村民的户口本上，有的登记为傣族，有的则是布朗族。有些家庭也会出现父母是布朗族，但孩子自己选择成为傣族的情况。跟勐囡村很类似，坝老傣村也处在傣族和布朗族文化圈的过渡地带，所以其文化也兼具傣族和布朗族的特征。

实际上，傣族文化和布朗族文化的交融在历史上早有发生。历史上，布朗族有语言无文字，一般居住在山区或半山区，属于山地民族，跟傣族一样信奉南传佛教，其语言、宗教信仰、衣食住行等跟傣族相似，可以明显看出两种文化相互渗透的痕迹。在很长一段历史时期内，布朗族、哈尼族等均曾被作为“召片领”（意为广大土地之主，即明朝以来受封的车里宣慰使）的傣王所辖统，其身份、地位明显要低于傣族一等，但两个族群历来交往密切。20 世纪 50 年代，对勐笼的布朗族寨曼散和傣族赛曼景利彼此关系的调查显示，两个民族仍保持着通婚传统。布朗族寨无佛寺，还与傣族村寨共用同一寺庙赕佛。在称谓上，傣族平等地称布朗族为“傣曼散”（曼散的傣族）而非为“卡”（奴隶）。傣族青年称布朗老人“波竜”（大爹），自称“怀”（小的）。[①] 此外，在勐混曼贺勐、曼贺那、曼广囡等傣族村落，傣族均自认祖先就是布朗族。虽然如今布朗族早已傣化，但有的还保留着一些布朗族的风俗，如收新谷时，第一背要反倒入仓。[②] 这样的跨文化互动正是人类多元文化兴盛的根基。通过共享的民俗实践，而不是共同的种族或世系，人们才在日常生活中获得生活的意义，构建起个人和群体认同感。[③]

2011 年 4 月 19 日，为了迎接新的民族团结广场“赶摆”活动，坝老傣村

---

① 参见云南省编辑组编：《傣族社会历史调查》（西双版纳之八），云南民族出版社 1985 年版，第75 页。

② 参见云南省编辑组编：《傣族社会历史调查》（西双版纳之五），云南民族出版社 1983 年版，第95 页。

③ 参见张举文：《民俗认同是日常生活与人文研究的核心》，《文化遗产》2021 年第 1 期。

按照镇政府的安排表演了布朗族文化的歌舞节目。这天,坝老傣村的中年妇女和年轻的女性都穿上了艳丽的布朗族服装。她们身佩布朗族传统的银簪、银链和银腰带,耳垂挂上大耳环或耳柱,头戴三尾螺头簪以及插满鲜花的布朗族帽子,手上的臂箍和指箍也格外显眼。她们的出现成了“赶摆”场上一道亮丽的风景,她们所表演的有关布朗族传统生产、生活的歌舞节目也获得了在场观众的阵阵掌声。这次表演极大地提升了坝老傣村的自信心。笔者通过对表演者的访谈得知,她们都为能够展现布朗族传统文化而感到骄傲和自豪。

> 赶上好时代了啊!如果是以前,打死我都不会来表演的,会被别人笑话的。现在好了,不管穿哪个“帕萨”ၽႃႇသႃး[pha:41 sa:55](民族)的服装,“卡过”(哈尼族)也好,“目舍”(拉祜族)也罢,都不害羞了。因为都一样是中国人嘛。①

同样是本地域的傣族,却被视为“布朗傣”,这是坝老傣村在民族认同方面表现出复杂心态的主要原因。但如今,坝老傣村的人已不会因为被别人视为“布朗傣”而感到不适。相反,他们为自己同时拥有两个民族的文化属性而感到自豪。

除了坝老傣村,其他如幸福展的拉祜族、曼贺东ပၢၼ်ႁေႃတွင်[pa:n13 ho:55 toŋ33]的爱尼人、勐囡村的傣族(布朗族)、关双的布朗族等村寨,都在“民族团结广场”这个共有的象征空间内进行了集体性表演,把歌舞作为一种礼物馈赠给大家。表演的秩序是镇政府根据节目特点安排的,各村寨之间没有先后次序的差别和高低贵贱之分,更没有主次阶序的界定。各村寨间以文化为礼物,各美其美,美美以共。舞台上,各民族一起载歌载舞;广场上,各族群不分彼此。大家相互贸易,积极互动。各族少男少女们择偶的标准,早已不再以民族为界线,只随自己的心意寻觅自己的心仪之人。整个“赶摆”场呈现出一派欣欣向荣的民族团结景象。族群意识在普天同庆的欢乐氛围里被逐渐消融。过去的族群边界矛盾,在融洽、和谐的新秩序中消解。傣历新年“赶摆”成为各民族交流的重要载体和有效媒介,同时也被赋予新时代

① 访谈对象:米龙宰暖(化名),女性,56岁;访谈人:岩温宰香;访谈时间:2011年4月19日;访谈地点:民族团结广场。

民族团结、文化认同的新内涵。

笔者向坝老傣村民提问，在参加此诸如“赶摆”之类的岁时节庆时，各种服饰混穿，各族歌舞混跳，会不会被认为是对神灵不敬或被其他民族侧目。坝老傣村民都纷纷表示，不管是汉族、傣族、布朗族还是其他民族的服饰，只要好看，自己喜欢，都可以穿，并无违和感和任何禁忌。[①]

在选择穿什么样的服装这个问题上，坝老傣村并没有严格的规定和要求，也没有强烈的关于服装的民族意识。类似的“文化亲昵感”[②]不仅存在于坝老傣村，也出现在傣族、布朗族、哈尼族和拉祜族等族群。这些现象不仅是多民族地区不同民族民俗认同[③]和融合的体现，而且是各民族间“文化亲昵”的重叠共识与和谐共生的民俗生活融合的具体体现，是超越民族概念的民俗共享。中华民族是多族群的集合，中华传统文化是在地方多元文化的融合、提炼中形成的。不同民族的文化融合与和谐共生是民俗认同与国家认同的文化基础。

结　语

党的十九大报告明确指出：“深化民族团结进步教育，铸牢中华民族共同体意识，加强各民族交往交流交融，促进各民族像石榴籽一样紧紧抱在一起，共同团结奋斗、共同繁荣发展。”[④]2019 年，习近平总书记在全国民族团结进步表彰大会上强调：“实现中华民族伟大复兴的中国梦，就要以铸牢中华民族共同体意识为主线。”[⑤]“民族广场”作为国家、市场与民间社会多重社会空间的交叠地带，不仅展现了国家对民族地区的发展理念，同时也体现了地

---

① 访谈对象：坝老傣村民；访谈人：岩温宰香；访谈时间：2011 年 4 月 19 日；访谈地点：民族团结广场。

② 纳日碧力戈、龙宇晓：《山地世界的差序格局与文化亲昵》，《中国山地民族研究集刊》2015 年第 2 期。

③ “民俗认同”，是指以“俗”为前提来研究“民俗”，而不是以“民”为前提来研究“民俗”（特别是在现有的已经被“人种/民族/异族”为范式的模式下，大家已经习惯了以“民”为前提去研究文化传统）。参见张举文、惠嘉：《美国华裔文化的形成：散居民民俗和身份认同的视角与反思》，《文化遗产》2016 年第 4 期；张举文：《民俗认同：民俗学关键词之一》，《民间文化论坛》2018 年第 1 期；张举文：《文化自愈机制及其中国实践》，《北京师范大学学报》（社会科学版）2018 年第4 期。

④ 习近平：《决胜全面小康社会　夺取新时代中国特色社会主义伟大胜利——在中国共产党第十九次全国代表大会上的报告》，人民出版社 2017 年版，第 40 页。

⑤ 《习近平谈治国理政》第三卷，外文出版社 2020 年版，第 299 页。

方政府、市场、民间社会参与这一发展过程的理解与回应，对于理解民族地区的发展逻辑具有重要的研究意义。[①] 勐海县勐满镇“民族团结广场”作为“被发明的传统”[②]，其目的是建构和促进本地域群体成员之间的沟通与交流，最终让傣历新年“赶摆”活动由对族群关系秩序的操演历史转向对各民族共同团结奋斗的新时代引领，让傣族传统的“赶摆”活动演变成各民族共享的文化符号和区域节日，其精神和价值的共享过程令各族民众之间实现真正的认同与尊重。

当下，在“多元一体格局”“中华民族共同体意识”等语境下，国家认同构成了大众传媒语境中的主流话语体系，如何将国家治理政策与乡村自治传统更好地融合，如何实现传统与现代生活的接轨，尚有待于深入研究。勐满镇基层政府将公共文化空间纳入地方社会治理体系，在深入挖掘本土优秀传统文化资源的基础上，通过对“民族团结赶摆场”公共文化空间的建构，积极发掘其空间潜能，有效利用与整合空间中的各种文化资源等手段，让“民族平等”“各民族团结进步”等具有政治宣传意义的主题性符号，向基层进行传播和渗透，最终实现了本地区从“族群界别”到“民族团结”的文化整合。这种现代性的改造方式不仅弥合了国家与民俗、大传统与小传统、名与实之间的张力与差异[③]，实现了国家、社会与“第三领域”[④]的良好互动，而且对促进多民族地区不同民族间的平等交流、团结协作和文化多样性等方面具有深远的现实意义。

① 参见郑玲玲：《云南民族广场的空间塑造与生产研究》，云南民族大学博士学位论文，2022年。

② ［英］埃里克·霍布斯鲍姆、特伦斯·兰杰：《传统的发明》，顾杭、庞冠群译，译林出版社2019年版，第2页。

③ 靳浩辉：《农村社会治理视阈下祠堂文化与公共文化的互嵌与重构——以浙江省农村文化礼堂为例》，《理论月刊》2018年第7期。

④ 黄宗智：《重新思考“第三领域”：中国古今国家与社会的二元合一》，《开放时代》2019年第3期。

家族祖先的神格化

——山东莱芜黑峪庙会亓占峰老爷信仰的乡土建构

姬厚祥*

摘　要

亓占峰是前黑峪村亓氏家族的祖先，原为晚清莱芜地区民间治疮疾的医生。他因救治穷人，多行善举的事迹而被当地百姓敬重，又因大量故事传说而被神化为包治百病的神祇，吸引了大量信众在庙会期间前来礼拜。从疮疾医生到民间神祇，亓占峰老爷已冲破亓氏祖先这一宗族内部藩篱，成为莱芜及周边地区灵验的地方性"健康保护神"。这意味着，中国民间宗教体系中的神、祖先和鬼并非泾渭分明，不可转化。其中，神灵也并非全然是古代官僚体系的象征隐喻，相应的神职功能也具有灵活的模糊性。

关键词

亓占峰；黑峪村；庙会仪式；民间信仰

对于人类学家来说，神灵信仰和仪式构成了文化的基本特质，也构成了社会形貌的象征展示方式。[2] 不同于西方宗教场所、教职人员、经典教义、教徒信众、信仰体系较为固定的制度化宗教，中国的民间宗教表现出极大的异

---

* 姬厚祥，山东大学儒学高等研究院民俗学研究所博士研究生。

② 参见王铭铭：《社会人类学与中国研究》，广西师范大学出版社 2005 年版，第 132 页。

质性，目前，学界的主流观点认为，中国民间的信仰、仪式和象征构成了“中国民间宗教”。对中国民间信仰、仪式、象征的研究一直以来受到西方汉学界和社会人类学界的重视。武雅士(Arthur Wolf)认为，中国民间对神、祖先和鬼崇拜的社会根源在于中国农民的社会经历。在农民的生活世界中，存在三种人：第一，常来向他们收税、规范他们行为的官员；第二，他们自己的家庭或宗族成员；第三，村落外部的“外人”和危险的陌生人。这三种人分别与神、祖先、鬼的崇拜相对应，构成了中国的民间信仰体系。[①] 王斯福(Stephan Feuchtwang)认为，中国民间信仰体系包含三种超自然物，即神、祖先和鬼。这三者之间的差别不在于他们各自代表什么社会阶层，而在于他们形成一种象征上的结构关系：神和祖先象征着社会对它的成员的内在包括力(inclusion)和内化力(interiorizing)，而鬼象征着社会的排斥力(exclusion)和外化力(externalization)。[②] 芮马丁(Emily Martin Ahern)则将中国民间信仰仪式与衙门的政治交流过程相联系，认为在此类宗教祭拜中，神即是官，祭拜者即是百姓或下级办事人员，仪式过程中的人神交流犹如百姓向衙门汇报案件。[③] 总之，西方学界对中国民间宗教的研究视角十分独特，但受现实因素的影响，其对中国民间信仰、仪式、象征的研究较多集中于台湾、香港以及东南沿海地区，具有一定的视野局限性。实际上，在中国民间信仰体系中，神、祖先和鬼三者之间并非泾渭分明，毫无联系，而是存在着相互转化的关系。民间信众祭拜神祇的仪式也并非全然与衙门的政治交流类同，换句话说，中国民间信仰体系中的“神”并不一定是“官”，还有可能是拥有某种实用功能的人。

山东莱芜民间对亓占峰老爷的礼拜便可很好地证明上述观点。亓占峰本是前黑峪村亓氏家族的祖先，是生活在晚清时期莱芜民间的疮疾医生，因医德高尚，救助穷人受到当地百姓的爱戴，又因大量故事传说而被建构为民间神祇。信众为其塑庙，并将亓占峰老爷的忌辰(农历二月二十六日)及之后的5～7天定为黑峪庙会会期，前来焚香祝祷。这一信众礼拜仪式也并非

① 参见[美]武雅士:《中国社会中的宗教与仪式》，彭泽安、邵铁峰等译，江苏人民出版社2014年版，第137～185页。

② 参见[英]王斯福:《帝国的隐喻：中国民间宗教》，赵旭东译，江苏人民出版社2009年版，第71～104页。

③ 转引自王铭铭:《社会人类学与中国研究》，广西师范大学出版社2005年版，第149页。

百姓与官员交流的模式再现，而更类似于病人与医生的交流，祈愿之事也多为病体痊愈或身体健康。笔者通过田野调查，力图呈现该庙会所在地黑峪村之概况，梳理亓占峰老爷庙的建庙缘起及复建、翻修历程；将文献记载与村民口述记忆相结合，探究亓占峰老爷信仰的历史根源，考察黑峪庙会期间信众祈愿内容与礼拜仪式之流程，试图较为全面地呈现亓占峰老爷信仰之乡土建构过程，为中国民间宗教研究提供新的个案分析。

一、黑峪村的亓氏家族与亓公庙

（一）亓氏为主的多姓村

黑峪村位于山东省济南市莱芜区高庄街道南部山区，笔架山东麓，隶属莱芜区高庄街道办事处，距离莱城西南 12 公里，北傍笔架山，南与莲花山相望，东接小官庄，西与牛泉镇庞家庄村为邻，由前黑峪、后黑峪、官庄三个自然村组成。全村 238 户，738 口人，可耕地 800 亩，山场面积 2800 余亩。[①] 传说过去该村所在的笔架山东南峪完全被森林遮盖，不见天日，白天身居其中如同黑夜，故名“黑峪”。黑峪村最初由汪黄二姓迁入建村，迁来之年已无证可考。[②] 目前，村中共有七个姓氏，分别是亓、杨、张、李、董、殷、申，其中亓姓最多。村中产业以经济林为主，因依傍笔架山，林地资源丰富，梨、杏、桃等果树均有栽培，其中黄梨产销最佳。除此之外，包山养殖也是村民收入的重要来源。2021 年，由护肤品牌“半亩花田”投资建设的“空谷花园星空帐篷营地”开始运营，亦为村民带来了可观的旅游经济收入。

因靠山吃山，村民对山神的崇拜古已有之。据传过去笔架山中狼多，村民认为这些狼是山神老爷豢养的看家狗，因此商定每年农历六月初六为敬山神的日子，认为山神老爷受到人间供奉，就能管住山中之狼，不让他们糟蹋庄稼、牲畜和人。现如今，山中野狼早已绝迹，但敬山神仍是该村极为重要的节日。每年农历六月初六这一天，村民们杀猪宰羊，一起为山神老爷摆

① 该资料根据与亓增勤的访谈信息整理而来。访谈对象：亓增勤；访谈人：姬厚祥；访谈时间：2022 年 12 月 15 日；访谈地点：高庄街道办事处黑峪村村民委员会办公室。

② 张兆清主编：《十卷书·村庄》，新华出版社 2003 年版，第 279 页。

供，烧送纸钱，祈求山神老爷保佑村中人丁兴旺，招财进宝，并在祈愿仪式结束后鸣放鞭炮，以示礼成。山神是笔架山下黑峪村村民心中的“经济保护神”，保佑着村民赖以维生的山林产业。但是，山神在村中并无庙宇，黑峪村内庙宇有三，分别是“亓占峰老爷庙”“观音殿”“天爷爷庙”，其中以“亓占峰老爷庙”的香火最鼎盛。

有趣的是，亓占峰老爷并非源于自然崇拜的山川日月之神，也不是佛教或道教神祇，而是前黑峪村中亓氏家族的祖先。亓占峰，字依山，亓氏三门十六世，家住前黑峪村，生于清乾隆四十九年(1784 年)，享年八十岁，忌辰为农历二月二十六日，是晚清时期当地著名的疮疾医生。[①] 因其生前救死扶伤，多为穷苦百姓治病，受到邻里乡亲爱戴。死后当地民众为其立庙，奉若神明，并将亓占峰的忌辰农历二月二十六日及之后的 5～7 天定为黑峪庙会会期。至今，亓占峰老爷庙仍矗立在黑峪村东南路口处，享受着人间香火，寄托着信众对身体健康，生活美满的向往。那么，这座庙是何人所建？建造它的原因又是什么呢？

(二)亓占峰老爷庙

亓占峰老爷庙位于前黑峪村东南路口处，坐北朝南，北与天爷爷庙相接，隔着村中公路，有坐南朝北的观音殿与之相对。亓占峰老爷庙原名“亓公庙”，现在村民口语称其为“亓占峰老爷庙”，重修庙宇的碑文亦称其为“亓占峰纪念馆”，以上三个名称均指代同一座庙宇。这座庙宇的初建缘由与一则亓占峰老爷的灵验传说有关：

> 原来亓占峰老爷这个庙子呢，很小，全部用那个大薄板青石扣起来的，相当高级啊，在一个方台子顶上扣起来的……一个老石匠给他制的。那个老石匠姓李，他长疮，现在叫“破伤风”，大石头把脚砸破了，他很愣，他没理着，长期淌血，淌黄水，现在的话说就是感染了，腿肿得老粗，好几个月好不了，扎裹也扎裹不好。姓李的那个老石匠就是俺这个庄里的，人家就说，你和亓占峰老爷一个庄，你去求求他老人家给你治

---

① 参见莱芜市莱城区地方史志编纂委员会编：《莱芜市莱城区志 1993～2005》，方志出版社 2012 年版，第 697 页。

治不就行啊。他就上东边，那时候还没有庙啊，但是有个香篓，就在那里烧啊，他去求了，叫打茶水啊，也喝，也抹，过了一两个月就好了。俺原先都管亓占峰叫神仙老爷，成了口头语了，人家问“你干啥去啊”，“我到神仙老爷那里磕头去啊”。不烧香，没有事也得到那里磕个头啊。一般情况就没有这些事了，路过了，磕个头完了。我说的这个人他是个老石匠，俺那里有那种特殊石头，他自己制了半年多啊，找人和他推下来，给他扣起来的，推推不倒。①

由这则传说可知，亓占峰老爷信仰的产生要早于亓公庙的修建，李姓老石匠工伤所致疮疾，因祭拜亓占峰老爷而获痊愈，为感念亓占峰老爷的恩情，发挥自身专长，修建了亓公庙。虽然这只是传说故事，不能作为史料证据考证亓公庙的初建年代与建造者，但透过这则传说依然可以推测，亓公庙的建造者为亓占峰老爷的民间信众，建造原因是亓占峰老爷显灵治病。有趣的是，亓占峰老爷庙于1996年的复建和2022年的翻修均与亓占峰老爷显灵治病之事迹有关：

那个小庙（亓公庙）吧，1958年的时候砸了，1996年又重修的，今年这是第二次翻盖啊，这才完，刚翻盖了不超过三个月。观音殿和亓占峰老爷庙都是在原址上复建的，后头那个天爷爷庙是1996年重修亓占峰老爷庙的时候新盖的，当时正好后面有这么块空地，就盖了这个天爷爷庙，天爷爷在上首为大啊。②

亓公庙与观音殿均于1958年被毁，1996年这两处庙宇于原址处复建，此后，在亓占峰老爷庙以北的空地处修建了天爷爷庙。由天爷爷庙的立庙碑文可知，这座庙宇并非1996年与亓占峰老爷庙一同修建，而是建造于2008年。观音殿内供奉观音、文殊、普贤三位佛教菩萨，据殿前碑文记载，此观音殿始建于宋代，明正德年间重修。黑峪村本没有天爷爷庙，原有的亓公庙和观音殿也均被摧毁，为什么重修亓占峰老爷庙要附带修建另外两座庙

① 访谈对象：亓克宝；访谈人：姬厚祥；访谈时间：2022年12月10日；访谈地点：济南市莱芜区中华亓氏联谊总会办公室。

② 访谈对象：亓克宝；访谈人：姬厚祥；访谈时间：2022年12月10日；访谈地点：莱芜区中华亓氏联谊总会办公室。

宇呢？关于这个问题，笔者通过询问黑峪村中多位村民得知，因为每年农历二月二十六日亓占峰老爷的忌辰，村中举办黑峪庙会，届时周边村落以及莱芜城里、济南、泰安等地的信众都会到这里祈福还愿，远方的信众费力而来，若只供奉亓占峰老爷，则略显单调，所以修建了天爷爷庙和观音殿。如此，赶庙会的信众可以一并供奉三个庙宇中的多位神祇，庙会氛围也会更加“热闹”。亓占峰老爷信仰自晚清以来在当地民间从未间断，1996年亓占峰老爷庙重建。

> 方下冶河村，他的书记姓杨，叫杨立全，头几年来了，来了以后我问他，你来这里干什么啊？他说，亓占峰老人家救了我两次命，我来给他烧烧纸。我问，怎么救的你啊？他说他三岁的时候，他长黄皮子疮，浑身长满了，家里老人也没办法，就把他放到南墙根里，用破草席子盖着。这时候亓占峰他老人家来住店，就问，恁南边的草席子底下一个什么东西啊？他家里老人就说，别提了，那孩子不行了，等黑了天扔到舍地里啊。那时候没长大的孩子不让入林啊。亓占峰老爷说，我看看。看了以后说，我要再晚来半个时辰，你这个小孩就没命了。然后给他劈的疮，劈完以后说，给这个孩子留个念想吧。就在他脖子后面留了个疤。他浑身没有疤，就脖子后面一个疤，这个人亲自说的。他那时候三岁不记事，他姐姐和他说的。这年当了书记以后，他上方下卫生院去拍片子，查出了胃癌，人家让他转到县医院去看看，确诊是胃癌。打那再加上害怕，吃东西就吐，不吃不喝的七八天了，没了门了，想了想就说，以前南山里一个老头，小时候给你治过疮，你要不再朝南念叨念叨。他就来上香，来打听，这人请了人来，打上茶，点上香，给他烧了纸，念叨了。把那个茶水叫他喝了，他喝下去以后，那肚子里就翻江倒海的，最后吐出来一个血块子。接着就说饿，他家里给他下的面叶子，喝了一碗还没够，又喝了一碗。他又去做了个检查，一点阴影都没有了。[1]

这是一则亓占峰老爷的当代灵验传说，据当事人讲述，亓占峰老爷两度救其性命。得知此事后，黑峪村村民深感亓占峰老爷的灵验，就集资在亓公

① 访谈对象：亓增勤；访谈人：姬厚祥；访谈时间：2022年12月15日；访谈地点：高庄街道办事处黑峪村村民委员会办公室。

庙的旧址上复建了亓占峰老爷庙，顺带复建观音殿，兴建天爷爷庙。至今，亓占峰老爷庙仍香火鼎盛，黑峪庙会吸引着来自四面八方的信众，他们带着对自己或家人身体健康，病体痊愈等美好的希望前来祈愿，若心愿达成便会再来还愿。2022 年亓占峰老爷庙的翻修，缘起于一位信众的还愿：

这个亓氏酱香园的老板亓飞，到这里来，他看观音庙子，他说观音奶奶和他笑了笑，他出资把这个观音庙子修了。以后来是因为他的岳母得了癌症，得了癌症以后他就到亓占峰老爷庙来许愿，这个癌症如果好了不就是五年以后不再复发了，他就许愿，要是他岳母病好了以后他就来重修，结果他岳母好了，好了以后他就出资三十多万重修了这个亓占峰老爷庙。这不庙里的神像才塑完了，刚重修的。[①]

从最初建庙到 1996 年重建，再到 2022 年翻修，亓占峰老爷庙的修建过程始终都与亓占峰显灵治病之事迹密切相关，可见在当地民众心目中，亓占峰老爷是一位能够医治疑难杂症的神祇。这位神祇就是前黑峪村亓氏家族的祖先，亓占峰行医的事迹见载于《亓氏族谱》《莱芜市志》及大量碑文石刻之上，因去古未远，其后世子孙仍对这位神格化的祖先记忆犹新，津津乐道，黑峪村中亦流传着大量关于亓占峰老爷行医显灵的传说故事。可以说，正是这些文字记载和口耳相传的祖先记忆，促成了亓占峰的神格化，使其由一代名医亓占峰升格为护佑民众身体康健的地方神灵。

二、祖先记忆：亓占峰老爷信仰的历史根源

（一）文献记载的亓占峰老爷事迹

在今天济南市莱芜区高庄街道野店村西北侧山腰间的亓占峰老爷茔地内，仍保留着两座石碑，较为古老的一座是亓占峰与其妻董氏之墓碑，修建于清光绪年间，碑文题“皇清寿官亓公字依山德配董孺人墓……光绪七年四月朔……仝立”。

① 访谈对象：亓增勤；访谈人：姬厚祥；访谈时间：2022 年 12 月 15 日；访谈地点：高庄街道办事处黑峪村村民委员会办公室。

在这座清光绪七年所立的墓碑上，亓占峰的身份既不是灵验神祇，也不是疮疾医生，而是“皇清寿官”。清代的寿官是官府授予老人的一种名誉头衔，以示老人德寿兼备，为乡里所敬服。可见，亓占峰晚年在当地是极有威望的一位长者。亓占峰老爷茔地一度遭到破坏，墓碑被掀翻。2002年，亓占峰老爷的后人为其重修坟茔时，又在老碑旁立了一座新碑，其上题刻《重立碑记》，碑文内容如下：

吾三门十六世祖，讳占峰，字依山，皇清寿官。生于一七八四年，卒于一八六四年夏历二月二十六日，享年八十余岁，卒后葬于野店村西龙子岗之茔地。有诗曰：“龙岗卧青云，凤鸣栖朝阳。”生子五人，长曰立本，卒后也葬此地，其后代迁居山西。次曰敦本。三曰务本，其后代迁居邹城。四曰大本，其后代一支迁居山西。五曰正本，其后代一支迁居沈阳。吾祖生前伟迹已在其故居纪念堂前立碑记之，及市志文史家谱载入史册，在此不再赘述。墓前原有石碑一座，系光绪七年四月立寿坟……此碑在“文革”时被掀掉，今逢国盛家昌之际，为恢复本来面貌，故后裔子孙将原碑立起，意昭示后人，特记之。二十一世孙克宝谨序。

立碑主办人

金元　克勤　友春

福元　克宝　兴华

公元二〇〇二年岁次壬午阳春三月　吉立

这则碑文详细记载了亓占峰所在的家族世系，生卒年月以及其五个后代分支的发展去向，并未讲述亓占峰生平事迹。作为前黑峪村亓氏家族真实存在的祖先，《亓氏族谱》对亓占峰之事迹有详细记载，据其中收录的《亓占峰纪念馆碑文录》载：

清代名医亓公讳占峰，字依山，皇清寿官，三门浩祖后，十六世祖，生于一七八四年，卒于一八六四年，享年八十岁。青年时代从叶家庄村迁至前黑峪村定居……占峰祖乃当时医学名家，专治各类疮疾见长，医术高超，功深有素，竟有起死回生之术。医德高尚，严守医家五戒，不重钱财，不负重望，凡有所请，从无不至，且不骑马、不坐轿、不吃请、不受礼，几十年如一日风雨无阻。诊治精心竭力，赤诚相待，行于数百里之地，奔涉于乡邻之间……先生晚年声誉更高，寿终后葬于野店村西，雁翎关之侧，龙子岗之茔地，世人深感其德，共议定寿终之日古历二月二十六日为庙会日，庙会兴盛时期四面八方的人们携牲馔焚香道祭。五十年代末庙宇拆除，六十年代中期庙会中止，然每逢庙会之日仍有不少人焚香悼之……现敬录碑铭曰："宫山苍苍，汶水荡荡，先生之风，山高水长。"①

这段材料为2001年2月25日所立亓占峰纪念馆碑上的内容，为亓占峰五代孙亓克宝所作，较为全面地反映了亓氏后人对这位伟大祖先的集体记忆。亓占峰是生活在晚清时期专治各种疮疾的名医，并非黑峪村的土著居民，而是由叶家庄迁此定居。因医术高超，医德高尚，亓占峰生前深受乡民爱戴，死后世人将其忌日定为庙会日，也就是现如今农历二月二十六日举行的黑峪庙会。亓占峰老爷信仰的信众极多，即使是在20世纪50、60年代庙宇拆毁，庙会终止的特殊时代背景下，其香火仍未断绝。碑文中的"焚香悼之"说明人们给亓占峰老爷焚香带有悼念其生前行医善举的意涵，这些事迹也正是晚清疮疾医生亓占峰能由前黑峪村亓氏家族祖先升格为受百姓普遍敬仰之神祇的现实根源。《莱芜市志》中也有对亓占峰老爷行医事迹的记载：

亓占峰……少年习医，凡见外科名著均反复研读。历时数载，终成名医，尤以医治疮疡见长。常自备药物为贫者治病。每遇富人求其配制膏丹，总是设法分留一部分以救济穷人。为人治病不骑马、不坐轿、不吃请、不收礼。晚年医术益精。泰安有一少女患腹内脓肿，遍求名医治疗无效，绝望之际求占峰诊治。占峰问明病因，确诊病症，独创医案为其治愈，因此被世人尊为神医。80岁寿终后葬于雁岭关之侧。周围人们感其医德，常携牲馔到墓前供奉。外县有一求其治病者感激再生之恩，竟铸一铜像送到其家。3年后，人们又在其故居附近修建庙宇，并以其忌辰古历二月二十六日为庙会日，直到解放初期。②

① 《亓氏族谱》第七次续修办公室编：《亓氏族谱》卷一《亓占峰纪念馆碑文录》，2002年，第20～21页。

② 参见莱芜市地方史志编纂委员会编：《莱芜市志》，山东人民出版社1991年版，第975～976页。

亓占峰的行医善举可总结为三点：第一，救济穷人，他不仅经常自备药物给穷人治病，而且在给富人配药的时候总是留出一部分给穷人；第二，医德高尚，材料对这一点的记载与《亓占峰纪念馆碑文录》表述相类，他行医治病坚持"四不"原则，杜绝骄奢；第三，医术精湛，他为泰安女独创医案治疗腹内脓肿，遍行善举，得其救治者曾铸造铜像送其家中。正是因为这些优良品质与行医事迹，亓占峰受到百姓的敬仰，其死后更是被信众奉若神明，人们以他的忌辰为期，设立庙会，最终发展为时至今日依然盛行的黑峪庙会和亓占峰老爷信仰。实际上，现存文献仅记载了当地民众对亓占峰老爷的部分记忆，更多有趣的传说故事以村民口述形式，至今仍流传于民间。

（二）口述记忆的亓占峰老爷传说

亓占峰老爷传说大量保留在黑峪村村民的口述记忆之中，特别是前黑峪村亓占峰老爷的后人，对这位祖先的故事更加记忆犹新。除前文对亓占峰老爷庙建庙历程分析中提及的部分亓占峰老爷作为神祇的灵验传说外，还有三则传说较有代表性，分别是"行医缘起""救治月疾"和"死后显灵"。前两则传说分别对应了亓占峰老爷的"学医缘由"和"行医善举"，属于亓占峰老爷生前的事迹；最后一则传说与前文提及的灵验传说可被归为同类，均属于亓占峰老爷死后的神迹。据亓克宝先生讲述，亓占峰老爷行医缘起于一场骇人的瘟疫：

> 清乾隆四十九年(1784 年)，亓占峰诞生在叶家庄，其父亓廷弼很想让长子亓占峰科考入仕，以此求得功名，光耀门庭。但是，特别有一年，他那个庄里发生了一场瘟疫病，那时候各个庄里没有医生啊，特别那个叶家庄，庄也大，人多，很多人得这个病都死亡啦，村中人口逝去了十之四五，打那他就立志要学医。清嘉庆二年(1797 年)在莱芜县城西北城子县的中药铺里，年近八十的朱老先生收了一名徒弟，来自 30 里以外的叶家庄。亓占峰从此成为城子县村朱氏老药铺里的学徒。8 年后，学成归来的亓占峰在叶家庄娶妻生子，自立门户，治病救人。汶河两岸，亓占峰的名气逐渐大了起来。他治疮用的各种药，必须用那个药引子，必须用老鹰的那个屎，老鹰落脚在笔架山的崖上。笔架山位于莱芜西南

40余里，人迹罕至，是亓占峰多年来苦苦寻求的理想行医之所，所以他放弃叶家庄良田数亩，带着妻儿，举家迁往笔架山。[①]

这则传说与《亓占峰纪念馆碑文录》中亓占峰“从叶家庄村迁至前黑峪村定居”[②]的记载吻合，并交代了迁居的原因——行医。清乾隆四十九年(1784年)，亓占峰出生于叶家庄，作为家中的长子，其父想让他科考入仕。可日后庄中暴发瘟疫，死者众多，受此事件影响，亓占峰决定学医，以治病救人为己任，发现笔架山这个理想的行医之所，就举家迁此定居。笔者实地走访后发现，至今，前黑峪村亓占峰老爷的后人仍集中居住在笔架山脚下，亓占峰老爷庙就在此聚落的东侧路口处。传说的内容不可考证，但因行医之缘由迁居笔架山确为亓占峰后人对这位祖先的集体记忆。据黑峪村村民讲述，亓占峰老爷之所以能够被民间百姓奉若神明，是因为他行医的善举声名远扬，不局限于黑峪村及其周边。比如，为新泰穆氏家族妇女救治月疾的传说就牵涉到另一座庙宇的由来：

他就是个老中医，不计钱财，给人家治病吧，竭尽全力的。治好了病啦，他不收费，吃点饭就走了，再说，他这个技术相当高，后人把他作为神啦，新泰就这个情况。简单地说，他在新泰行医的时候，在回老家的路上，遇着了一个出丧的，抬着个棺材，遇着了他就说，恁先别走，先停下来，这个人还没死，我给恁看看，人家还怪心焦，死了好几天啦人家怪焦毛。他说恁别急，恁停下来打开棺材我看看，不行恁再抬走。人家就停下来了。停下来，打开棺材盖，他给那个人试了试脉，那个人的脉很弱，没死挺。他就用那个银针啊，他会穴脉啊，拿出来，扎的穴，扎下去，不一会，生了个小娃娃。他说，好了，恁快过来看看。跟着出丧的那些人，那家属，也有妇女啊，一看，她也眨眼啦，那小孩也出来啦，把那棺材里抱出来，惊动了好几个庄。那占峰老爷吧，拾掇拾掇要走，人家说，你不能走，家去抬了椅子，把那椅子上绑上棍子，把他抬了家去。那家人家现在人很多，五六百口人，他那个书记姓穆啊，我和他现在都有联

① 访谈对象：亓克宝；访谈人：姬厚祥；访谈时间：2022年12月10日；访谈地点：莱芜区中华亓氏联谊总会办公室。

② 《亓氏族谱》第七次续修办公室编：《亓氏族谱》卷一《亓占峰纪念馆碑文录》，2002年，第20页。

系啊，都很熟啊。所以吧，后来，不叫他走，各个庄里治病，年龄大了，七八十了，治好了好多病。[①]

亓仙庙位于新泰穆家店村村东，是穆氏家族为感念亓占峰老爷救治族人的善举而修建的庙宇。传说中，穆氏家族的妇人因难产而陷入假死状态，家人为其出丧，幸得亓占峰行医路过，他给妇人号脉后，用银针扎其穴位，妇人不仅起死回生，而且产下婴孩。从"一尸两命"到母子平安，可见亓占峰的医术高超。穆氏家族自然对其感恩戴德，用椅子与木棍扎轿，将其抬回家中款待，后来又为其立庙，世代供奉。目前，亓仙庙仍以村庙的形式存在于新泰市翟镇穆家店村，被村中穆氏家族供奉至今。前两则传说均为亓占峰老爷生前事迹，作为民间百姓信仰的神祇，死后显灵之神迹必不可少，亓占峰老爷死后给泰安李氏女看病的传说就是其中之一：

泰安的一个姓李的，现在的话来说……那是个官宦之家啊。她的闺女生了病了，泰安那些医生这个看，那个看，都看不好。他那个闺女才十七八呢，都说是怀了孕了。这个官宦人家的规矩家教严啊，生了气了，逼着她叫她死。这不碰巧了，亓占峰老爷路过他那个庄，正好干渴，想去找点水喝，这家人家很忙，就问人家能给点水喝吧？人家说，还给点水喝呢，这里焦死了，快走吧！占峰老爷说，你们家是有事吗？人家说，可是有事。占峰老爷就问，什么事啊？这时候占峰老爷也是个老头子啦，背着个搭子，穿着个大褂子。人家就说，俺家里的小姐，没出嫁，怀了孕了，家里都焦毛了。占峰老爷就说，我给恁看看行吧？就进去了，人家就问，你个老先生是哪里的啊？他说，我是莱芜的，我听说恁家的女孩有病，我能给恁看看吧？还有好多医生在这里坐着呢，都没看起这个老头子，他和个庄稼人似的。他看了看，笑了笑说，恁误会她了，亏了遇着我了，恁这个闺女不是喜病啊，是肚子里长疮啊。人家就问，神仙老爷啊，你能治吗？他就说，恁找两个壮妇女，给她摁住，找一个盆子，预备着。烧上个火柱，烧得通红，他拿起那个火柱说，我给你劈疮啊！一火柱攮过去，这是吓唬她，没真攮上。那闺女一声哎呀，肚子鼓

① 访谈对象：亓爱吉；访谈人：姬厚祥；访谈时间：2022 年 12 月 10 日；访谈地点：莱芜区中华亓氏联谊总会办公室。

破了，光淌浓血啊，接了一半盆子。他说，好啦。在旁边看热闹的那些医生都悄悄地走了。后来他这个闺女也没耽误出嫁。姓李的家来重谢啊，用食盒抬着菜来，实际上这个闺女病的时候呢，亓占峰老爷已经死了多年了，当时还没有庙，但有给他烧纸的地方，就带姓李的家去看，人家知道他成了神了。[①]

在传统社会，未出阁的姑娘怀孕是家族的重大丑闻，泰安李氏女被医生诊断为怀孕自然让父母亲族丢尽颜面。恰巧亓占峰路过讨水喝，得知此事后为李氏女看诊，断定其并非有孕，而是腹内脓肿后为其治疗，李氏女病愈后并未耽误出嫁。李氏家族为感谢亓占峰的恩情，抬食盒到黑峪村来看望，却得知亓占峰已去世多年。这则传说在黑峪村及其周边村落广为流传，与其他众多灵验传说一道，成为亓占峰老爷信仰的重要理论支撑。那么，人们会向这位神格化的亓氏祖先祈愿些什么？在当地极为隆重的黑峪庙会都包含哪些仪式流程呢？

三、黑峪庙会的亓占峰老爷祭祀仪式

（一）祈愿内容

由前文的论述可知，亓占峰老爷生前为疮疾医生，其神职功能自然与治病救人密切相关。这一点从黑峪村村民的讲述中可以得到证实：

咱这个庙会从清朝就有了，得清朝末年吧，就有这个亓占峰，他原来是个医生啊，这个庙会就是亓占峰的个忌日啊，他专门治这个疮一类的，那时候卫生条件达不到啊，长疮的很多，蚊虫叮咬，长疮，他就专门治疮。[②]

据黑峪村村民的讲述，农历二月二十六日的黑峪庙会在晚清时就已出

① 访谈对象：亓克宝；访谈人：姬厚祥；访谈时间：2022 年 12 月 10 日；访谈地点：莱芜区中华亓氏联谊总会办公室。

② 访谈对象：李金祥；访谈人：姬厚祥；访谈时间：2022 年 12 月 10 日；访谈地点：黑峪村亓占峰老爷庙前。

现，这一天是亓占峰老爷去世的日子，用当地村民的话来讲，亓占峰老爷生前是“疮大夫”，专治各种疮疾顽疴，正是因为这样，信众认为，礼拜亓占峰老爷可以保佑病痛远离自己和家人。至今，祈愿身体健康或病体痊愈仍是亓占峰老爷信众最主要的祈愿内容：

来庙会就是求平安啊，要是有做了手术啥的就过来烧纸，求着，老老爷我有什么病啊，你给我打上点茶水，你给我下上点什么药，你叫我吃了喝了，快点好了，好了我好来报答您老人家。有的小孩或者大人哪里不舒服就去求老老爷去啊，就跟老老爷说谁怎么样，就是念叨，和他说明白，打点茶，叫他喝了好了，或者是弄点药，就是他烧的那个香灰啊，落下的，咱捏一点家来，代表那个药，吃了喝了就扎裹病。①

即使在医疗条件相对发达的现在，手术对于病人而言仍然是极大的身体创伤，术后病灶能否愈合，身体能够恢复成什么样子，总是因人而异，亦有大量不可控的因素在发挥作用。面对这种结果未卜，非人力所能左右的不确定事件，人们往往会把希望寄托于神灵。亓占峰老爷生前行医事迹与死后显灵神迹使其成为人们寄托希望的“箭垛”，久而久之，这位前黑峪村亓氏家族的祖先逐渐神格化，成为民间百姓的“健康保护神”。信众礼拜亓占峰老爷，会打上茶水放于亓占峰老爷的神像前，在烧纸烧香的过程中向其汇报自己或家人的病情，祈愿亓占峰老爷能对症下药，治疗疾病。在礼拜结束后，将象征药物的茶水或香灰带走，回家喝（吃）下，以求药到病除。这种礼拜模式宛如医生与病人交流过程的再现，体现了亓占峰老爷作为“健康保护神”的原初功能。然而，护佑百姓远离病痛并不是其神职功能的全部，随着亓占峰老爷信仰在民间影响力扩大，这位专治疮疾的民间医生现已成为信众眼中万事能办的全能神祇：

他们把亓占峰当成神了，就万事能办，治病啊，又是求着人保平安啦，就是这一套，还有那许愿的。念的就是一种向往，一种信仰。就是念，一大家子平平安安的啊，求平安啊，发财啊，就这一套啊，有病的吧叫他快点扎裹好了，你快下点药，叫他好了，俺忘不了恁啊，俺来给恁磕

① 访谈对象：董立兰；访谈人：姬厚祥；访谈时间：2022年12月25日；访谈地点：黑峪村董立兰家中。

头烧香啊。[①]

虽然亓占峰老爷的神职功能已经扩展为"万事能办",但渴望平安健康、病体痊愈仍是信众前来礼拜亓占峰老爷的主要祈愿内容。笔者认为,礼拜亓占峰老爷可以远离病痛的信仰之所以能够收获大量信众,与其灵验传说,特别是当代的显灵事迹的传播密不可分:

> 这反正也是一种信仰啊,再说这也是一个真人。一些事情科学解释不清,你像那个书记似的,你看他说得头头是道吧,你要说不是真实的,他来上供吗?对吧。[②]

前文已提及方下冶河村村支部书记杨立全两次被亓占峰老爷救治的传说,然而在黑峪村村民的眼中,这并不是传说故事,而是真实发生的事件。因为这一事件发生在当代,且由当事人亲口讲述,这加深了民众对拜亓占峰老爷灵验性的认可。随着更多信众愿望达成,亓占峰老爷信仰的神圣性得以巩固,影响力不断扩大,前来祈愿或还愿的信众也就越来越多,此为莱芜亓占峰老爷信仰的乡土建构过程。在黑峪村,村民们的口头语将亓占峰老爷称为"神仙老爷",对他的礼拜也不仅限于黑峪庙会期间,农闲得空时路过亓占峰老爷庙,即使没带香蜡纸钱,也会进庙磕三个头,以示敬仰,此乃村民的日常礼拜。当然,对于非黑峪村的信众而言,这种日常礼拜并不多见,每年农历二月二十六日的黑峪庙会才是他们礼拜的"正日子"。那么,这个因亓占峰老爷忌辰而设立的黑峪庙会规模如何?庙会期间礼拜亓占峰老爷又包含哪些仪式流程呢?

(二)仪式流程

亓占峰老爷信仰不仅在黑峪村及其周边村落极具影响力,而且在莱芜、济南、泰安、淄博等地也有大量信众,因此,黑峪庙会期间从四面八方前来礼拜亓占峰老爷的民众络绎不绝。对黑峪村村民而言,只有过年时的氛围能

---

① 访谈对象:亓爱吉;访谈人:姬厚祥;访谈时间:2022年12月10日;访谈地点:莱芜区中华亓氏联谊总会办公室。

② 访谈对象:亓增勤;访谈人:姬厚祥;访谈时间:2022年12月15日;访谈地点:高庄街道办事处黑峪村村民委员会办公室。

够与之相比:“庙会这一天很隆重,家家都和过年似的,得制菜。”[①]

除了赶庙会的人多营造出与过年相似的“热闹”氛围外,黑峪庙会还和过年有一个重要的相似之处——制菜。据黑峪村村民讲述,制菜是在黑峪庙会这个“非常”时期礼拜亓占峰老爷必不可少的环节,除此之外,供香、烧纸、磕头等礼拜环节与当地百姓过年时祭祖仪式类似,这也增加了黑峪庙会与年节的相似度。近年来,黑峪庙会会期由过去的5～7天压缩至农历二月二十六日一天,不复往常热闹。但通过当地村民的讲述,仍可探析该庙会过去之盛大景象:

这四邻八乡的,汶河以南以北的都去,特别是莱芜的亓家,凡知道的都去。甭管什么姓的,一般的都去,就是这一天的时候,周围这些村里,人山人海都挤不动,拎着元宝啦,火纸啦,香啦,就烧香磕头去。烧香,磕头就走啦。到那一天了人很多啊,那车一直到庄外头。就在他那个庙前头,烧香磕头啊,各人弄了菜了,摆上点菜,准备点点心,供上香,念叨念叨,磕个头,烧烧香,就走了,一波一波的,这个院子本身就小,人又多,你不能占着不让人家去啊。[②]

由此可知,黑峪庙会参与者众多,一直排到庄外的汽车,一波接着一波的信众,均可反映黑峪庙会规模之盛大,如同过年一般热闹。黑峪庙会虽与过年有着很多类似之处,但是信众对亓占峰老爷的礼拜仪式并非完全与民间年节祭祖相同。由于信众礼拜亓占峰老爷之目的多为救治疾病或保佑健康,所以向亓占峰老爷求药是礼拜仪式中极为重要的环节,信众们将这个环节称为“打茶水”:

咱从家里装上水,搁到那里,咱去烧上纸,烧上香,念叨着让亓占峰老爷给看病,哪里有不得劲的,他就给水里下上药,然后把那水端回家里来喝了。这也不知道多少年的个传统了,咱这里都是叫亓占峰老爷给看病啊。到那一天,让俺拿着个暖壶,去之后把暖壶盖子拿下来,都

① 访谈对象:亓树茂;访谈人:姬厚祥;访谈时间:2022年12月10日;访谈地点:黑峪村亓占峰老爷庙前。

② 访谈对象:亓克宝;访谈人:姬厚祥;访谈时间:2022年12月10日;访谈地点:莱芜区中华亓氏联谊总会办公室。

搁到那里，一家子拎着个暖壶过去，就烧把了，供上，叫亓占峰老爷给下上药。咱就是信这个，咱也不知道他下了没下啊，咱就拎回家来喝了，喝了之后不得病啊。[1]

亓占峰老爷庙的东侧有一口水井，过去前来礼拜亓占峰老爷的信众多从水井里打水盛入容器中，称为“茶水”，供于亓占峰老爷神像正前方的供桌上，若盛水的容器太多桌上摆不开，便会将其摆放于供桌前的空地，除各种用来盛水的容器外，供桌上还会摆放各色供菜和香篓，信众将菜品和茶水摆放整齐后燃香向神像祭拜，将香插入香篓之中，并退至神像的左侧空地，烧纸钱和金银元宝，并将自己或家人的病症说出，以求亓占峰老爷为其对症下药。若无病无灾，便求亓占峰老爷保佑自己和家人身体健康，延年益寿。礼毕后，将茶水带回家中喝下，便可治疗疾病或健康无虞。现在打茶水仪式所用的水并不一定要由井中打出，很多信众会从家中自带茶水前来供奉。若信众饮用茶水后心愿达成，便会在下一届庙会时前来还愿，还愿的仪式被称为“挂袍”：

那些来还愿的，给他做身蓝袍子，做双鞋子，去上庙里给他烧了。也有给他穿上的，在庙里有他的塑像，就给他披上，最多披三件，多了披不上的，就给他烧了。不叫烧了，叫发了，鞋也有，一双一双的都在那里，衣服都有。[2]

信众还愿时给亓占峰老爷披挂的袍子通常为蓝色，由于前来还愿挂袍的信众很多，并非每一件袍子都能披挂在亓占峰老爷神像上。神像之上的袍子最多披挂3件，鞋子留3～5双，多出来的袍子与鞋子会在庙宇西南墙角的“金银库”里集中焚烧，无论是烧纸钱、金银元宝还是袍子和鞋子，信众一般不会用“烧”来形容这一举动，取而代之的是“发”字。信众认为，烧掉的供物会被发送到亓占峰老爷手中，供其在神界享用。据黑峪村村民讲述，黑峪庙会礼拜亓占峰老爷的仪式集中在农历二月二十六日当天和次日，以后几

① 访谈对象：亓爱红；访谈人：姬厚祥；访谈时间：2022年12月15日；访谈地点：高庄街道黑峪村小卖部。

② 访谈对象：亓爱红；访谈人：姬厚祥；访谈时间：2022年12月15日；访谈地点：高庄街道黑峪村小卖部。

天虽仍有信众陆续前来礼拜，但看戏已成为庙会的主要内容：

> 原先的庙会有说书的，说水浒，说杨家将，说包公，都说啊，现在没有说书的了。现在是河南豫剧团来得多一些，这两年莱芜梆子也来过啊，来了就净唱一些现代戏，有的时候也唱原来的一些戏，像三哭殿什么的。到这个庙会的可不光咱们村的，多着哩，莱城的也会来，现在也来，不过这两年的疫情来的少了，也不是五天了，改成一天了，主要是疫情闹的，人家来主要是烧香烧纸磕头，留下点香钱。第一天很隆重，第二天也行，到了第三天就光看戏了。[①]

黑峪庙会期间的剧目演出种类繁多，过去有说书人讲演水浒、杨家将、包公等传奇故事，现已绝迹。如今，庙会期间剧目演出多以河南豫剧为主，如若条件不允许，请不来河南豫剧团，莱芜梆子也能成为庙会演出的主角。综上所述，黑峪庙会在莱芜及其周边地区拥有大量信众基础，庙会期间的信众礼拜包括制菜、烧纸、打茶、挂袍等多个仪式流程。此间筹办的剧目演出活动带有“娱神”和“狂欢”的因素，这进一步表明，黑峪庙会是黑峪村如过年一般隆重的节俗活动。黑峪庙会源自莱芜亓占峰老爷信仰的乡土建构，是信众对前黑峪村亓氏家族这位神格化祖先的集体礼拜活动。时至今日，黑峪庙会仍未衰落，亓占峰老爷庙的香火依旧鼎盛，作为亓占峰老爷信仰的文化空间，寄托着民间百姓对无病无灾的渴求和对美好生活的向往。

结　语

坐落于笔架山下的黑峪村是以亓氏为主的多姓村，世代傍山而居的村民视山林为衣食所依，因而有了农历六月初六拜山神的传统。不同于此类对山川日月之神的崇拜，农历二月二十六日举行的黑峪庙会是民间百姓对亓占峰老爷这位莱芜地方历史人物的神化信仰集会。亓占峰老爷庙的修建、重建和翻修都围绕着灵验传说而展开，其中既有亓占峰后人的口述记忆，亦有当代村外信众对亲身经历的复述与回忆，这些传说故事共同支撑起

① 访谈对象：李金祥；访谈人：姬厚祥；访谈时间：2022 年 12 月 10 日；访谈地点：黑峪村亓占峰老爷庙前。

亓占峰老爷的神圣性。若将《亓氏族谱》《莱芜市志》等文献对亓占峰老爷的记载与当代黑峪村村民讲述的亓占峰老爷传说相结合，可拼凑出乡土视角下亓占峰老爷的生平事迹以及死后被建构为民间神祇的完整图景。黑峪庙会因晚清疮疾医生亓占峰的忌日而起，发展至今，虽然信众的祈愿内容已不断丰富，但祈愿消除病痛和平安健康仍然是庙会期间信众礼拜的主要目的。

值得注意的是，黑峪庙会主持者至今仍为前黑峪村亓氏家族的后人，与其他信众使用“亓占峰老爷”或“神仙老爷”的称呼不同，他们称亓占峰为“老老爷”，并且会在农历二月二十六日，各自制办菜肴供于亓占峰老爷的神像前，所行之礼与祭祖仪式相类。这说明，即便已经成为被民众普遍信奉的神祇，亓占峰老爷也从未摆脱“祖先”的身份。站在前黑峪村亓氏家族成员的角度，亓占峰老爷既是神祇又是祖先，对他的礼拜仪式除护佑身体健康外，亦兼具敬拜祖先的功能；站在其他普通村民的角度，亓占峰老爷是极为灵验的“健康保护神”，对他的礼拜仪式实际上是病人和医生间交流过程的延续与再现。

如今亓占峰老爷信仰的影响范围覆盖莱芜及周边地区，黑峪庙会期间前来祈愿或还愿的信众摩肩接踵，这充分展现出该信仰于民间的旺盛生命力。在乡土社会中建构出来的亓占峰老爷信仰以及黑峪庙会是一个很好的案例，呈现出中国民间宗教理念的实用性与形式的多样性。

西吉县春官胥劲军的个人生活史*

刘淑俏**

摘　要

“春官送福”是宁夏回族自治区固原市西吉县一种极具地方特色的民间说唱文学，由古代“春官说春”演变而来。这一传统习俗在当下的发展和传承，离不开春官胥劲军的艰辛付出。他的“日常生活”和“非常时刻”承载着丰富的整体性文化，可以借此了解说春在群众的日常生活中、在复杂的社会变迁中自我调适的内生机制。胥劲军的个人经历就像一面“镜子”，展现着社会变迁和人生百态，他推动说春发展的多种实践，既是基于自我身份认同和责任意识的主动创新，也是在国家力量支撑下对传统文化的现代重构。

关键词

说春；立春习俗；春官；个人生活史

“春官无品不算官，手摇羽扇说平安。家家门前说一段，句句吉祥庆丰年。不图名利不图钱，无职无权很清廉。”③在宁夏回族自治区固原市西吉县，每年立春时期，都会出现一批身穿红蓝长袍、头戴礼帽、手摇羽扇的春官们，率领社火队成员唱着《二十四节气歌》《开财门》等，给大家宣告农时、送

* 本文系国家社科基金特别委托项目子项目“中国节日志・立春”（项目编号：JRZ2018002）阶段性成果。

** 刘淑俏，山东大学儒学高等研究院硕士研究生。

③ 访谈对象：胥劲军；访谈人：刘淑俏；访谈时间：2022 年 2 月 4 日；访谈地点：西吉县春官词学会。

去祝福。这一“春官送福”的传统,便是立春中“说春”习俗在当地的发展和创新。

在当地,“说春”的来历主要有两种说法。第一种是“节气说”,认为唐朝时皇帝派春官给各家各户送去“节气表”,春官们宣传节气知识时会通过表演送上祝福,“说春”之俗便在各地慢慢兴起,此后民间春官逐渐取代了朝廷春官。第二种是“驱疫说”,认为最早的春官是一名敖姓马夫,他在瘟疫肆虐之际拿着扇子驱散了疫情,让百姓们能够及时春耕,春官也因此具有“驱瘟断疫”的职能。无论何种说法,春官的基础职能都没有变化,即在立春前一日或者立春当日,向人们预告春天的到来,提醒人们及时耕种、勿误农时。当地的春官分为两种:一种是单独一人或者两人一组、前往各家各户报春,每到一家,他们会将随身携带的木制小春牛放在主家桌子上,然后为他们演唱春官词,并收取少量报酬;另一种是随社火走的春官,他们是社火队的灵魂人物,跟随队伍外出表演,西吉现有的春官便是这一种。胥劲军是土生土长的西吉人,对他而言,成为一名春官,既是个人选择,也离不开当地历史文化的深刻影响。

一、胥劲军所处生活环境的概况

西吉县位于宁夏回族自治区南部、六盘山西麓,东接固原市原州区,南与隆德、甘肃静宁为邻,西与甘肃会宁相依,北与海原县毗邻,因境内多“席芨草”而得名,历代分属雍州、北地郡、安定郡、原州、平凉郡,西北部则属会州、镇戎州、德顺州等,直到宋朝,朝廷才在此开始正式设置行政机关。此后行政区划几经演变,直到2002年固原市正式成立,西吉县划归为固原市行政区域。[①]

由于土壤肥厚、水甘草丰、人口稀少,西周至春秋战国时期,西戎和义渠便先后在西吉境内从事游牧业和以牧兼农业,此后中央王朝一边驻防守边,一边囤田畜牧,畜牧业成了当地最重要的生计方式。[②] 清朝初期,以畜牧业

① 参见韩彦童主编:《续修西吉县志》,方志出版社2006年版,第3页。

② 参见韩彦童主编:《续修西吉县志》,方志出版社2006年版,第143页。

为主的生产结构被农业为主、兼顾畜牧业的结构所替代，农业逐渐成了当地居民主要的经济来源，至2006年，西吉县的耕地面积已有11.7万公顷，成了全国乃至亚洲最大的马铃薯生产加工基地，有“中国马铃薯之乡”的美名。[①]然而，当地的农业发展并不顺利。一方面，移民开垦和频繁的战事导致当地水土流失不断加剧、自然生态屡被破坏，粮食的亩产量逐年下降，封建官僚和地方军阀的无情压榨加剧了农民的困境。另一方面，温带大陆性半湿润向半干旱过渡的气候，使当地四季分明、自然灾害频繁，给当地居民的生命和财产安全造成了巨大的损失，西吉县成了有名的贫困地区，百姓入不敷出，生活水平难以保障。[②]

对西吉的百姓而言，他们切身体会过天灾人祸的无情，热切渴望脱离贫穷，也深知不误农时、发展农业的重要性，因此，能宣传节气知识、驱邪禳灾的立春及其相关习俗受到当地重视。在官方层面，立春习俗表现为鞭春、迎春等活动的组织，在民间村落则体现为对“春官送福”的热爱。据史料记载：“立春前一日，太守以下官迎春于东郊，有台阁十余座，高跷十余人，并杂扮故事，鼓乐导往。归至府署，二门外供芒神春牛，行礼毕，上堂饮庆春席，戏班演戏，童子扮村妇唱秧歌，马夫扮报人，三次驰马至堂叫‘高升’，次日鞭春二门外。”[③]借此祈求一年风调雨顺、五谷丰登。流传于固原境内的社火节目《二爸爸种豆》记录了当地“鞭春牛”的盛况。立春当天，村民们会选出一个男孩扮成农民，众人抬着男孩和木制的春牛走在社火队的最前面，队伍的最后便是二爸爸种豆。社火队到县衙门前时，知府率领着众多衙役敲锣打鼓、鸣放鞭炮表示欢迎，并亲自给春牛披红挂彩、上香、烧表、敬酒，以表敬意。礼毕，众人便高呼“真嘹”（当地方言“真好”的意思），然后抬着木牛载歌载舞到达城隍庙，将木牛打碎，百姓们冲上去抢走“牛肉”（木块），并将其钉在自家的牛槽中，希望来年牲畜兴旺、粮食丰收。[④] 仪式结束后，村民开始春耕。

遗憾的是，随着时代发展，“迎春”和“鞭春牛”消失在了历史长河中，仅剩“春官送福”这一习俗沿袭至今。这既得益于“说春”在百姓日常生活中的

① 参见韩彦童主编：《续修西吉县志》，方志出版社2006年版，第166页。

② 参见韩彦童主编：《续修西吉县志》，方志出版社2006年版，第86页。

③ （清）汪绎辰：乾隆《银川小志》，方志出版社2016年版，第45页。

④ 参见邢乃力主编：《中国民族民间舞蹈集成·宁夏卷》，中国ISBN中心出版社1996年版，第480页。

重要作用，也离不开广大春官们的付出和努力——“说春”在帮助广大农民了解物候知识、辅助农业生产的同时，丰富、充实了大家的精神世界，成了他们获取心理安慰、娱乐自我的重要方式。一代代春官的“说春”实践不断丰富着“说春”的内容和内涵，使“说春”与日常生活的联系越来越密切，进而代代相传至今。在这些春官中，自治区级春官词“非遗”代表性传承人、春官词学会[①]会长——胥劲军的影响力和贡献非常突出。

二、胥劲军“说春”的知识习得与早期实践

1972 年，胥劲军出生于宁夏西吉县震湖乡党岔村。1973 年，当地暴发了大范围的瘟疫，村里人心惶惶，希望通过“说春”来驱除疫情，却受到了当局的明令禁止。家庭联产承包制实施后，当地农业大丰收，大家精神高涨，纷纷通过社火出庄、“说春”巡演等抒发他们苦尽甘来的喜悦、对新政策的感谢和拥护、对于美好生活的渴望和期待等，此后，“说春”在当地长盛不衰，在一代代春官的交替之中持续传承着。胥劲军从小就看到了很多精彩的“说春”演出、结识了不少优秀春官，这为他和“说春”的结缘创造了条件。

胥劲军对“说春”产生兴趣，不仅受到村落环境的影响，也离不开家庭的支持，特别是父亲的引导和帮助。胥劲军的父亲是一名乡镇干部，常常在下乡时和当地春官交流、学习，搜集了很多古老的春官词，这些作品有着巨大的魅力和无穷的趣味，让胥劲军在很小的时候就产生了兴趣：

> 我的父亲对我的影响是很大的，我的师父可能就是我跟上他出庄表演比较多一些，但是我父亲在文化上面对我的熏陶比较多一些，我父亲是一个老知识分子，他自己写的春官词就特别好，他个人创作的、给我传授的就很多。因为他是一个知识分子，他的一些春官词还是一些一般人创作不出来的，毕竟他的知识结构和我们也不一样。[②]

---

① 在胥劲军等诸多春官的努力下，春官词学会于 2017 年 11 月 8 日正式成立，旨在促进中华优秀传统文化发展，传承弘扬春官词。该学会位于固原市西吉县闽宁大道与园区中路交叉路口宁夏莆吉文化旅游创意产业园。

② 访谈对象：胥劲军；访谈人：刘淑俏；访谈时间：2022 年 2 月 4 日；访谈地点：西吉县春官词学会。

在家人的支持和帮助下，胥劲军开始认真学习“说春”相关知识。最初，他只是作为观众跟随春官的脚步，看他们即兴表演，听他们如何利用聪明才智化险为夷。年纪再大一点他开始模仿，在家里的院子中，把床单等物品当作披风，戴上爷爷的草帽子，再拿一把扫帚代替羽扇，便开始咿咿呀呀地自娱自乐。小学三四年级的时候，胥劲军成功加入社火队，开始为社火队抬鼓，那时这是一件荣耀却辛苦的事情。当时社火表演要出庄，前往另一个村子进行巡演，主宾双方都要组织人马。出庄、表演的过程时间较长，二十余里的路程只能自己抬着鼓走过去，相当耗费体力，对于十几岁的少年来说更是不易。之后，他开始在社火队里面当“马牌子”，负责给各位春官们汇报情况，看到的、学到的东西也越来越多。

初中时，胥劲军有了自己的师父，即同村的卢有珍。当时村子里说春说得好的人有很多，卢有珍不是其中最厉害的，也不是知道春官词最多的，但是他仪态端正，表演时动作标准，说春时候精气神很足，一看就觉得很喜庆。他的表演得到了很多百姓认可，也引起了胥劲军的注意，当时便决定跟随卢有珍学习。多年的说春经历，让卢有珍积累了丰富的表演经验，包括如何接迎、救场、跑堂等，他将这些经验和技巧都毫无保留地传授给了胥劲军，这些教导成为胥劲军日后独自表演实践时的重要法宝。在一些外行人看来，“说春”最重要的是春官词的积累和创作，表演技巧等其他东西并不重要，因此难免会低估卢有珍的实力和他对胥劲军的重要性，认为这个师父对胥劲军的帮助并不大。但胥劲军本人不这样认为，他很感谢师父对他的教导：

> 师父对我的影响是很大的，对我来讲，他的声音永远在我的耳边响着呢，他那种可以划破寂静的声音，好像一直陪伴着我。在说春如何让人感到精神振奋这个方面，他给我的影响是最大的，让我受益很多，印象也特别深。我认为，有的时候一个师父对你的影响不仅仅是给你传授了多少知识，关键的就是他的一个眼神或者他的一个声音或者其他什么的，就可以影响你的一生，他的声音、动作对我的影响都是很大的，我现在想起来都很有感触。所以就是说耳濡目染，而不仅仅是技术方面的。[①]

① 访谈对象：胥劲军；访谈人：刘淑俏；访谈时间：2022 年 2 月 18 日；访谈地点：西吉县春官词学会。

在学习过程中，舞台表演是最好的检测方式，如果一个春官记住了成百上千的春官词，但无法在台上表演出来，没有随机应变、即兴对答的本领，就不算一名合格的春官。因此，卢有珍在各个村落表演时都会带上胥劲军，让他先在台下观摩学习，然后独立上台表演。起初，胥劲军只会一些诸如“这个桌子四四方”[①]之类的程式性套话。后来他逐渐适应了这个场合，临场发挥能力不断提升。

胥劲军在学习时，会关注其他春官的精彩演绎，并及时向他人请教，从大家的表演中不断汲取营养。例如，在一次和甘肃会宁的村落“社火接迎”时，有个春官的春官词十分文雅优美，他随口说的“十字路口莲花开，亲戚送我礼不该”对刚开始学习“说春”的胥劲军产生了极大的冲击和影响。

当时，胥劲军接触到一些“接迎”的表演机会，很多时候，他只是将“年兄的胡子长又长”“不该不该实不该，亲戚送我礼不该”[②]这类套话翻来覆去地说，缺乏文采且没有新意。这次“接迎”和这位春官的唱词，让胥劲军认识到了文化交流的重要性，他发现一些老春官文化底蕴深厚，创作的春官词能引经据典、极具艺术性又不会远离百姓生活，是他这个刚刚入行的新手必须学习的。他开始和其他春官，特别是老一辈的春官们积极交流学习。这些老人个子高、精神足、表演时感染力强，观看、学习他们的表演，让胥劲军受益匪浅。在这些老人之中，金家爷爷对他的影响特别大，他在表演时不仅声音洪亮，而且动作和词句很夸张，特别引人注意，一开口就会将观众的注意力吸引过来，台上台下的气氛瞬间活跃。这种对舞台气氛的调动能力，成了胥劲军的学习目标，对他今后的表演实践产生了深远影响。

西吉地区的社火表演有村落之间转场互访巡演、礼尚往来的优良传统，“出庄”即带领社火队去其他村子交流演出，关系到全村的荣誉和脸面，要求春官和其他成员必须要有能拿得出手的真本事。因此，社火出庄成了春官们展现自身才能和应变能力的最佳舞台。春官们说古论今、侃侃而谈，胥劲军也凭借丰富的知识积累和实践经验崭露头角，在多次表演中对答如流，赢

① 访谈对象：胥劲军；访谈人：刘淑俏；访谈时间：2022 年 2 月 18 日；访谈地点：西吉县春官词学会。

② 访谈对象：胥劲军；访谈人：刘淑俏；访谈时间：2022 年 2 月 18 日；访谈地点：西吉县春官词学会。

得了大家的赞赏和认可。作为春官队伍中的领头人，胥劲军的创作和表演吸收了传统春官词的优势和特色，且能与时俱进，形成自己独特的风格。他的春官词一部分是对传统的继承，是一些固定说辞，如看到一个庄子就会说“宝庄宝庄好宝庄，宝庄修在卧龙岗，年年修月月盖，一股银水淌进来”或“远看庄子雾腾腾，近看庄子赛北京，今日社火禳一禳，保一个风调雨顺太平年”。[①] 固定的春官词更多出现在敬神、上香等环节，这一环节比较严肃庄重，传统春官词经过时间打磨，更能得到观众认可。更多场合下，胥劲军需要根据周边的环境与观众即兴互动，这对临场反应能力的要求更高。例如，在接迎环节，各个村落都会在桌子上摆放一些并不常见的物件来为难春官，考验他们的应变能力。胥劲军常常遇到这种考验：

我记得我们当时有次去接迎的时候，有人在桌子上放了一个录音机，里面还在唱秦腔。哎呀，我当时看了以后就觉得还是很有难度的，当时其他人正在说，我就开始思考，因为说春这么久了，很多东西都见过，这个唱秦腔的录音机还没有见过呢。但是时间很急，马上就到我了，我当时就说：“这个桌子四四方，上面摆满了烟果糖。卡拉 OK 放前方，里面唱的是老秦腔。”这就是一次临场发挥，是我看到这个录音机才想起来的。因为每个地方放的东西都是不一样的，你放个其他的比如碟子、碗什么的，我们都会说，会说得很好，但是这个我还真没有见过，只能临场发挥。当然也会有说不上来的情况，我们就说一些套语，比如“看一看来数一数，堂上摆了个杂货铺。福禄寿喜装得满，你们的富贵万万年”，讨个吉利，大家都高兴。或者说“山高路远人困乏，三天水米没打牙，年兄有啥就说啥，我和年兄不搭话”，这就是咱们临场发挥时一种策略性的、以退为进的说辞。所以说春真是一种智慧和学识的较量，很有意思的。[②]

在一次次的出庄巡演中，胥劲军的能力和名气不断提升，在大家的推荐下成了社火队的团长。成为团长之后，胥劲军的重心由表演转移到了组织

---

① 该部分春官词均由胥劲军提供。详见西吉县春官词民俗文化学会主编：《西吉春官词交流手册》，内部未刊资料，2016 年。

② 访谈对象：胥劲军；访谈人：刘淑俏；访谈时间：2022 年 2 月 4 日；访谈地点：西吉县春官词学会。

领导方面，但社火队中他最重视的仍是春官。一方面是因为春官本身就是社火队的灵魂，在社火表演中发挥着不可替代的作用；另一方面，他考虑到说春表演的趣味性和对抗性颇受观众的喜爱，且极富气势，可以带动观众的情绪，因此，春官在社火队的重要性不断提高。当团长期间，胥劲军组织了很多次有名的社火出庄表演，也在甘肃部分村落的邀请下进行了跨省的出庄表演。让胥劲军印象最深的，是一次和王汉军的接迎对抗。当时，两个村落进行“社火接迎”，王汉军代表其他村落进行表演，胥劲军带领本村春官与之展开较量，精彩的表演成了当天活动的高潮，吸引了上万人前来观看，成了胥劲军组织的出庄活动中规模最大的一次：

那一回的社火是王汉军带着接迎着呢，你想想甘肃会宁的人和我们这边的人加起来有多少，王汉军后来还说着呢，那一次表演的时候他特别眼红，那么长的一条路上黑压压的一片，全是人，过万人呢。这都不好管理了，最后咱们怎么弄的呢？就是我举了一个旗子，吹着哨子指挥着呢，旗子一直摇着还可以，那个队伍就好点了，不然的话根本没有办法表演了，那就拥挤得不行，你要好好指挥其实也是很困难的，那一场子就是我组织的最大的一次活动。①

能成功组织如此大规模的活动，还能在说春环节拔得头筹，胥劲军的能力赢得了王汉军的赞许和认可，这次活动也让王汉军至今念念不忘，常常会向胥劲军提起：

前几天一起参加初九这个活动的时候，王汉军还说着呢：“哎呀，你组织的那一次活动真的大，是我耍社火这么多年以来见过最大的一次活动。”那一次人是真得多，灯笼火把也很多，欢也是真的欢。②

① 访谈对象：胥劲军；访谈人：刘淑俏；访谈时间：2022年2月18日；访谈地点：西吉县春官词学会。

② 访谈对象：胥劲军；访谈人：刘淑俏；访谈时间：2022年2月18日；访谈地点：西吉县春官词学会。

三、胥劲军说春在城镇化冲击下的坚守与转变

2015年以后，为促进经济发展，西吉县推进城镇化的进程不断加快。[①]城镇化的冲击，使村社失去了“人气”，社火难以组织起来，也没有了合适的表演空间，庙宇敬神降香的环节难以顺利进行，合法性、合理性、仪式感等都被破坏。虽然春官们可以被组织起来，但离开社火表演，他们只能单打独斗，不喜气也不热闹，难以被民众接受。找不到新的发展方向，说春的发展愈发困难，周边地区说春的衰落更是加剧了胥劲军的危机感，有时他难免有心无力，陷入悲观之中：

> 现在看来，这个文化在咱们西吉表面上看起来还是比较好，但是传承的危机也是很大的。它的危机、潜在的隐患，是谁也改变不了的。现在很多村庄随着城市化的发展已经消亡了，再加上移民等原因，咱们确确实实在继承、发展这个文化的时候没有办法，束手无策了。因为这不是一两个传承人或者一两个团体能解决的问题，这个好像谁都没有办法，政府好像都没有什么比较好的办法，也无能为力。这是时代的潮流。这就是一种危机感、紧迫感，也就是说，说不好这个文化就会灭绝，而我们可能是无能为力的。[②]

2015年，胥劲军受到宁夏大学民俗学专业教授朱进国邀请，加入了“六盘山区春官词研究项目”。为推进研究，他们需要在张家沟、陈阳川等村落进行说春表演。此前，各村落的春官们互不相识，某个村落或某个活动需要春官去表演时，大家都是利用“熟人网络”招呼认识的春官前来表演，但这次活动需要的春官数量较多，胥劲军能联系到的熟人不多，只好拜托各村落社火队的负责人挨个联系。最后，三家社火队凑齐了十几个春官，他们个人能力很强，让胥劲军产生了深入交往的想法。但随之他也开始忧虑——说春需要将这么多优秀的人才聚在一起，大家却分散在不同地方，下次举办活动

① 马茂荣：《西吉县加快“一城三镇三乡”建设》，《固原日报》2015年3月11日。

② 访谈对象：胥劲军；访谈人：刘淑俏；访谈时间：2022年2月4日；访谈地点：西吉县春官词学会。

时，怎么能让大家尽快聚在一起？思考之后，他便在现场建了一个微信群，让在场的春官都加入其中。春官进入群里交流后受益匪浅，将自己认识的春官也拉到了群里。一传十十传百，在胥劲军毫无预料时，群里就已经有了四十余人，并且还在持续上升。[①]

微信群强化了春官之间的联系，也提高了活动的组织效率。有活动的时候，发起人只需要在群里通知一下，大家就可以迅速“化零为整”，集合在一起顺利完成活动。这为困境中的胥劲军提供了新的思路，他开始利用微信群推进工作，希望在西吉全县这个更大的范围中宣传、表演说春。此后他慢慢尝试，通过春官交流群和优秀村落强强联手，使当地说春发展出现新的生机，年年都可以组织起来：

> 咱们不能死守着原来的模式，那就发展不下去了。这几年，经过这样的调整，咱们这一村一社的社火就可以耍起来了，起码没有春官的这个问题咱们就可以解决了。咱们现在可以说是“强强联手”这样一个模式，把咱们的春官队伍和人家的社火队伍结合起来耍着，通过这个组合把说春这个民俗活动传承下去，现在还耍得挺不错的。[②]

在这个过程中，胥劲军一方面凭借自己的名望和人脉关系，将西吉各乡镇、甚至甘肃的一部分春官聚集起来，这些说春领域的骨干人才可以确保说春的高质量演出。另一方面，他对西吉县的各村落进行了细致考察，从中挑选出民俗文化较为浓厚的村落进行合作。2016 年，胥劲军选取陈阳川作为试验点，这个村落的社火在甘宁两省都有较大影响力，他则邀请了二十几名春官分为两队前来表演，那一次的社火和说春都是久违的热闹，大家的表演也异常精彩，吸引了周边地区的很多人前往观看。[③]

在微信群的帮助下，胥劲军完成了多个比较重要的活动。2017 年 11 月 8 日，为了增强说春活动在法律层面的合理性，推进微信成员的内部管理、学术研究和对外交流等各方面的健康发展，在胥劲军等人的努力下，春官词学

① 访谈对象：胥劲军；访谈人：刘淑俏；访谈时间：2022 年 2 月 4 日；访谈地点：西吉县春官词学会。

② 访谈对象：胥劲军；访谈人：刘淑俏；访谈时间：2022 年 2 月 4 日；访谈地点：西吉县春官词学会。

③ 访谈对象：胥劲军；访谈人：刘淑俏；访谈时间：2022 年 2 月 18 日；访谈地点：西吉县春官词学会。

会正式入册成功。目前，学会的会员有 100 多人，按照行政管理、创作、策划设计、后期制作、摄影宣传、指导顾问等细致地划分为不同部门，他们在“非遗过大年，文化进万家——视频直播家乡年”活动、中国首个“文学之乡”10 周年庆典演出、西吉县新春联欢晚会线上演出、第 17 个“文化和自然遗产月”宁夏主会场展演、“乡村振兴观察点”启动仪式、“两晒一促”活动等多起活动中发挥了重要作用。

2022 年，胥劲军开始筹划新的说春活动。对胥劲军而言，这次活动有重要意义：一方面，春官有驱除瘟疫、带来吉祥的文化功能，人心惶惶之际，胥劲军希望借助传统习俗安抚人心；另一方面，说春发展在城镇化的冲击下发展艰难，且缺乏优秀宣传素材，以胥劲军为首的非遗传承人希望通过一场精彩表演，让更多人体会到这一文化的丰富内涵和多样价值，促进说春的保护与传承。为此，胥劲军很早开始策划这次活动。这次社火队由将台堡组织，是胥劲军考察了多个乡镇后精心挑选的，一些随着时间推移早已消失在百姓的生活中的春官送福环节，如上天官、刘海送钱、天官赐福等，在当地还未完全消失，胥劲军希望及时对这些文化进行挖掘保护，使其重焕生机。“远看灯笼火一片，近看社火龙一片，今夜社火禳一遍，保一个风调雨顺太平年。”[①]西吉当地有“夜社火”传统，因此这次表演分为白天和夜晚两个场次，“夜社火”从接迎开始，朝庙、跑堂、送别等环节依次展开，还加入了传统的天官赐福、小曲、地摊戏等表演，对传统春官送福进行了较为全面的展示。在没有宣传的情况下，这次表演依靠百姓口口相传吸引了各乡镇几千名百姓前来观看，春官们的表演获得了群众认可，胥劲军还邀请了一些媒体进行全程摄影，为这一文化的宣传留下了完整、精彩的表演视频。

四、胥劲军说春在新媒体时代的转型

胥劲军在还未出名时，就收了村中不少对说春感兴趣孩子为徒弟，给他们传授说春相关知识。在这些孩子身上，胥劲军投入了大量心血，至今仍关

① 此为访谈时，胥劲军随口唱出的春官词，在当地广为流传，展示百姓借助社火求得丰收年的美好期待。访谈对象：胥劲军；访谈人：刘淑俏；访谈时间：2022 年 2 月 4 日；访谈地点：西吉县春官词学会。

注着他们的发展。在成为非遗传承人之后，他更加重视说春的传承问题，及时挖掘并培育了很多优秀人才，如刘钊、胥勇军等，他们成了春官词学会的骨干成员，不仅在创作、表演等方面展现了优秀才能，还积极担任网络课堂的老师，全力协助胥劲军促进说春的传承发展。

多年拜师学艺、收徒传艺的经历，让胥劲军体悟到了传统传承方式的局限性，在成为非遗传承人之后，面对说春可能"后继无人"的危机，他开始尝试新的教学方式，希望扩展传承途径，以便发现更多说春爱好者，培养更多春官，为他们提供更加全面多元的教学。正如前文提到的，陈阳川的活动后胥劲军建立了春官交流群，春官们常常在群里交流探讨、组织活动。随着交流的不断深入，胥劲军对这个群的价值有了新的认识，并产生了新的想法——群里有很多优秀前辈，能否借此开展网络课堂教学，培养更多传承人呢？之后胥劲军不断尝试，建成了便捷的网络课堂，推进了说春的集体学习和开放式传承：

> 动作方面需要现场教学，但是什么词啊句啊的，这些东西在群里面都能解决。这个说到底是一个群体的影响，就是耳濡目染，能做到这一点就已经很厉害了。咱们群里面的很多都是创作能力和实战能力都很强的老师，对学生们的耳濡目染和带领作用就更明显了。说春强调的是一个功夫，说得多了，编得多了，练习多了，大脑也就灵活了。另外，我们这个群里面也会用语音进行对话交流，比如这个人说一句，那个人对一句，这样也可以锻炼一下，大家都互相唱和一下，就可以模拟接迎时候的对抗了。我们在这个群里用这种方法培养的一些孩子都很优秀，能独立去表演了，所以还是很不错的。①

通过网络课堂，胥劲军培养出王国禄、侯旭辉、胡锦科等优秀传承人，近几年，每年大概有20个学生学成出师，承担起了发展说春的重任，化解了说春"后继无人"的危机。② 胥劲军还在不断地努力，希望这个"交流群"不断扩大，吸纳更多热爱说春的人加入其中，共同推进说春传承的日常化。此外，

① 访谈对象：胥劲军；访谈人：刘淑俏；访谈时间：2022年3月9日；访谈地点：西吉县春官词学会。

② 访谈对象：胥劲军；访谈人：刘淑俏；访谈时间：2023年1月30日；访谈方式：微信访谈。

如何把说春传承给年轻一代,也是胥劲军常常思考的问题。在最近几次活动中,他邀请了一些对说春感兴趣的学生参与其中,与他一起宣传说春,也希望可以和政府达成合作,共同完成“非遗进校园”“非遗三下乡”等活动,让更多年轻孩子能了解、爱上说春,加入春官队伍中。①

此外,为提升说春的宣传效果和文化影响力,胥劲军创新宣传途径,开始用抖音、快手等平台促进说春的传承和发展:

> 也是从建群开始的,我们就吃到了这个便捷的网络资源的红利,咱们也就有经验了,知道了要与时俱进,跟紧咱们这个时代的步伐。所以咱们这个学会在个人定位的时候就是这样的一个思想——一定要跟上时代的思想,一定要跟着形势走,尤其是在这个传播方面。咱们的很多表演,通过快手、抖音,包括咱们的其他一些宣传渠道就都传播出去了,所以这个对我们学会来讲应该是一个既定的目标和任务,也是我们在努力落实的一个工作,这个对我们来说是很平常的。②

为与时俱进、跟紧时代步伐,胥劲军带着学会成员利用新媒体推进说春宣传。一方面,他们借助官方媒体的影响力提升自身的知名度,在《宁夏日报》《宁夏法制报》《宁夏新消息报》及宁夏新闻网、中国日报网、“学习强国”等平台进行宣传。例如,2022 年 2 月 9 日,当地的“春官跑堂”“夜社火”等得到了诸多媒体的关注和报道,截至 2022 年 7 月 21 日,仅“学习强国”平台的《西吉重启“春官跑堂”“夜社火”表演,记忆深处的快乐又回来了》一文,阅读量便高达 1 万人次,“固原大城小事”微信公众号对这一活动报道阅读量也达到了 1.8 万人次,其他平台的阅读量更为可观。此外,2022 年 7 月 6 日,中央广播电视总台农业农村节目中心的“乡村振兴观察点”项目在西吉县龙王坝村落地,西吉说春在中央电视台“三农”频道的直播中得以展示,央视主持人刘栋栋还和胥劲军等春官学习了说春的入门知识,并即兴创作了一首春官词:“感谢感谢实感谢,感谢你们来接我。乡村振兴大发展,父老乡亲笑连连。”胥劲军也作词应和:“塞上七月风光好,乡村振兴号角嘹。春官挥扇引

① 访谈对象:胥劲军;访谈人:刘淑俏;访谈时间:2022 年 2 月 18 日;访谈地点:西吉县春官词学会。

② 访谈对象:胥劲军;访谈人:刘淑俏;访谈时间:2022 年 3 月 9 日;访谈地点:西吉县春官词学会。

高歌，央视报道不停歇。”[①]此次活动得到了“央视新闻”等新媒体的报道，说春的知名度再一次扩大。另一方面，胥劲军也积极创办、发展着自己的宣传平台和视频号，借助微信公众号、视频号、快手、抖音等吸引了大批固定的粉丝。在诸多渠道中，快手的传播效果最好，成了他们的宣传重心。截至2022年7月，胥劲军负责的“西吉县春官词传媒”账号共发表了316个作品，累计粉丝数2129、获赞7474，说春爱好者们还常常在评论区进行相互交流，极大促进了说春的宣传与推广。

五、春官胥劲军的申遗之路及面临的挑战

20世纪90年代开始，胥劲军承担起了搜集、保护说春资料的重任，对濒临灭绝的说春进行了抢救性保护。当时，哪里有春官和说春活动，胥劲军就去哪里收集资料，他的搜集方法可分为两种。第一种是参观说春活动，现场记录表演时出现的春官词；另一种是去各村落实地调研，向春官和村民搜集资料。近30年间，胥劲军共抢救、整理出5000多条散落民间的春官词，并将手抄春官词整理为电子文档。目前，他已顺利完成《西吉春官词交流手册》的编纂工作，整理了近20万字的《西吉春官词》初稿，还结合自己多年从艺经验，编制了一套简单易学、实用的民间春官词教程。

在搜集的基础上，胥劲军还对说春资料进行了细致而系统的甄别、校对。例如，现今流传的春官词“走周刘武把堂拜”原为“走周列式把堂拜”，春官们对何为“列式”深感困惑，胥劲军查阅文献后发现民间故事中尚存“刘武拜堂”的故事，据此猜测可能是传抄时出现失误，将“刘”写成了“列”，“武”记作了“式”。还有一句词是“虎阳城里瘟疫大”，经过仔细考究以及和其他春官的交流后，胥劲军将这句词修订为“糊涂城里瘟疫大”。[②]

2014年，因在说春领域贡献较大，胥劲军被认定为春官词非遗项目县级传承人，2016年6月成为市级传承人，2019年12月成为自治区级非遗传承

① 刘栋栋和胥劲军的说春词由胥劲军提供。访谈对象：胥劲军；访谈人：刘淑俏；访谈时间：2022年7月6日；访谈方式：微信访谈。

② 访谈对象：胥劲军；访谈人：刘淑俏；访谈时间：2022年2月4日；访谈地点：西吉县春官词学会。

人。从 2019 年 3 月开始，胥劲军受文化馆委托协助官方申遗，参与到了申报工作中。为了更好地促进当地说春的发展，在说春申报国家级非物质文化遗产代表性项目时提供一份完整、准确、认可度高的说明材料，胥劲军在繁杂的资料中筛选、校对、整合，历时近半年，八易其稿，最终于在 2019 年年底写好了本项目的申报材料，对当地的说春知识进行了一次较为完善的再梳理。[①]

在申遗过程中，针对说春的重点是“文本”还是“表演”这一问题，胥劲军和非遗中心工作人员产生了分歧，工作人员坚持以文本为重点进行介绍，但胥劲军认为说春的重点应该是表演，它有时间性、仪式感，需要遵循固定的表演程式，对它的介绍应该涉及诸多环节，而不应局限于文本研究。第一次沟通以胥劲军失败而告终，他按照工作人员的建议修改材料后提交申报，很快便被负责审核的文化管理部门退回。这之后，非遗中心的工作人员接受胥劲军的建议，双方在充分沟通、协商后重新提交了申报材料。2021 年 6 月 10 日，国务院公布了第五批国家级非物质文化遗产代表性项目名录，西吉县“六盘山区春官送福”正式入选，西吉说春从地方社区走进全国民众的视野。

西吉说春申遗成功后，促使其社会关注度和文化影响力不断扩大，如何在快节奏、网络化的时代吸引观众兴趣、让每一次表演发挥最大的作用，成了胥劲军面临的难题，激励着他不断提升自己的说春能力，以便适应更加多样的表演场合、满足更多观众的观赏兴趣。

在胥劲军看来，说春的发展和春官的进步都离不开活动的支持。此前春官的活动多局限在春节、立春等重要节日节点，缺少日常锻炼。说春申遗成功后，政府为春官提供了多种练习、表演的平台。2021 年期间，胥劲军带领着春官词学会的春官们在非遗宣传日、春节联欢晚会等多个活动中进行了表演。这些表演实践提升了他们的能力，扩大了说春的影响力，也让春官的一些缺点得以被发现、被解决。例如，说春表演以方言土语为主，春官戴着胡子大喊时难免吐字不清，观众难以听清楚，胥劲军认识到了这一问题的严重性，在之后的日常练习和各种活动中，都很重视春官吐字发言的清晰度，避免因情绪激动等导致吐字不清。为便于观众观看，他们还及时在快手

① 参见西吉县文化馆编:《西吉文史资料 · 第四辑》,中国文史出版社 2022 年版,第 12 页。

等平台的视频宣传中加入了字幕辅助观看，促进了说春的宣传。

由于舞台表演和此前的节日期间有较大的区别，春官表演时需要统一有序、内容精致有趣、服装干净整洁，不能将一些粗糙的、未经打磨的春官词翻来覆去地展演。这要求胥劲军适应不同场合的不同要求，创作出更优秀的表演。因此，他常常利用闲暇对古老的、片段性的春官词进行挖掘整理，在老春官回忆、讲述的基础上进行适度创新，并利用舞台表演的实践及时发现问题、改进不足。目前，他们利用手头现有的资料对《五福堂》《十全堂》《十盏灯》《十炷香》《十杯酒》等篇目进行了挖掘、创新与展演，受到了群众的喜爱和认可。2021年，胥劲军将重点放在了《十二报春堂》上，将农耕文化中的二十四节气编成春官词，通过春官欢闹的报春形式来传播气象、物候的知识，将每个月的特点一一报出，如“二月惊蛰百虫醒，春风暖意太阳红。金犁插进软土里，人欢马叫忙春耕。三月清明谷雨送，家家门前播籽种。一籽落地生万籽，来年五谷又丰登”[①]等。这首春官词不仅受到了当地人的喜爱，还随着网上的宣传视频传播到了周边地区，得到了更多观众的认可。

随着舞台表演不断成熟，胥劲军对自己的队伍有了更大信心，因此他计划成立“春官词表演艺术团”，在商铺开业、景区宣传、喜事庆祝等百姓需要说春的时刻为他们送去祝福，让春官成为大家美好生活的见证者，让说春融入日常生活，更好地促进说春的传承和发展。当然，这一计划要求春官的说春技巧更加娴熟、完美，需要统筹、组织乐队、表演团队、编导团队等各方面的人员配合表演，对各个节目进行更加细致、完善的排练，甚至需要根据观众的不同需求创作不同作品。对此，胥劲军也有清晰的认识：

> 从场地表演向舞台表演转型、走向市场，需要我们转型，要与时俱进、提高艺术性，从场地表演这种比较松散、临时、要求不严、自由散漫的表演形式，变成更加细致、精致、严格、整齐统一的舞台表演，对我们的动作、姿势、打扮等都会更严格。我们今年已经尝试了两场子（舞台表演）了，觉得很成功，这是我们从场地到舞台的过渡时期取得的一点小成绩，也正是因为这个，我从里面看到了希望，萌生了要把这个艺术

① 节选自春官词《十二报春堂》，胥劲军、刘钊等人创作，由胥劲军提供。访谈对象：胥劲军；访谈人：刘淑俏；访谈时间：2022年7月6日；访谈方式：微信访谈。

团建立起来的想法。[①]

对胥劲军而言，成立“春官词表演艺术团”的想法并非一时兴起，若要如愿以偿似乎也并非想象中的简单，但无论是参加培训、创作春官词还是进行舞台尝试，都体现了他们对提升自己业务能力的重视，这样一次次的进步和能力的提升，对每个春官而言都是最基础最珍贵的财富。

结语

胥劲军是一名优秀春官，为说春付出了全部心血。三十余年的说春实践中，他在提升个人能力的同时，关注到了说春的发展困境并积极寻求解决之道，通过成立专业组织、创新组织和宣传方式、协助申遗、培育多元传承和保护主体、促进文旅结合等途径，帮助说春在现代社会找到了发展空间，推动说春走向了正规化道路。这些举措是胥劲军基于自我身份认同和责任意识的主动创新，也离不开国家力量的支撑。在全面推进乡村振兴的时代背景下，如何更好引入学术和商业力量、解决传承中出现的新问题、推动说春的系统性重构，是胥劲军今后要努力的方向。

① 访谈对象：胥劲军；访谈人：刘淑俏；访谈时间：2022 年 3 月 9 日；访谈地点：西吉县春官词学会。

浙江省遂昌县石练镇淤溪村“班春劝农”祀典调查报告*

张　帅　仲欣岚**

摘　要

浙江省遂昌县的“班春劝农”祀典历史悠久，是典型的以“春祈”为主题的农耕文化，具有丰富的文化内涵与民俗意蕴。该祀典于20世纪70年代末重新恢复，初时于“立春”节气前后举办，后期则逐渐固定在每年阳历4月。2010年后，“班春劝农”发展成为由遂昌县政府与石练镇政府轮流主办，当地民众积极参与的大型文化活动。如今，“班春劝农”祀典既承担着颁布春令、劝课农桑、策励春耕的传统意义，又在民众的生活世界中发挥着事关文化认同与身份归属的重要形塑作用，同时也有着促进当地民俗文化旅游发展的现实意义。

关键词

班春劝农；汤显祖；文化内涵；社会价值

2021年2月2～5日，“中国节日志·立春”课题组浙江农林大学调研团队赴浙江省丽水市遂昌县石练镇淤溪村，针对该村的立春习俗开展了为期4天的田野调查，并于2021年4月17～21日做了补充调查。课题组成员包

* 本文系国家社科基金特备委托项目子项目“中国节日志·立春”（项目编号：JRZ2018002）阶段性成果。

** 张帅，浙江农林大学茶学与茶文化学院、浙江生态文明研究院讲师；仲欣岚，浙江农林大学茶学与茶文化学院本科生。

括浙江农林大学茶学与茶文化学院、文法学院师生张帅、徐峥、姬晓颖、仲欣岚等4人。选择遂昌县石练镇淤溪村的“班春劝农”祀典作为考察对象，主要基于以下三点。

第一，遂昌“班春劝农”祀典在中国二十四节气相关文化习俗中具有一定代表性。2011年，该仪式作为二十四节气的一部分，入选第三批国家级非物质文化遗产名录。2016年作为“二十四节气——中国人通过观察太阳周年运动而形成的时间知识体系及其实践”项目的代表性传承社区，被列入联合国教科文组织人类非物质文化遗产代表作名录。而遂昌“班春劝农”祀典中的“扮句芒神”“供祭品”“鞭春牛”等环节，也都是传统立春习俗的典型活动。

第二，遂昌“班春劝农”祀典历史悠久。早在南宋时，遂昌诗人王镃就留下了“泥牛鞭散六街尘”的诗句，描写了当地班春劝农的场景。明代戏曲家、文学家汤显祖所著的《班春二首》也有“今日班春也不迟”之语，其名著《牡丹亭》第八出《劝农》的民俗背景就取材于遂昌。20世纪70年代末，石练镇大田村村民自发恢复了班春劝农仪式，让这一活动历久弥新。

第三，遂昌“班春劝农”祀典的现代化气息浓厚。在政府的主导下，淤溪村的班春劝农活动更具现代气息。2009年，“现代版”班春劝农仪式在大田村举行，后自2010年起，遂昌县班春劝农的活动“永久落户”石练镇淤溪村，由石练镇政府和遂昌县政府轮流主办。如今淤溪村的班春劝农活动既承担着颁布春令、劝农事、策励春耕的传统意义，又发挥着促进民俗文化旅游的现实意义。

团队主要采用访谈法、参与观察法完成调研。2021年2月2日下午，调研团队进入田野点之后，首先走访村落，对村落环境进行了解和记录，而后分组入户访谈。2月3～5日，团队成员继续开展访谈，并前往石练镇政府了解相关情况。2021年4月17～21日，调研团队部分人员再次进入淤溪村，着重参与了当地2021年“班春劝农”的现场活动，并进行了补充调查。

一、走进淤溪村

“班春劝农”活动由遂昌县政府和石练镇政府轮流主办，活动地点设于淤溪村，但仪式的直接参与者不只淤溪村村民。当地人认为，“班春劝农”自古至今都有“政府领衔、万民参与”的传统。因此，讨论“班春劝农”不仅要对淤溪村进行介绍，也要了解遂昌县与石练镇的基本情况。

（一）自然地理环境

遂昌县位于浙江省西南部，属丽水市管辖，县域总面积2539平方千米。境内山地面积占县域总面积的88.83％，耕地面积占县域总面积的4.06％，水域面积占县域总面积的7.11％，素有“九山半水半分田”的说法。① 县境内大小河流众多，有千余条，分属钱塘江、瓯江两大水系，有“钱瓯之源”之称。当地属亚热带季风气候，温暖湿润，又因山区众多而具有明显的山地垂直气候带，小气候类型繁多。

石练镇位于遂昌县中部，面积约100平方千米，镇政府驻地在石练村，主要河流为练溪。淤溪村位于遂昌县石练镇西南部，与黄皮村相邻。地势平坦，有从南向北的缓流流过，村民们习惯以水流方向定方位，水来的方向为村子上面，水去的方向是村子下面。②

（二）社会历史背景

遂昌境内的三仁畲族乡好川遗址曾出土石器、玉器、陶器、漆器等千余件，经专家鉴定属良渚文化晚期，距今4200～3700年。早在新石器时期，遂昌县域就有先民繁衍生息。③ 根据《遂昌县志》记载，遂昌自古隶属丽水。丽水旧称为“处州”。秦始皇三十年（前217年），遂昌属闽中郡。三国吴赤乌二年（239年）时属平昌县，“平昌”作为遂昌的别称沿用至今。西晋太康元年（280年），改平昌为遂昌。唐武德八年（625年），遂昌并入松阳，属缙云郡；唐景云二年（711年），复设遂昌县，县名“遂昌”传承至今。

石练镇地处遂昌县腹地，建镇始于明洪武十四年（1381年），如今是浙江省省级中心镇、全国重点镇。石练镇下辖12个行政村、79个自然村。

① 参见遂昌县党史和地方志研究室编：《遂昌年鉴2020》，中国文史出版社2020年版，第72页。

② 访谈对象：毛陈良，男，1953年出生，淤溪村村民，曾任毛家族长；访谈人：张帅、徐峥、仲欣岚；访谈时间：2021年2月4日；访谈地点：淤溪村毛家祠堂。

③ 参见遂昌县党史和地方志研究室编：《遂昌年鉴2020》，中国文史出版社2020年版，第73页。

2019年末，全镇总人口约12000人，其中农业人口占大部分。2019年，石练镇实现农业总产值1.96亿元，比上年增长7.7%。农民人均可支配收入21641元，比上年增长11.81%。全年旅游业总产值5.67亿元，同比上年增长5.5%①。

淤溪村于2010年12月由原路堰、淤头、坪墟、石坑口、双坑口5个村合并而成。截至2019年年末，淤溪村下辖18个自然村，总人口约1510人，主要姓氏为毛氏、赖氏、雷氏。山林面积1600余公顷，耕地面积80余公顷，集体经济超20万元，人均年收入约2万元。②

淤头自然村位于淤溪村村口，也是“班春劝农”的主要举办地点，毛姓为该村大姓。曾任毛氏族长的毛陈良向我们介绍：“此地最早定居的为毛姓之人。淤溪毛氏是江山十门的分支。”③根据《西河毛氏宗谱》的《毛氏宗谱序》记载，毛氏始祖原为姬姓，是文王第八子，武王封之于毛，世居西河，遂以毛为姓。根据祖谱记载，淤溪毛氏的始祖为大宣公，世居松阳南山；六世孙千八公迁于遂昌，十八世孙国佐、国臣公迁居玗溪。光绪十年(1884年)，汝麃公经商有所盈余，在此地修筑宗祠。祠堂建成后，存放毛氏族谱和祖宗牌位，是族人们定期增订族谱、聚会议事和祭拜先贤的重要场所。后来，祠堂被毁，现不轻易开放。毛陈良讲述道：“十一年前(2010年)毛氏子孙集资重修祠堂，两三年前(2019年前后)政府出资重修了大门。宗祠虽经两次重修，但宗祠的大梁和大部分柱子都是老古的，只换了实在用不了的柱子；重修了屋顶，使其不至于漏雨。”④

宗祠前面原是空地，是为日后子孙建堂所用，大家多在此晒稻谷。后由村民毛允乔买下后运营一小卖部。毛氏宗祠重修十周年时，曾举行大型的家族聚餐。平时过年时，毛氏众子孙要进宗祠拜祭。族中长辈须事先将宗祠内打扫干净，并在桌上摆上年糕、鸡、鸭、菜、饼、水果等，拜祭活动现由宗

① 参见遂昌县党史和地方志研究室编：《遂昌年鉴2020》，中国文史出版社2020年版，第324页。

② 参见遂昌县党史和地方志研究室编：《遂昌年鉴2020》，中国文史出版社2020年版，第324页。

③ 访谈对象：毛陈良；访谈人：张帅、徐峥、仲欣岚；访谈时间：2021年2月4日；访谈地点：淤溪村毛家祠堂。

④ 访谈对象：毛陈良；访谈人：张帅、徐峥、仲欣岚；访谈时间：2021年2月4日；访谈地点：淤溪村毛家祠堂。

族中陈字辈长辈主持。原本毛陈良是族长，后众人认为年长者经验更多些，曾由毛陈良的大哥毛道松来主持，近几年大哥年龄已大，身体不好，便由毛陈良的二哥毛陈西主持活动。

（三）生计变迁

淤溪村目前的主要支柱产业是茶叶和防种。过去人们多种两季水稻，但当地的耕地以湖田①为主，粮食产量较低，收益也少，又没有其他的经济来源，村民们的生活非常贫苦。

防种工作是指当地农户种下杂交水稻的种子，由县种子公司收购。② 据《遂昌县志（1991～2010）》记载："杂交水稻制种是遂昌县新兴农业产业，已成为农民增收致富的重要产业之一。"③2001 年 10 月，县农业局种子加工中心与浙江省种子公司合资组建浙江省杂交水稻种业股份有限公司，推行"大户与散户并举"。此举增加了当地农民的收益。

当地自古种茶，茶味纯厚，以谷雨前为佳。据村民们介绍，改革开放之后，村中有人开始专门种植茶树，村民们发现种茶的收益比种植粮食要好很多，便"你种我也种"④，"不知怎么，一家人开始种茶，大家都开始种茶了"⑤。

据村民上官建华讲，大部分村民都以售卖刚采摘下来的鲜叶即茶青为主。自早春起，村民们会一直不断地采摘茶叶直至农历九月止。其中，清明节前的早茶茶青价格最高，每斤可达七八十元；到四月中旬左右，茶青价格会降至每斤四五元。一年下来，一亩地茶叶的毛收入大概在一万元。自 2020 年起，因为当地政府出台了相关政策，给予村民农机补贴，采茶机在村里逐渐普及起来，节省了大量的人工，但机采的茶青价格要略低于手采。茶农采来茶叶后，便在村头空地上直接卖给前来收茶青的制茶企业。制茶企

① 湖田，即田中泥泞、不利于作物生长的田地。访谈对象：上官建华，男，1966 年出生，淤溪村村民；访谈人：张帅、姬晓颖、仲欣岚；访谈时间：2021 年 4 月 20 日；访谈地点：淤溪村文化礼堂旁。

② 访谈对象：上官建华；访谈人：张帅、姬晓颖、仲欣岚；访谈时间：2021 年 4 月 20 日；访谈地点：淤溪村文化礼堂旁。

③ 王正明主编，遂昌县地方志编纂委员会编：《遂昌县志（1991～2010）》上，浙江古籍出版社 2019 年版，第 380 页。

④ 访谈对象：上官建华；访谈人：张帅、姬晓颖、仲欣岚；访谈时间：2021 年 4 月 18 日；访谈地点：淤溪村文化礼堂旁。

⑤ 访谈对象：余菊环，女，1965 年出生，淤溪村村民；访谈人：张帅、姬晓颖、仲欣岚；访谈时间：2021 年 4 月 18 日；访谈地点：淤溪村文化礼堂旁。

业多为个体户，规模较小，一般在自己家中安置制茶机等设备，所制茶以龙井扁茶和当地香茶为主，且大多没有自己的品牌，茶叶加工好后再卖给茶叶收购商。收购商再次转手，将茶叶卖给较大的茶厂或茶商，辗转几次方能到消费者手中。

四月中旬以后，茶青的价格大幅降低，因此村中的青壮年多在采完春茶后外出务工，等到年关将至再回到村中，茶园则交给老人们打理。近几年来，随着城市用工荒的加剧，进城务工人员的收入和其他待遇逐渐增高，越来越多的村民选择将茶园转包他人，全年都在外务工。

留在村中的老人也大多都有自己的营生，像张子梅那样大部分时间都在忙碌是村里 80 岁以下老人们的常态。张子梅出生于 1951 年，早几年也出去打过工，做了六七年保姆。现在回到家中，除了帮儿子采茶叶外，还经常去山上采摘粽叶，简单加工后卖给工厂。除此之外，每年端午节前张子梅老人还会包粽子、种菊米。粽子在家里煮好后卖到厂里去，一连做好几个月。菊米即菊花米，是小朵的菊花，为遂昌县传统农特产品。端午节前后张子梅会扦插下菊米的枝条，以待九、十月采摘晒干后卖到工厂。菊米的价格较稳定，一般每斤 60～80 元。一直到了冬天，张子梅才会彻底闲下来，“冬天的时候，女儿家里坐着”①。

淤溪村附近多山，山上多毛竹，此地留有制作竹篾的传统手工艺。据村民赖正文老先生介绍：“以前村子里有八九个篾匠师傅，是附近最多的。村子里篾匠师傅多了，没有工作做，到处分散去的，每人负责不同村子的竹篾工作。”②例如毛道松当年因竹篾做得好而不用在生产队从事农业劳作。他通过给别人做竹篾而获得收入，然后再将收入交给生产队换取工分。后来，生产队安排他固定在临近的黄皮村做活，慢慢地他把户口也迁过去了，但他在淤溪村的老房子还一直保留着，现在年纪大了，又回到淤溪村长住。如今因篾匠收入偏低，又需花费很长时间去学习，工作效率又低，所以已经很少有人愿意去做篾匠，目前淤溪村仅有毛道松、毛陈西两兄弟继承了其祖辈的

① 访谈对象：张子梅，女，1951 年出生，淤溪村村民，嫁至外村；访谈人：张帅、姬晓颖、仲欣岚；访谈时间：2021 年 4 月 20 日；访谈地点：叶招仁家中。

② 访谈对象：赖正文，男，1954 年出生，淤溪村村民；访谈人：张帅、徐峥、仲欣岚；访谈时间：2021 年 2 月 4 日；访谈地点：淤溪村文化礼堂旁。

手艺，专做篾活。

另据村民上官建华讲："我村里，以前的时候除了篾匠多，还有木匠多，别的没有，就这两样多。"[①]上官建华本人也是木匠出身。19 岁开始学做木匠，跟着师父学了一年，便自己出来单干，但他发现做木匠赚钱并没有自己想象中那么容易："一九九几年的时候，人家造房子，都不是很富裕，都是借钱造的。所以说钱难拿。像我们，做房子一个人做不起来，还要另请师傅，请师傅要付给人家工资的。自己的钱拿不到，还要付钱给别人。所以说怎么做？"[②]后来，上官建华放弃做木匠，选择了打工。"茶季忙的时候就在家里做。茶叶采得不多了就去打打工。"[③]现如今他在杭州经营一家保健品店，家里也种茶叶。而叶招仁一家，祖上也都是做木匠的，她的丈夫、儿子及其女婿也都是木匠，"村里现在还有五个木匠，都是去外面做的。像我儿子就是在遂昌县，帮人家家里做"[④]。她的儿子张强峰自述，他从小跟着父亲做木匠，到如今已经做了 30 余年。去年他们父子还将家里的老房子进行翻新，特意做了仿古的风格，木窗等都是从别处收来的老房子用的老物件，整体装修非常豪华。

2017 年 6 月，淤溪省级重点历史文化村落保护利用建设项目通过省级验收。淤溪村淤头自然村被列为浙江省级传统村落。因传统村落保护，位于老街区的旧房子不允许改动，村民们如需更大的房子，需要在村口小区另买宅基地再建新房。[⑤] "你看这个房子，县政府不允许拆，那村里就不允许我拆。"村民毛建成坦言："当时我是想把它拆掉，盖一栋两层的小房子，给他们老人住住舒服。我还打算把房子用油漆漆一下，不让它腐烂，把它保存好。这个房子是古老的。上海人过来都很喜欢的。如果能搞个农村的民宿，把外地的游客吸引过来，也是很好的。"很显然，村民们也期待着能借着传统村

① 访谈对象：上官建华；访谈人：张帅、姬晓颖、仲欣岚；访谈时间：2021 年 4 月 20 日；访谈地点：淤溪村文化礼堂旁。

② 访谈对象：上官建华；访谈人：张帅、姬晓颖、仲欣岚；访谈时间：2021 年 4 月 20 日；访谈地点：淤溪村文化礼堂旁。

③ 访谈对象：上官建华；访谈人：张帅、姬晓颖、仲欣岚；访谈时间：2021 年 4 月 20 日；访谈地点：淤溪村文化礼堂旁。

④ 访谈对象：叶招仁，女，1949 年出生，淤溪村村民；访谈人：张帅、姬晓颖、仲欣岚；访谈时间：2021 年 4 月 18 日；访谈地点：叶招仁家中。

⑤ 访谈对象：李正红，男，1965 年出生，淤溪村村民；访谈人：张帅、姬晓颖、仲欣岚；访谈时间：2021 年 4 月 19 日；访谈地点：李正红家中。

落保护以及乡村民俗旅游开发等政策的落地来改善自己的生活，但同时也深知真正实施起来难度极大："但农村的厕所，就房间里的排污，也是个问题，把这个解决了就好。做这个东西，要大家一起做。你一个人做没用的。一旅游车过来，五十个人，要全部归纳掉，在这里住。这样才可以做得起来。你一两家做没用的。现在隔壁的房子都是空着的，也不住人。所以我说农村人还是眼光太近。"[①]

（四）文化传统

本报告主要的观照对象——"班春劝农"仪式活动，所涉及的主要是岁时节日与民间信仰相关的内容。因此这里将着重选取淤溪村的立春习俗，及最具代表性的民间信仰活动——"七月会"分别予以介绍。

据村里人讲，过去村民们对立春非常重视，建立起了以"春祈"为核心的一整套内容丰富的活动，如祭祀、鞭春牛、踏春郊游、制作立春食品等。但后来随着社会的变迁以及劳作模式的改变，立春习俗活动逐渐衰微，呈现出碎片化的特征。如村民毛桂香介绍："立春前后家家户户都要在门上插香、插梅花。等到黄历上的立春时刻，各家还要放鞭炮。其他活动就没有了。"[②]毛陈西则言："立春要准备三茶三酒祭拜神灵，是什么原因已经没人知道，反正上一辈传下来的就必须要是三杯三杯的。"[③]毛允乔则认为："立春祭祀神灵要放五杯茶，再放五杯酒，还要插梅花。茶是当地的茶，酒是黄酒。但是这些仪式现在很少有人做了，以前小的时候长辈会做。以前还有蜡烛，有香；蜡烛点两个，香放三根，等到皇历上的立春时刻摆在家里。"[④]

至于"七月会"，则始终为淤溪村及其周边16个"坦"（片村）[⑤]的村民们

① 访谈对象：毛建成，男，1975年出生，淤溪村村民；访谈人：张帅、姬晓颖、仲欣岚；访谈时间：2021年4月20日；访谈地点：毛陈西家中。

② 访谈对象：毛桂香，女，1949年出生，淤溪村村民；访谈人：张帅、徐峥、仲欣岚；访谈时间：2021年2月4日；访谈地点：淤溪村文化礼堂旁。

③ 访谈对象：毛陈西，男，1946年出生，淤溪村村民；访谈人：张帅、徐峥、仲欣岚；访谈时间：2021年2月4日；访谈地点：淤溪村毛陈西家。

④ 访谈对象：毛允乔，男，1950年出生，淤溪村村民；访谈人：张帅、徐峥、仲欣岚；访谈时间：2021年2月4日；访谈地点：淤溪村小卖部旁。

⑤ 石练镇共有二十多个小村庄，人们将毗连的小村合在一起，建为"坦"（片村），这就是远近闻名的"石练十六坦"，即黄皮、苏村、上仓坛、中央街、洞门下、沙墩儿、垵下、姚埠、黄墩、横岗、项岭头、定村、方村、大路街、官堰头、淤头十六个片村。

自发组织并参与的规模最大的仪式活动。“七月会”是因祭拜蔡相大帝而兴起的游神及庙会活动，因在农历七月举办，故名。活动举办地点以位于淤溪村石坑口的蔡相公庙为核心，覆盖石练镇石练街道、黄皮村、苏村等20余个小村庄。现在由村民组建的专门的理事会，专管“七月会”的一切事务。各坦轮流任值首(迎会理事人)，凡12年轮值一次，如“辰”年是石练街值首，称“迎佛大年”；丑年是淤头值首，称“小大年”，其余散坦称“某某值年当头”，每逢大年、小大年花样特别多，邀请的戏班特别好，赶会的人又多，格外热闹。[①]

关于庙宇及“七月会”的由来，《遂昌县志》有如下记载：“蔡相公庙在邑西十九都，离治五十五里，本名元沙庙，世传五代。时蔡氏兄弟二十四人避地居此，没而为神。”[②]后来，乡人立庙以祀，每逢立秋后第一个“辰”日，举行祭祀，渐成庙会。[③] 至于庙会兴起的时间，石练镇的地方文化爱好者们普遍认为起源于宋代，而兴盛于明代。据老艺人讲，明万历年间汤显祖任遂昌知县时，当地盛行戏曲，庙会由此成了“会戏”活动，名曰“秋赛会”，因时值农历七月，故称“七月会”。自清康熙以来迎会规模渐大，远近闻名。据调查，在遂昌蔡源乡也有类似活动，当地有一蔡王殿，供奉的也是蔡氏兄弟二十四人，其地流行的传说与石练基本相似。但不同的是，蔡源乡在农历八月举行庙会，因此当地称“八月会”。

“七月会”的重头戏是蔡相大帝出庙巡游十六坦，每日巡一坦。每年巡游开始的日子是立秋后第一个属龙的日子，即第一个辰日。由淤头村村民将蔡相大帝塑像抬出，抬至下面的黄皮村。黄皮村村民前来接蔡相公像至村中，当天晚上村中就要做戏，亲戚朋友们也趁此机会一同聚餐。第二日，神像再从黄皮村抬至另一个村，如此这般，将十六坦一次巡遍。最后神像回至淤头村驻夜，整夜做戏聚会。翌日神像重回蔡相殿。

除了“七月会”之外，每逢农历七月十九观音菩萨生日、九月十九蔡相公生日以及四月十九、五月十九等日子，村民们也去蔡相公庙祭拜。而在日常

① 参见张祝平：《论传统民间仪式与新农村建设的互融共生——浙南石练“七月会”的当代变迁及社会功能考察》，《北方民族大学学报》(哲学社会科学版)2013年第1期。

② 中国人民政治协商会议遂昌县委员会文史资料组：《遂昌文史资料》第2辑，1986年，第80页。

③ 参见张祝平：《论传统民间仪式与新农村建设的互融共生——浙南石练“七月会”的当代变迁及社会功能考察》，《北方民族大学学报》(哲学社会科学版)2013年第1期。

生活中，村民们逢初一、十五或家中有姻缘、平安、学业、事业等事项时，也习惯去拜祭蔡相公，以求平安或成其好事。

除蔡相公庙外，村里还有一座小社庙，位于村落的西处，也是村里人求吉禳灾的场所。“班春劝农”祀典县级传承人林树立回忆说：“之前百姓养猪养鸡，牲口不好养了就去庙里祭拜一下，等杀猪了再去庙里还愿。每年的班春劝农典礼都遇上大雨，尤其2018年那次雨特别大。我拿了三支香、蜡烛，就去小寺庙里上了个香，点了个蜡烛。拿了三支香，去神农像前面的香炉那边祭拜了下。不到十分钟，雨就停了。这叫风调雨顺，每年都这样。”[①]每个月的初一、十五都有村中妇人，买了香、蜡烛、茶、酒在社庙和班春广场的神农像前祭拜。过年的时候，还有人会在神农像前放鞭炮。

至于村外的信仰世界，村民们多是去位于石练镇西邻王村口镇的妈祖庙参与活动，以村中妇女为主。每年正月初一最为隆重，村民们须赶早前去妈祖庙，“烧香纸，拜拜佛，如果许愿就交点钱，就是一个心诚”[②]。每年三月初三，妈祖庙还要举行三月庙会。届时，妈祖庙所在的村社会摆长桌宴，并请剧团做戏，“做戏好几天，吃饭是一天”[③]，淤溪村的善男信女们也会参加。

根据清光绪年间《遂昌县志》记载，当地“俗尚巫”。有病人的人家在晚上会“鸣笳鼓”，并请巫者高歌曼声奔走闾巷间，民间称之为“抢魂”，回来之后贴符于门，人们相信不久之后，病人的病情就会好转。[④] 清朝丽水训导何美期曾有竹枝词云：“符咒何来疗病方？师公伎俩最荒唐。呜呜夜半吠龙角，未识谁家又打癀。”[⑤]当地俗称巫为“师公”，因病祷福为之“打癀”。如今这样的巫术已经基本绝迹，但是类似的信仰与禁忌尚在，如拜樟树的习俗。

淤溪村村头有五棵樟树。其中有两棵树干半径有一米多、需三四人合抱。村民将其拟人化，一棵是妈妈，一棵是爸爸。在两棵老樟树对面，有三

① 访谈对象：林树立，男，1969年出生，班春劝农活动县级传承人；访谈人：张帅、姬晓颖、仲欣岚；访谈时间：2021年4月20日；访谈地点：淤溪村文化礼堂旁。

② 访谈对象：傅卿，女，1962年出生，淤溪村村民；访谈人：张帅、姬晓颖、仲欣岚；访谈时间：2021年4月20日；访谈地点：淤溪村文化礼堂旁。

③ 访谈对象：上官建华、傅卿，两人为夫妻；访谈人：张帅、姬晓颖、仲欣岚；访谈时间：2021年4月20日；访谈地点：淤溪村文化礼堂旁。

④ 参见（清）胡寿海等修，褚成允等纂：光绪《遂昌县志》，清光绪二十二年刊本，（台北）成文出版社有限公司1970年印行，第1191页。

⑤ （清）胡寿海等修，褚成允等纂：光绪《遂昌县志》，光绪二十二年刊本，（台北）成文出版社有限公司1970年印行，第1191页。

棵较小的樟树，村里人视两棵依靠在一起的为两个妹妹，剩下的一棵是哥哥。“有的小孩比较难带，认了樟树娘就比较好带。有些认的是爸爸，有些认的是妈妈，也有人去认哥哥和妹妹。”[①]认干娘之后要改名字，改名字时将名字贴在树上，以求樟树娘保佑。端午、重阳和过年时，百姓会在树前摆上茶酒和糕点。当地传说：“有一年有人要锯掉樟树，利用村头的空地盖祠堂。锯了很小一根，龙泉一个村子里的一个人就发疯死掉了。那边人说，肯定是淤头的人把樟树锯掉了。来人商量，把盖宗祠的位置移一下。于是就移到供销社的位置了。前几年还听说每年来人看一下，叫我们这边保护好这个樟树。”[②]

二、“班春劝农”祀典相关叙事及节俗传承

下文将着重从文献梳理的角度还原遂昌“班春劝农”祀典的历史传承脉络，并简要介绍立春节俗的现实状态，以相互对照。

（一）遂昌“班春劝农”祀典的相关叙事

南宋处州平昌县（今浙江省遂昌县湖山镇）人王镃曾留下《立春》一诗：“泥牛鞭散六街尘，生菜挑来叶叶春。从此雪消风自软，梅花合让柳条新。”这是现存最早描述遂昌立春习俗的历史文献，诗中对鞭春牛的刻画以及劝农的立意，说明至迟在南宋，当地就已经有系统、完整的立春习俗了。

明代戏曲家、文学家汤显祖在遂昌担任县令期间，也曾留下大量关于班春与劝农的诗文。从这些诗文中[③]，我们可以窥见当时班春劝农活动的一些细节。

第一，明代的“班春劝农”是与立春日“迎句芒神”“出土牛”等民俗活动在一起进行的。如《丙申平昌戏赠句芒神》云：“春到平昌立四年，句芒迎在

① 访谈对象：傅卿；访谈人：张帅、姬晓颖、仲欣岚；访谈时间：2021 年 4 月 19 日；访谈地点：叶招仁家中。

② 如林树立说：“毛家祠堂前面还有一个宗祠的。那时我四五岁，印象不太深。那里面都是图案、鬼神，以前那种东西。”访谈对象：林树立；访谈人：张帅、姬晓颖、仲欣岚；访谈时间：2021 年 4 月 20 日；访谈地点：淤溪村文化礼堂旁。

③ 本文所引汤显祖诗文等，参见徐朔方笺校：《汤显祖诗文集》上、下册，上海古籍出版社 1982 年版。下文不再一一注明。

土牛前。""出土牛"又被称为"送春牛""报春"。送春牛的时间有严格规定，一般在立春前二三日进行。村民用高粱秆小段扎成牛头、牛身、四条腿，用红纸缠身，长四五寸，高约两寸，非常简单。①

第二，迎春仪式的地点在眠牛山麓。如明万历二十五年(1597 年)所作《丁酉平昌迎春口占》诗："岁入火鸡催种早，插花鞭起睡牛山。"如今地图上已不见眠牛山，不过仍有已消失的眠牛山操场的旧照片留存。②

第三，县令要赠送百姓春鞭和插花。如《迎春口占二首·甲午》云："并得花齐近午衙，花前含笑插乌纱。"《班春二首》云："迎门竞带春鞭去，更与春花插几枝。家家官里给春鞭，要尔鞭牛学种田。"《丙申平昌迎春晓云如金有喜》云："仙县春来仕女前，插花堂上领春鞭。"春鞭是涂有彩色或缠彩布条的竹木小杆，象征催牛耕田的打牛鞭。而插花的花，是丝绵材料手工制作的饰品。得到插花的百姓，男的将花插在冠巾上，女的插在发髻上。③

第四，县令还要去吴皋等地下乡劝农。如《吴皋春作》云："唤起青牛更莫眠，吴皋春雨杏花天。"

另外，汤显祖的《牡丹亭·劝农》就取材于遂昌。文中描述的正是当地"班春劝农"活动的写照。"南安府在江广之间，春事颇早。想俺为太守的，深居府堂，那远乡僻坞，有抛荒游懒的，何由得知？昨以吩咐该县置买花酒，待本府亲自劝农。"太守杜宝一上场，就开宗明义地说："时节时节，过了春三二月。乍晴膏雨烟浓，太守春深劝农。农重农重，缓理征徭词讼。"

到了清代，"班春劝农"仍是当地官府的要务。如光绪《遂昌县志》的田赋卷中就有"迎春芒神、土牛、春酒银二两"④的记载。

县人毛飞在其所著《遂昌风物》中收有《迎春》一文："俗于立春前一日，用篾裱厚纸制成春牛一只。按《通书》所画春牛图，头、尾、身、足，各涂颜色，旌旗导行，鼓吹抬行，历东南西北四城郊。由知县、捕厅亲下田耕犁以事劝

① 参见邱根松主编，周喜玉、程琳菲编著：《遂昌班春劝农》，浙江摄影出版社 2016 年版，第 62～63 页。

② 参见王正明主编，遂昌县志编纂委员会编：《遂昌县志(1991～2010)》，浙江古籍出版社 2021 年版，第 1109 页。

③ 参见邱根松主编，周喜玉、程琳菲编著：《遂昌班春劝农》，浙江摄影出版社 2016 年版，第 49 页。

④ (清)胡寿海等修，褚成允等纂：光绪《遂昌县志》，光绪二十二年刊本，(台北)成文出版社有限公司 1970 年印行，第 372 页。

农。春牛抬过街巷时，住民每有手持线穿黄豆，竞挂牛角上，并抱小孩从春牛腹下跨过，谓小儿出痘可稀少。自清宣统二年(1910年)举行后废止。交春时，家家备香茗，插梅花，点烛放炮，迎接新春。或有用红纸条，端书'迎春接福'贴门壁上，以求福利。”[1]

综上所述，遂昌立春习俗最迟定型于南宋时期，以“鞭春牛”为核心习俗。立春日的“班春劝农”活动初见于明代文献，其主要仪式有送春牛、鞭春牛、供祭品、插花等。后来该活动基本沿袭了明代的活动内容，可见“班春劝农”在当地既有悠久的历史，又有坚韧的传承根性。

(二)遂昌“班春劝农”祀典的历史内容与当代传承

根据官方搜集整理的文字资料，过去遂昌县城迎春鞭春的整个流程大致如下。

1.摆神

立春当天一早，衙役们会将句芒神轿和土牛(后来是纸牛)摆置在东门外。牛身色彩按天干、地支、纳音三个“五行”属性颜色绘成。牛身高四尺，身长八尺，尾长十二寸，象征一年四季、八节、十二个月。土牛踏在县衙一扇大门上，按阴阳年分别踏在大门东扇或西扇。

2.入场

执五色春杖的老农和穿戴乌纱官服的春官在日出之前就会集结在土牛两侧站定等候。之后乡绅、村社管事、杂户百姓以及仪仗队、鼓乐手到场，他们几乎挤满了整个衙门口，仅留有一条窄窄的通道。等到人数差不多的时候，县官会带领典史[2]及其他吏役、佐杂人员从县衙内走出，接受民众的拜贺。

3.游神

日出东方之时，县官向东方烧香拜祝后，示意游神队伍鸣炮出发。队伍一般会先行至东门，再巡游到西门、北门直到南门桥头。游过四门，小县城的主要街巷就基本已经走遍了。

---

① 邱根松主编，周喜玉、程琳菲编著：《遂昌班春劝农》，浙江摄影出版社2016年版，第84～85页。

② 典史一职，元代始置，明清沿置。是知县属下掌缉捕、牢狱事务的官员。未设县丞、主簿的县，由典史兼之，俗称“捕厅”。

走在游神队伍最前面的一般是巫师，负责开路。之后则是举着旗锣伞扇的仪仗队。最核心的部分基本都是由民众抬着的，分别是在最前面的芒神亭、在中间的土牛以及紧随其后的县官与典史。其中，县官坐轿，典史骑马，以示文武之别。乐于参加游神活动的民众则或举花束，或头插红花走在队伍的最后面。游神队伍中，最受关注的是土牛。民间俗信土牛有趋吉、避祸、祛病之能，因此不断有人以线穿黄豆往土牛角上扔，以求能挂在牛角上好图吉利；也有抱着小孩的妇女寻机穿过牛腹，祈求驱除天花病，保小儿平安成长。游行队伍穿过南门和南溪桥，来到眠牛山麓，整个游神活动就结束了。

4.祭神

抵达眠牛山后，游神队伍稍事休息便开始祭拜神灵。众人将句芒神、土牛放置在备好的祭坛上，香案上摆好烛台和插有梅、柳、万年青的花瓶，以五谷三牲作为供品。县官亲率乡民点烛燃香向春神、土牛行跪拜礼。

5.鞭春

在香烟缭绕中，众人在近旁尚未耕种的田地里放置一架装扮有五彩布条的耕犁，由县官、捕厅依次扶犁走上几步，四周群众齐喊："开耕了！开耕了！"传说这是由汉文帝亲自扶犁耕籍田故事流传成的习俗。此后，衙役向在场士民发春鞭，县官首先举鞭打土牛，群众齐声高喊："一打风调雨顺，二打五谷丰登，三打国泰民安。"三打之后由县衙吏役、乡绅、村社管事、老农一齐上将土牛鞭打粉碎，或将纸牛打得肚内五谷四溢。乡民则争抢地上的土屑或谷粒，带回去放在香火前保全家平安，放在牛栏里保牛繁殖无病，放在田地里保粮食丰收。

6.犒农

传统仪式的最后一项活动是向在场的农民赏春酒、插花。喝了春酒，领了插花，仪式就在官民同乐的氛围中结束了。

据当地老人讲，传统的"班春劝农"于20世纪40、50年代一度中断。20世纪70年代末，大拓镇大田村村民自发恢复了该项仪式，包括请句芒神、抬神巡游、鞭打春牛、赏花酒等传统内容都得以恢复，还增加了下田开犁、发放春饼、放鞭炮等新内容。

2009年，大田村又筹建了"班春劝农"活动基地和大田民俗馆，收藏了许多农耕文化和立春岁时文化的实物资料。2009 年 3 月 30 日，自旧俗恢复以来，最大规模的“班春劝农典礼”在大田村金山脚下举行，整个仪式基本参照古代鞭春礼仪，是为期四天的“汤显祖文化·劝农节暨仙县遂昌休闲游”活动的一部分。[①] 大田村村民周国源[②]担任主祭人。周国源祖父周英亮曾是清末大田村祭春活动主祭人，其父周俊田也曾组织过祭春活动并担任主祭人。

三、淤溪村“班春劝农”祀典的过程

自 2010 年后，班春劝农的活动场地开始转移到淤溪村。2011 年，遂昌县政府和石练镇政府共同出资 200 余万元，建造了面积达 7780 平方米的“班春劝农”文化广场，并在广场上修建了 729 平方米的祭台。[③] 广场周边还建有八根石柱，石柱以五谷为花纹并刻有昆曲十番的乐器及说明。广场对面是淤溪学堂和村落文化长廊，广场西边是村落花园，东边是农田。2015 年，石练镇政府在原有设施上将祭台升高 3 层，重塑 10 米高的神农石雕像。[④]

村民林树立回忆说：“第一届时，(场地)面积很小，在茶叶田里搭台。以前的是木头做的半身的神农像，每年祭拜祭好了就把它抬下来放好，第二年又把它抬上去，要十几个人抬，很重的。”[⑤]另据淤溪村文化员黄丽娟介绍，“班春劝农”活动由石练镇政府和遂昌县政府轮流主办，有“大办”和“小办”之分。“小办”由石练镇镇里组织，“大办”则由遂昌县县里组织。“小办”时规模很小，也不用置办米塑[⑥]，不邀请台阁[⑦]表演。正因为“小办”的规模较

① 参见邱根松主编，周喜玉、程琳菲编著：《遂昌班春劝农》，浙江摄影出版社 2016 年版，第 124～125 页。

② 周国源于 1928 年出生，作为班春劝农活动传承人，已入选第三批省级非物质文化遗产代表性传承人名录。

③ 参见邱根松主编，周喜玉、程琳菲编著：《遂昌班春劝农》，浙江摄影出版社 2016 年版，第 137 页。

④ 参见邱根松主编，周喜玉、程琳菲编著：《遂昌班春劝农》，浙江摄影出版社 2016 年版，第 142 页。

⑤ 访谈对象：林树立；访谈人：张帅、姬晓颖、仲欣岚；访谈时间：2021 年 4 月 20 日；访谈地点：淤溪村文化礼堂旁。

⑥ 米塑，用蒸熟的米粉，手工捏制、塑造各种花鸟虫鱼、人物等祭品。遂昌米塑入选第五批县级非物质文化遗产保护名录。

⑦ 台阁，又称“抬阁”，即 9 岁以下的小演员立在人抬着或者板车承载的舞台上表演的节目，浙江省非物质文化遗产项目之一。

小，在很多村民的认知中，班春劝农活动是两年一办。[①]

2020年，“班春劝农”祀典被迫取消。遂昌县文化和广电旅游体育局特意开发了手机小程序，通过人机互动等形式把仪式的核心环节展现了出来，取得了较好的效果。2021年立春日（2月3日），“班春劝农”祀典小程序再次上线，遂昌县文化和广电旅游体育局对小程序的功能进一步优化升级，增加了奖品展示、趣味抽奖等形式，还设置了景区门票、农特产品等奖品。

2021年4月19日，“班春劝农”线下典礼于淤溪村顺利举办。此次仪式由丽水市政府组织，“是十余年间最隆重的一次，衣服道具等都是全新的”[②]。下文将以2021年“班春劝农”活动典礼为例，对遂昌“班春劝农”的仪式过程予以详细描述。

（一）彩排及氛围布置工作

据村民介绍，典礼现场的表演人员以淤溪村村民为主，但石练镇的周边村落也会出一些节目。为了这次演出，淤溪村委从3月起就开始组织村民们排练，4月6日有一次较正式的彩排，而平时排练，“都是在晚上进行，主要排练的是春牛舞、大春鞭和小春鞭等节目”[③]。

4月18日下午，淤溪村的党员和自愿参加志愿服务的村民们开始忙碌起来。一部分人在广场打扫卫生和布置广场外围的座椅，一部分人则配合施工人员搭建神农雕像前的红色祭台、雕像对面的观礼台、遂昌非遗展示牌以及“遂昌味道”展示台等。据村民们讲，参与仪式表演是有象征性补贴的，但志愿服务工作主要取决于党员的觉悟和村民们的个人意愿，现场搭建及氛围布置工作一直持续到晚上10点多。

除此之外，典礼所用的祭品和道具也需要提前准备好。其中，道具主要有绸缎布绷的牛头、两头纸糊的牛、绿布段缠着铁丝所做的大小假花、二十

① 上官建华讲述说：“它是两年一次。”张江玲说：“班春我已经敲了四五次，两年一次，我已经敲了很久了。”访谈对象：上官建华；张江玲，女，1962年出生，班春劝农活动参与者，敲最大一面鼓之人；访谈人：张帅、姬晓颖、仲欣岚；访谈时间：2021年4月18日；访谈地点：淤溪村文化礼堂旁。

② 访谈对象：林树立；访谈人：张帅、姬晓颖、仲欣岚；访谈时间：2021年4月20日；访谈地点：淤溪村文化礼堂旁。

③ 访谈对象：林树立；访谈人：张帅、姬晓颖、仲欣岚；访谈时间：2021年4月20日；访谈地点：淤溪村文化礼堂旁。

四都幡旗和大小幡旗、班春大鼓和打鼓队的鼓等都存放在村里的文化礼堂中。两头稻草绑的春牛和一头金牛存放在“班春广场”对面的淤溪学堂中。需要提前准备的供品主要是9尊米塑，但这并不需要村里人自己准备，而是直接由遂昌县政府采购并送到村里。其他祭品并不需要提前准备，在仪式当天由林树立准备。

4月18日19时，村民们逐渐聚集到广场上，或准备晚上的排练，或扎堆坐在一旁聊天。因广场大灯还没完全布置好，排练暂时无法进行，几支广场舞队伍趁此时机开始跳舞，有些在等候彩排的村民也加入了广场舞的队伍中，现学现跳，广场上一下子热闹了起来。年纪大一些的大娘，看排练还没开始，便三三两两坐在旁边的凳子上闲聊。等大灯布置完成，广场舞队伍立即停下音乐，散到一边，彩排正式开始。先排练的是茶灯戏，然后是春牛舞。县政府特意请了专业的老师来指导表演者的走位以及动作。因表演并不复杂，排练至8点半左右就结束了，村民们逐渐散去。

4月19日早上6点左右，工作人员就开始继续布置现场了。此时，除了村里人外，还有一大批县政府聘请的专业工作人员，他们升起“班春”大旗，调试好音响和麦克风等，主持人也已经到位，与演员队伍的负责人反复确认表演的流程。

6点半左右，陆续有演奏“昆曲十番”的老艺人和敲鼓的演员换上自己的服饰，带上自己的乐器，到特定的位置开始演练。“昆曲十番”是遂昌县传统音乐，2008年入选国家级非物质文化遗产代表作名录，它以多种乐器组合演奏，轮番演奏出多个曲调，多用于春节等重大节日以及重要庙会堂会等。立春的典礼自然不能少了昆曲十番。当地传言，汤显祖在遂昌任知县时，下乡劝农之闲，与诸生传得问字，传唱昆曲，把昆曲与当地的器乐演奏相结合，遂形成了“昆曲十番”。

与此同时，遂昌县各级非遗的展演队伍也来到了现场。在进入村子的道路上，有入选浙江省非物质文化遗产的台阁表演，小演员们表演《汤公劝农》《春草闯堂》《三打白骨精》《观音赐福》等剧目。另有遂昌黑陶烧制技艺、好川根艺、畲族字带等各项非遗陈列在村口通向广场的唯一马路两旁。遂昌黑陶烧制技艺传承于好川陶文化，成品黑陶工艺品无釉无彩、细腻精致，入选浙江省非物质文化遗产名录。好川根艺将根艺运用到家具创作的实用之中，获全国根艺展多项奖项，入选丽水市非物质文化遗产代表作名录。畲族字带是畲族民间特色工艺织品，为丽水市级非遗项目。

而“遂昌味道”展示区同样忙碌。展示区东西北三面和正中间都搭建有展示台。北面展示台有演员表演昆曲茶艺，其余展示台分别摆放有畲味特产、遂昌高山茶、遂昌水产和遂昌特色米糕等。每个展示区都有工作人员向游客介绍，并提供免费试吃。今年政府还特意安排了多个网络主播穿着当地和畲族特色服饰在现场直播，通过网络售卖当地特产。这一新型的售卖方式吸引了大量当地村民驻足观看。

在广场上，村民们则将祭桌、大型蜡烛、大型的锣和鼓抬到神农雕像前，开始装扮祭台。祭台原有三层，此次活动布置中将第一层的台阶中段向前延伸，形成四层祭台。所有的台阶铺上红地毯。由下往上，第一层祭台主要为打鼓队和其他演员表演的准备区。第二层祭台则预备放置草牛、金牛等物。第三层祭台中间放置三张桌子，准备放置全猪、全羊、全鸡等祭品；右侧布置大锣，左侧布置大鼓。第四层中间放有大香炉，两侧分别放置一张桌子和一根写有“国泰民安”的大蜡烛。

7点左右，广场上的人逐渐多了起来，观看的村民坐在两侧的长凳上，来晚的只能找地方站着。演员们也基本全部到齐，换上服装的演员们，找到各自队伍，拿好道具，站定闲聊，等候开始。

7点半左右，活动导演开始组织大家进行当日的第一次彩排，主要确定游行队伍和道具是否组织完毕、各表演队伍和演员是否都已到齐，确定部分演员的站位和走位、音乐播放时间的衔接等。彩排结束后，保安驱散站在观礼台前观看的民众，拿来警戒线，在观礼台两侧拦出道路。场地内只留下一家政府指定的媒体和部分工作人员。

大约8点半，导演开始指挥大家进行第二次彩排，这次彩排除了领导讲话之外，几乎与正式典礼无异，从最开始的班春游行到最后的开春，整个仪式程序全部走了一遍，让很多观礼的民众都误以为仪式提前开始了。直到第二次彩排结束后，石练镇镇长上台告知演员们注意事项并给大家加油，民众才恍然大悟。

此后，所有演员退到场外按次序站好。观众们则集中在非遗展示区与美食展示区参观、体验，也有不少外地来的观众进入淤溪村游览。10点左右，丽水市、遂昌县主要领导到场，在乡镇领导的陪同下陆续参观了几大展示区域，然后进入观礼台。10 点 20 分，“班春劝农”祀典正式开始。

（二）进场

随着音乐声响起，位于神农雕像前左右两侧的由 46 人组成的锣鼓队伍开始敲打起来。在主持人的把控下，活动有序开始。在村口樟树下沿着小路站成一长排的游行队伍陆续进场。

第一方阵是走在最前面的是民乐队，分别有 2 人抬的大锣 4 面、长唢呐 16 支、2 人抬 1 人敲的大鼓一面、铜镲 1 对、唢呐 16 支等。据村里人讲，乐队走在最前面一是为了开路，二是预示着将春天唤醒。第二方阵是抬祭品的方阵，分别是全猪、全羊、全鸡各一只，猪和羊分别由四人抬，鸡则由一人端着，是为“三牲”。“三牲”被抬上祭台，面向广场放在桌子上。还有五个木箱，每个木箱需要两个人抬，除了最前面的木箱里放置一尊米塑外，其余木箱上各放置两尊米塑，用以祭祀天地、农神，祈求风调雨顺。

第三方阵的民众大概有 8 人，他们穿着青绿色和灰色的绸缎衣服，高举着细长的竹竿，竹竿上挑着用塑料做成的“五谷杂粮”与“瓜果菜蔬”，包括玉米、水稻、小麦、辣椒、洋葱、大蒜、青椒、黄瓜等，代表着农民丰收的喜悦和对美好生活的期盼。方阵最后是一位村民挑着两张桌面大小的“春饼”，主持人说道：“这么大的春饼，象征着农民朋友们的生活非常富足和幸福。”全场响起了热烈的掌声。

第四方阵被村里人称为“大旗阵”，最前面的是黄底红字红镶边的三面大旗，分别写有“班春”“风调雨顺”和“五谷丰登”字样。三面大旗实际上为幡的样式，高约两米半，宽约半米。三面大旗之后是浩浩荡荡的二十四都旗，“都”为宋元时乡以下的建制，光绪《遂昌县志》载：“古有建德、资忠、保义、桃源四乡，一都二都十三都十四都十五都十六都十七都十八都曰建德，三都四都五都六都七都曰资忠，八都九都十都十一都十二都曰桃源，十九都二十都二十一都二十二都二十三都二十四都曰保义。”[①]二十四都的说法在

① （清）胡寿海等修，褚成允等纂：光绪《遂昌县志》，光绪二十二年刊本，（台北）成文出版社有限公司 1970 年印行，第 84 页。

日常生活中早已不多听闻，在班春劝农的祀典中也仅仅是作为一个象征性的符号出现，举旗子的人基本都来自淤溪村，而并非旧二十四都所在的地域。

第五方阵为大茶灯方阵，由8人组成，他们身穿红黄绿三色绸缎背心和红色绸缎长裤，举着绿底红字的大茶灯，展现了遂昌特色茶文化。各方阵进入广场后沿着中线走向神农雕像前，除了祭品方阵将祭品放到第二层的祭台上之外，其余方阵演员都有序排列，分别站在锣鼓队伍的旁边。

第六方阵为春牛阵，由一头金色的牛、两头用纸做的牛、两头用稻草做的牛组成，每只牛都由四人一组抬着。金牛身长三尺六寸五，象征着一年的三百六十五天；四条牛腿代表着一年有春夏秋冬四季；尾巴长一尺二寸，代表着一年的十二个月。也就是祈祷一整年、四季、十二个月、三百六十五天，都能够风调雨顺，幸福美满。两头稻草牛，则是由去年丰收所得的稻草捆扎而成。一头金牛和两头纸牛被送至神农雕像前的第一层祭台，金牛在左，纸牛在两侧，头朝西，尾巴朝东。两头草牛则被分别放置在广场中间并稍微往两侧偏移的位置，恰巧位于稍后出场的农民祭祀队伍的中间。

春牛后面跟着的是装扮为古代官人形象的司仪、句芒神、花神和酒神。句芒神，也就是春神，主管着草木的生长发芽。花神到了就代表着春天来了，百花齐放，希望也来了。而遂昌五谷杂粮酿造的本地土酒非常甘甜和香醇，所以也请酒神来一起完成盛大的仪典。四人中，句芒神、花神和酒神站在第二层祭台东侧，纸牛的一旁；司仪则走到第三层祭台，站于祭品旁。

第七方阵是花枝队，一共20人，每人手中执一大束假花花枝。花枝队由遂昌成人技校的学生组成。“学生们此次主动请缨，负责花枝舞、谷神舞和舞龙表演，自己排，自己演，以学生的方式，展示对农神的敬意，这是本次活动的一大特色。”①

第八方阵为酬神方阵，最前面为双人抬的大酒缸，内有遂昌本地产的“汤公美酒”。之后就是祭祀谷神的方队，由20人组成，将会在广场上表演谷神舞。再之后是春鞭队，有大春鞭与小春鞭之分，其中小春鞭有16人，全身

① 访谈对象：赖捷，男，1994年出生，淤溪村村委委员；访谈人：张帅、姬晓颖、仲欣岚；访谈时间：2021年4月20日；访谈地点：淤溪村文化礼堂旁。

穿绿色表演服饰，拿着绑有绿色布条的细长竹编；大春鞭有 20 人，身着绿蓝粉三色表演服饰，拿着绑有绿色纱布的长竹竿。春鞭队之后则是春牛表演队，与前面春牛阵不同的是，春牛表演队是人们举着特制的牛头进行表演，总共有 20 人。春鞭队与春牛队都是由淤溪村 60 岁以下的村民参与的[①]，所表演的春鞭舞与春牛舞都是每年"班春劝农"活动雷打不动的酬神娱乐项目。

第九方阵为舞蹈方阵，主要有采茶舞与舞龙灯，其中采茶舞由遂昌县和石练镇的专业人士组成，大概有 38 人。采茶舞是在遂昌茶灯戏的基础上加入舞蹈动作改编而成的。遂昌茶灯戏于 2007 年入选浙江省省级第二批非物质文化遗产名录。据《遂昌县志(1991～2010)》载："茶灯也称茶灯戏，它集灯、歌、舞、戏为一体，亦歌亦舞，语言通俗风趣，夹带方言，富有地方特色和劳动、生活气息……演员有茶公、茶婆各 1 人，茶女 8 人，另有持灯牌、蜈蚣旗各 2 人，乐队一般 5 人。"[②]另有两条约 5 米长的金龙，是由 20 名学生组成的。

第十方阵为农民方阵，是祭祀队伍的最后一个方阵。大家戴着斗笠，披着蓑衣，扛着锄头，打扮成农民的形象。农民方阵总共有 100 人，虽大多数仍是淤溪村的村民，但遂昌县近 20 个街道及乡镇都派了领导和村民代表加入队伍中来，以在农神面前许下承诺。

所有方阵大多分为左右两队，从樟树下右转进入广场，先走到广场北侧观礼台前，再向右转，向北侧的神农雕像走去；待到广场中间时，先停顿数秒向神农表示敬意，再分别向东西两边走，最先进行表演的走到锣鼓队伍前站定，稍后表演的则从锣鼓队身后的出口下去候场。农民方阵走到广场中间分左右两边站定，在正对神农雕像的中心线上，留下一条大致一米半宽的小路。接下来，仪式进入第二个环节——祭春。

(三)祭春

在司仪的示意下，两队衙役打扮的人员穿过人群，到祭祀队伍前方，众人向中间转，相对而站。司仪高喊："汤大人到。"主祭人"汤显祖"带领两位

① 林树立说："淤溪村是一百五十个演员。最早是三四百，全部都是本村的。今年考虑到上了年纪，60 岁以上的，就取消了，全部 60 岁以下的。"访谈对象：林树立；访谈人：张帅、姬晓颖、仲欣岚；访谈时间：2021 年 4 月 20 日；访谈地点：淤溪村文化礼堂旁。

② 王正明主编，遂昌县志编纂委员会编：《遂昌县志(1991～2010)》，浙江古籍出版社 2021 年版，第 712 页。

陪祭人和两位书童一起进场。众人齐齐右膝跪地，拱手于前，拜见“汤大人”。“汤显祖”边向神农雕像走，边拱手向村民们致意。随着“汤显祖”缓缓前行，身后的跪地的村民们纷纷起立，重新面向神农雕像站立并聚拢，中间不留道路。

“汤显祖”走到衙役前方站定后，司仪高喊：“吉时到！”随后响起三声礼炮，鼓声渐急，号角、喇叭、唢呐声也渐次响起。司仪宣布：“农历辛丑年三月初八，遂昌县班春典礼开始。”随即鼓声响起，三声锣响后，全场立即安静下来，司仪庄重地大喊：“主祭人、陪祭人、各都山民，叩拜神农。”旁边的工作人员立即送上长香。众人依司仪所说，面向神农三步一拜，拜了三次后原地站定，主祭人“汤显祖”则与陪祭人和持香的衙役走上二层祭台，将香插入香炉。

接下来司仪喊道：“请遂昌县人民政府县长上祭文！”县长在两位陪同人员的引导下从观礼台走上祭台。广场上的祭祀队伍则再次从中线开始向两边分散开，让出中间的道路，等县长走过之后又重新合拢，面向神农雕像站立。县长走上祭台的第二层，站立于香炉前，两位陪同人员打开祭文卷轴。县长开始宣读祭文。待祭文宣读完毕，司仪喊：“众人施礼！”祭祀队伍拱手于前，向神农雕像鞠躬。县长走下祭台后开始进入“献谷神舞”环节。众人退到广场边缘，让出中间的场地。表演者们从两侧进入广场中央，面向观礼台。县长和“汤显祖”等人在表演者的欢送中经过广场，回到观礼台。

之后是谷神舞表演，谷神舞一共有 20 人参与表演，其中 16 人着迷彩色背心和短裤扮作农民，4 人穿黑色衣裤，头戴特制的禽兽头套，扮蛇鼠猛兽。随着音乐响起，先是蛇鼠猛兽们上蹿下跳，肆意毁坏庄稼作物；随后农民们开始看守粮食，恐吓驱逐猛兽，最终合力将蛇鼠猛兽打得落荒而逃。主持人介绍道：“谷神舞的意义就在于，农民朋友们播下庄稼和作物之后，可能受到蛇鼠猛兽的侵袭，所以我们祈求谷神，赶走病虫害，保佑我们五谷丰登。”

（四）受赏

谷神舞大概持续 5 分钟，舞蹈结束后进入“受赏”环节。司仪高喊：“请受赏人出列！”祭祀队伍带上斗笠帽，重新回到广场中央，面向观礼台站立。受赏仪式按照顺序有以下 4 个程序。

1.插花

祭祀的人员纷纷将别在腰间的红色假花插到斗笠之上，仿汤显祖诗文记载，象征将吉祥带在身上。

2.赏酒

两侧工作人员将酒碗依次分发给众人。县长和“汤显祖”拿着酒瓮，为第一排民众倒酒，陪祭人和“衙役”则相应为后排众人倒酒。

3.饮酒

县长和“汤显祖”手持酒碗，先举杯向受赏队伍示意，后转身向观礼台众人示意。然后与众人一起饮酒。

4.传谷种

工作人员会提前将谷种装在一个椭圆形、可单肩背的布袋中。再用大竹篓将布袋抬至场中，在书童和陪祭人等人的帮助下，县长和“汤显祖”将布袋一一分发给受赏人。受赏人则在表示谢意之后将布袋背在肩上。

（五）鞭春

鞭春即鞭打春牛，以示迎春。旧时官府县官在立春前一天迎接用泥土或纸做的春牛放在衙门前，春牛肚中装有稻谷、麦子、菜籽等农作物种子。立春日由长官将春牛肚子打烂，肚中种子露出。现代化的遂昌“班春劝农”活动中，鞭春步骤更多，不仅要鞭打纸牛或金牛，还要牵出真牛，给牛吃鸡蛋和老酒。

鞭春之前首先要赠春鞭，由书童等人拿上春鞭，待第一排受赏人依次上前后，县长和“汤显祖”从书童手中拿过春鞭授予众人。后排受赏人的春鞭则由“衙役”等人分发，保证每位受赏人手中都有一条春鞭，县长、“汤显祖”及书童也都执一春鞭。众人在县长与“汤显祖”的带动下举起春鞭，挥舞致意。

司仪高喊：“班春令下，春牛出栏！”此时，县长和“汤显祖”下场，受赏人则走向广场两侧站立，让出中间位置。司仪待人群站定后，继续高喊：“春牛出栏，春色满园。好酒加力，大吉大利！”随后两头水牛从东侧进入广场，有一人穿蓑衣戴斗笠，拎着竹篮，走在前面；两头牛被人牵着，甩着尾巴不紧不慢地走在中间；后面还有一人，拿着扫帚和畚箕，以随时处理牛留下的秽物。

待牛走入广场中心位置后，司仪喊："给牛加力咯！"此时，穿蓑衣戴斗笠拎竹篮之人分别给两头牛各喂五枚生鸡蛋，俗信生鸡蛋能让牛增长力气，同时也借谐音寓意"大吉大利"，当牛吃下鸡蛋时，受赏人会齐齐挥舞春鞭，应声大喊"大吉大利"；之后，再喂给牛老酒一碗，俗信老酒可给牛解乏，让牛不会感到劳累，同时也寓意"牛气冲天"，牛喝过老酒后，受赏人照例齐齐挥舞春鞭，应声大喊"牛气冲天"。然后，受赏人开始争先恐后地去抚摸两头牛，司仪则改用当地口音读起吉祥话："摸下牛头摸牛鼻，岁岁耕种多顺利；摸摸牛身牛头颈，谷仓高过瓦盖顶；摸摸牛尾摸摸头，户头祖上金光罩。"一时间仪式达到高潮，场面热闹无比。牛被牵下广场。

此后，音乐声响起，"汤显祖"踱步上前，花枝舞队则上场表演花枝舞，以花来展现春的美好。"汤显祖"逐步踱上祭台，与书童等人并排站立。此时，当地领导走上观礼台打响春鞭。"一打辛勤耕种不误农时，二打风调雨顺地肥苗壮，三打五谷丰登六畜兴旺。"领导们应声三次鞭打面前的金牛或纸牛。鞭打春牛完毕，三位领导回观礼台就座。"汤显祖"和陪祭人及书童继续立于祭台上。

接下来，仪式迎来第二个小高潮——芒神赐福。随着司仪一声高喊："芒神赐福喽！"广场内外几乎所有人都试图冲上祭台，跑到金牛前，争抢事先放在金牛肚子中的东西（一些炸过的花生、豌豆等零食）。哄抢之后，众人重新回原来的位置站立。

（六）开春

司仪高喊："开春咯！"舞龙队伍登场，面向观礼台开始表演。在舞龙表演之后，民众还先后表演了春牛舞、春鞭舞及采茶舞，四个表演活动大概持续 13 分钟。

在当地民众看来，班春劝农关键在一个"劝"字，既然得了赏又受了劝诫，那么就要及时耕作。因此，最后一项内容是"下田开耕"，领导们走下观礼台，来到一旁的农田，"汤显祖"也一同前来。其中两位领导穿上长靴下田，在牛后面扶着犁耕了一个来回。此后整个仪式宣告结束，观礼的领导与嘉宾们纷纷离去，演员和观众们也自行散去。

四、“班春劝农”祀典的文化内涵与社会价值

通过对遂昌“班春劝农”祀典的历史传承与现存状况的梳理，以及对2021年祀典的现场参与和调研，我们发现遂昌的“班春劝农”祀典具有丰富的文化内涵与民俗意蕴，既在民众事关身体体验和身份认同的生活世界中发挥了重要的形塑作用，又对当地的民俗旅游开发和经济产业发展提供了方向。

第一，“班春劝农”祀典作为典型的以“春祈”为主题的农耕文化，既在全国范围内具有代表性，又具有鲜明的地方特色。“班春劝农”祀典是一项诞生于传统农耕社会的农业祭祀活动，体现了乡土中国“以农为本、劝课农桑”的社会思想。一般认为，传统的“班春劝农”祀典于每年立春日举办，“凡耕之本，在于趣时”，顺应天时向来是农业生产的第一要务，而立春作为二十四节气之首，意味着万物起始、万象更新，从农耕的角度来说，则是“春种、夏长、秋收、冬藏”的新一轮周期的开始。因此，尽管我国幅员辽阔、气候万千，不同地域逐渐发展出了不同的农耕类型，也诞生出了多样的农耕文化；但在立春日祈祷丰年与在立秋日报答神功一样，在整个中国的历史时空中拥有普遍的认同。遂昌的“班春劝农”祀典以“郊外迎春”“颁布春令”“祀句芒神”“鞭打春牛”“犒赏百姓”为核心内容，既包含了政府对民众勤于稼穑的劝勉，又包含了百姓对庄稼丰收的祈望。尤其在汤显祖积极的倡导、参与、推动下，遂昌“班春劝农”在仪式规模、知名度、延续性方面都有了明显的提升，不仅核心习俗一直延续至今，还不断地融入契合时代发展的新内容，也正因为如此，遂昌“班春劝农”才能成为我国立春的代表性习俗活动。

从仪式本身来看，遂昌“班春劝农”也有着鲜明的地方特色。其最大的特色就在于“汤显祖”已经成为贯穿仪式始终的必不可少的民俗符号。汤显祖虽然在遂昌担任知县只有短短五年，但因其在遂昌地方治理、经济发展、生活改善、文教兴化等方面所作的贡献及本人在文学创作方面尤其是在任期间所取得的巨大成就，让他深受遂昌当时及后世民众的爱戴，几乎成为遂昌县历史上最为人所熟知的文化名人，而汤显祖在任期间最重视劝农耕作，且在实际上推动了仪式的传承与发展。因此，“汤显祖”作为重要因素出现在仪式中既体现了对汤显祖的纪念与尊重，又遵从了民众意愿，而最根本的

原因则是地方政府在民俗文化资源的开发与利用过程中通过叠加文化元素来形成合力。另外，仪式中以驱赶蛇虫猛兽为主要表演形式的谷神舞、遂昌舞龙、米塑以及对参与百姓“山民”的称呼都与遂昌特殊的地理环境、人文风情、文化传统有关。

第二，“班春劝农”祀典在“政府组织、百姓参与、官民同乐”的组织形式上具有历史的延续性，但古往今来已经被赋予了不同的时代意义。根据历史文献记载，地方行政长官于春耕之前颁布春令、督促农耕的习俗早在汉代就已经存在了。所谓“班春”即“颁春”，指的是地方政府的行政长官颁布春令，向百姓宣告耕作的时令已到；而“劝农”则是指劝勉、督促百姓进行农业生产，二者都是以政府为主导的特定社会习俗，在一定程度上也都是地方官的行政职责。

自20世纪70年代习俗重新恢复以来，除在最初几年主要由民众自发组织外，祀典基本上延续了政府组织的传统。先是由石练镇政府主办，后来遂昌县政府也参与其中，与石练镇政府轮流主办，政府负担了整个祀典的资金投入、流程设置、后勤组织等工作。除此之外，县长或镇长不仅要出现在现场，还要作为主祭人宣读祭文，祭拜农神；作为地方长官授予民众春鞭，下田亲耕。随着祀典内容的逐渐丰富，活动加入了由“汤显祖”领衔的古代官僚系统，但其作为一种模拟类的展演，看似重要，实则对仪式流程的推进所发挥的作用非常有限，主要是陪同政府人员完成授春鞭、赏春酒等环节以及独自完成向句芒神进献香火、接受“百姓拜贺”等政府官员不便出面的环节，整个祀典的“主角”仍然是政府的官员。因此，祀典由政府唱主角的形式具有历史的连续性。

同样是“官民同乐”，但现在与过去相比，其意义已经发生了根本性的转变。在古代社会，再开明的政府，官、民之间也必然是统治与被统治、剥削与被剥削的关系，地方长官颁布春令主要是警示和督导民众不违农时，从性质上说是一种政治行为。而现如今，政府参与其中的意义已经完全不同。一方面，顺应民意、服务百姓以及对优秀传统文化的重视，另一方面，政府也希望将祀典打造成为展现地方文化特色、促进区域经济发展的重要抓手。

第三，“班春劝农”祀典给予当地民众以热闹、团圆的身体体验和之于地方的强烈的文化与身份认同。近年来，遂昌“班春劝农”祀典多在每年4月举行，与“七月会”、冬至、春节等节日共同形塑了遂昌民众日常生活世界的时间结构。这些节日依托于当地的农时体系，如刻度尺上的刻度，将民众的一年到头的日子划分成了跨度基本一致的不同区间，让民众在“忙碌—休闲”“凡俗—神圣”“日常—狂欢”等几组生活状态的相互转换中按部就班地生活。不同的节日也承担了不同的功能，如春节主要作用于家庭关系的维护，冬至作用于家族关系的维护，“七月会”作为一种联村信仰仪式，主要作用于个体的情感慰藉及村际关系的维护，而“班春劝农”祀典具有其独特性的一面。

“班春劝农”活动举办期间正处在村民们采春茶鲜叶的时间范围内，习惯在农闲时节外出打工的村民往往还没出去，常年在外务工的村民也大多为了帮助家中老人尽可能多且快地采卖春茶而借机回来，正如林树立所言：“这时候村里的人不比春节时候少，甚至还要多，反正跟立春和小年比肯定是要多得多的，村里比那时候也更热闹。”[①]在此期间，村民们白天忙于采摘鲜叶，晚上则忙于仪式走台、演出等排练，整个村落进入一年之中少有的忙碌、热闹的氛围。通过卖茶青在短短十几天的时间就能获得超过全年一半以上收入的村民们借参与排练和展演来释放喜悦之情。常年在外地务工的民众则在热闹之余，还有着团圆、欢聚的体验。村民上官建华外出开店后虽不再参加春牛舞的表演，但每年祀典总会回村里看看热闹，见见家人：“今年(2021)可巧，回来看看热闹，说好了午饭跟兄弟团聚，可巧我师父也回来了，我木匠的手艺就是师父给的，这是饭碗，那就必须得先请师父吃饭，家里的团聚改时间。这种事情多得很，借着这个机会大家在一起聚聚，到处赶酒场，活动这前后两三天谁家不是天天喝酒？这就是亲情。”[②]

“班春劝农”祀典对于地方社会来讲，还起到了树立并维护地方感，强化民众文化认同和身份归属的作用。村民们通过参与或观看祀典来回溯地方历史和个人关于地方的记忆，当所有村民在同一时空，借由同一事件，同步甚至共同来完成这一实践时，个体的文化认同和身份归属感得到强化，而社

① 访谈对象：林树立；访谈人：张帅、姬晓颖、仲欣岚；访谈时间：2021年4月20日；访谈地点：淤溪村文化礼堂旁。

② 访谈对象：上官建华；访谈人：张帅、姬晓颖、仲欣岚；访谈时间：2021年4月20日；访谈地点：淤溪村文化礼堂旁。

区共同体的凝聚力也更加突显出来。传承人林树立在提到祀典的意义时，就刻意强调："这么多年下来，村民参与了，不论是表演还是后勤，认识也提高了，素质也提高了，对咱这村、对咱这文化来说，也是更加热爱了，所以说，传统文化肯定要发扬和继承的。不能把它遗失掉，每年都要继承。"[①]

结 语

遂昌"班春劝农"祀典拥有悠久的历史，是典型的以"春祈"为主题的农耕文化。通过对2021年祀典的跟踪调查，我们发现，古俗中的颁布春令、祭拜句芒、鞭春、亲耕、受赏等环节在今天仍然作为核心习俗得到了很好的保留；同时，祀典中也融入了诸如舞龙、舞蹈表演等很多当前老百姓喜闻乐见的新环节。祀典虽然只有一个上午的时间，却能吸引遂昌及周边地区近十万民众前来观礼，足见其文化魅力。

"班春劝农"祀典之所以在遂昌延续几百年，且在地方经济结构发生巨大变化、社会生活发生重大变革的今天仍然常在常新，除了祀典本身具有坚韧的民俗根性之外，还与其在民众个人体验、地方文化认同以及文化资源开发等方面所具备的社会价值与意义相关。因此，展望"班春劝农"祀典未来的存续状况，我们有理由持乐观态度。

不过，对于"班春劝农"是否始终被定义为立春习俗活动，地方政府正在进一步商讨，目前浙江省文旅厅计划要在全省范围内遴选二十四节气的代表性民俗活动，从文旅融合的角度进行深度开发，在全省范围内开展"二十四节气民俗体验活动"。而关于立春节气，衢州的"九华立春"与遂昌"班春劝农"同时进入国家级非物质文化遗产名录，在活动规模、仪式程序上也极为相似，为了最大限度地获取省政府的支持，地方政府的部分领导开始倾向于将"班春劝农"放在浙江省内相对少有典型民俗活动的惊蛰或谷雨节气

① 访谈对象：林树立；访谈人：张帅、姬晓颖、仲欣岚；访谈时间：2021年4月20日；访谈地点：淤溪村文化礼堂旁。

中，并试图从祀典本身出发找到合适的理由。[1]

这样的声音虽然并不能代表地方政府，甚至也并未在政府层面上达成统一意见，但这一行为本身所反映出的文化与经济、文化与政治、官方与民间等的互动关系更值得学者进行更加深入的调查与研究。

① 时任石练镇党委委员的朱少华认为，“班春劝农”祀典多在阳历四月中旬举办，按时间算应该是在谷雨前后；而且根据当地的农业生产周期，在立春前后警示农时，督促民众进行春耕并不现实，因此严格来说，“班春劝农”不能算作是立春节气的民俗文化，从近几年的举办时间看应该是谷雨，而从农业周期看则放在惊蛰比较合适。访谈对象：朱少华，石练镇党委委员；访谈人：张帅、仲欣岚；访谈时间：2021 年 2 月 4 日；访谈地点：石练镇政府。